智能网联汽车关键技术及应用丛书

智能网联汽车
环境感知技术

朱 波 谈东奎 胡旭东 编著

人民交通出版社股份有限公司
北 京

内 容 提 要

本书是"智能网联汽车关键技术及应用丛书"之一。本书主要介绍了智能网联汽车的关键技术——环境感知技术，系统地论述了激光雷达、相机、毫米波雷达、超声波雷达以及车联网通信的结构、原理、特点和应用等，各种常见的视觉算法、泊车位识别算法、激光雷达与毫米波雷达的目标检测与跟踪算法以及多传感器数据融合感知算法和基于车联网通信的感知算法等。本书内容翔实、全面，理论与实践并重，语言通俗易懂，可帮助读者快速了解智能网联汽车环境感知技术的全貌。

本书可供车辆工程、机械工程、计算机科学与技术、控制科学与工程、仪器科学与技术等领域的研究人员、工程技术人员以及高等院校相关专业的教师、高年级本科生、研究生参考，也可供对智能网联汽车感兴趣的各类人员阅读。

图书在版编目(CIP)数据

智能网联汽车环境感知技术/朱波,谈东奎,胡旭东编著.—北京:人民交通出版社股份有限公司,2023.3(2024.12重印)

ISBN 978-7-114-18485-7

Ⅰ.①智… Ⅱ.①朱… ②谈… ③胡… Ⅲ.①汽车—智能通信网—传感器—研究 Ⅳ.①U463.67

中国版本图书馆 CIP 数据核字(2022)第 256216 号

Zhineng Wanglian Qiche Huanjing Ganzhi Jishu
书　　名：**智能网联汽车环境感知技术**
著 作 者：朱　波　谈东奎　胡旭东
责任编辑：钟　伟　张越垚
责任校对：席少楠　刘　璇
责任印制：刘高彤
出版发行：人民交通出版社股份有限公司
地　　址：(100011)北京市朝阳区安定门外外馆斜街 3 号
网　　址：http://www.ccpcl.com.cn
销售电话：(010)85285911
总 经 销：人民交通出版社股份有限公司发行部
经　　销：各地新华书店
印　　刷：北京虎彩文化传播有限公司
开　　本：787×1092　1/16
印　　张：12.75
字　　数：302 千
版　　次：2023 年 3 月　第 1 版
印　　次：2024 年 12 月　第 2 次印刷
书　　号：ISBN 978-7-114-18485-7
定　　价：90.00 元

(有印刷、装订质量问题的图书,由本公司负责调换)

智能网联汽车关键技术及应用丛书

编审委员会

（按姓氏拼音排序）

丁能根（北京航空航天大学）
龚建伟（北京理工大学）
谷远利（北京交通大学）
胡旭东（合肥工业大学）
柯南极（国家新能源汽车技术创新中心）
李志恒（清华大学深圳国际研究生院）
廖亚萍（北京航空航天大学）
马育林（安徽工程大学）
潘定海（国家新能源汽车技术创新中心）
谈东奎（合肥工业大学）
王朋成（北京航空航天大学）
王章宇（北京航空航天大学）
吴新开（北京航空航天大学）
余冰雁（中国信息通信研究院）
余贵珍（北京航空航天大学）
张　凯（清华大学深圳国际研究生院）
张启超（中国科学院自动化研究所）
赵冬斌（中国科学院自动化研究所）
周　彬（北京航空航天大学）
朱　波（合肥工业大学）
朱海龙（北京邮电大学）
朱圆恒（中国科学院自动化研究所）

丛书前言

当今,在以智能化、网联化为重要特征的全球新一轮科技革命和产业变革的推动下,汽车产业已迈入工业4.0时代。智能网联汽车已成为全球汽车产业发展的战略方向。近年来,我国各部委及地方政府通过法规出台和标准制修订、开放道路测试、打造创新平台、鼓励示范应用等方式不断推动智能网联汽车行业创新发展。《交通强国建设纲要》《新能源汽车产业发展规划(2021—2035)》(国办发〔2020〕39号)、《智能汽车创新发展战略》(发改产业〔2020〕202号)、《车联网(智能网联汽车)产业发展行动计划》(工信部科〔2018〕283号)以及《节能与新能源汽车技术路线图2.0》等一系列顶层规划文件的发布,明确了我国智能网联汽车的发展方向和路径。智能网联汽车与交通系统、能源体系、城市运行和社会生活紧密结合,是一项集智慧城市、智慧交通和智能服务于一体的国家级重大系统工程,承载了我国经济战略转型、重点突破和构建未来创新型社会的重要使命。

为及时向科研界、产业界及社会公众传播最新的科研成果,进一步促进智能网联汽车行业创新发展,对智能网联汽车领域的前沿与关键技术进行系统性、高质量总结尤为必要。人民交通出版社股份有限公司作为以交通为特色的国家级科技图书出版机构,立足于"服务交通、服务社会"的宗旨,长期与两院院士以及交通和汽车行业知名学者、专家、教授在内的高素质作者队伍开展图书出版与知识服务合作,聚合了行业优质的作者资源,瞄准新一代信息通信技术、人工智能、智能制造等世界科技前沿,与国家新能源汽车技术创新中心合作,策划了本套"智能网联汽车关键技术及应用丛书",目前包括以下9个分册:

(1)《智能网联汽车环境感知技术》;
(2)《智能网联汽车车载网络技术》;
(3)《智能网联汽车无线通信技术》;
(4)《智能网联汽车高精度定位技术》;

(5)《智能网联汽车交通大数据处理与分析技术》;

(6)《智能网联汽车决策控制技术》;

(7)《智能网联汽车信息安全技术》;

(8)《智能网联汽车测试与评价技术》;

(9)《智能网联汽车高级别自动驾驶技术应用》。

本丛书依据智能网联汽车"三横两纵"技术架构[①]进行体系设计,涵盖了智能网联汽车领域一系列关键技术与应用,作为高端学术著作,将充分反映智能网联汽车领域的前沿技术和最新成果。另外,本丛书编审成员均为国内知名科研单位和高等院校的专家学者和一线科研人员,均具有较强的学术造诣和丰富的科研经验,并掌握大量的最新技术资料,将确保本丛书的高学术价值。

希望本丛书的出版能够助推新一代移动通信技术、互联网、大数据、云平台、人工智能等先进技术与汽车产业和交通行业深度融合,为我国相关企业、科研单位和高等院校智能网联汽车相关科研人员、工程技术人员提供强有力的智力支持,进而有效推动我国智能网联汽车产业的高质量发展,助力交通强国和汽车强国建设。

诚望广大读者对本丛书提出宝贵的改进意见和建议,随后我们将持续关注智能网联汽车相关技术的发展,不断修订和完善本丛书。

智能网联汽车关键技术及应用丛书编审委员会
2022 年 7 月

[①] 在智能网联汽车"三横两纵"技术架构中:"三横"是指智能网联汽车主要涉及的车辆关键技术、信息交互关键技术和基础支撑关键技术;"两纵"是指支撑智能网联汽车发展的车载平台和基础设施。

前 言

　　智能网联汽车可以提供更安全、节能、环保、便捷的出行方式和综合解决方案,是国际公认的未来发展方向和关注焦点。智能网联汽车驾驶自动化等级不断提高,逐渐由辅助驾驶向完全自动驾驶升级,从只能应对有限制的简单场景向可以适应所有复杂场景不断发展,最终要实现完全解放驾驶员的目标。在这一进程中,对智能网联汽车的感知系统提出了更高的要求,感知系统应更全面、更准确、更高效地获取周边环境的信息。而该方向目前存在人才高度紧缺,相关的公开书籍资料较少的情况。

　　智能网联汽车环境感知是一个复杂的跨界交叉学科,这要求从业人员至少具备4个专业的背景知识:汽车专业、电子专业、IT专业和通信专业,其知识的广度与深度要求都发生了变化。为了使高校智能网联汽车相关专业学生和智能网联汽车相关行业从业人员能全面、系统地理解环境感知技术工作原理,掌握智能传感器的使用方法,特编写本书。

　　本书主要介绍了智能网联汽车的关键技术——环境感知技术,对目前的主流环境感知技术进行了概述,总结了国内外研究现状、存在的问题和发展方向;系统地介绍了几种传感器配置方案和常用智能传感器(激光雷达、相机、毫米波雷达、超声波雷达)以及车联网通信的结构、原理、特点和处理算法等;论述了各种常见的视觉算法、泊车位识别算法、毫米波雷达的目标检测与跟踪算法、激光雷达目标检测与识别算法和激光SLAM算法、多传感器数据融合感知算法、基于车联网通信的感知算法等;介绍了目前主流的环境感知数据集、计算平台和仿真技术。

　　本书由合肥工业大学朱波副研究员、谈东奎助理研究员和胡旭东博士编著,合肥工业大学汽车工程技术研究院的部分研究生参与了编写工作,具体分工如下:朱波负责总体策划和审稿,并编写了绪论、第3章和第6章;谈东奎负责统稿,并编写了第1章和第7章;胡旭东编写了绪论、第1章和第3章;张纪伟、许凡编写了第2章;肖祖德编写了第4章;谈笑昊编写了第5章;刘永豪、王跕编写了第6章;胡港君编写了第7章。

智能网联汽车环境感知是一门新兴技术,目前尚处在蓬勃发展中,没有成系统的资料,再加上编者学识有限,书中难免存在不当之处,敬请读者给予指正,以便修订时改进。

作　者
2022 年 3 月

CONTENTS 目 录

绪论 ··· 001
- 0.1 智能网联汽车环境感知技术概述 ··· 002
- 0.2 环境感知技术国内外研究现状 ··· 005
- 0.3 环境感知技术存在的问题及发展方向 ··· 017

第1章 智能网联汽车环境感知技术基础知识 ··· 019
- 1.1 环境感知传感器类型及配置 ··· 019
- 1.2 传感器数学模型 ··· 030
- 1.3 环境感知图像处理算法 ··· 036
- 1.4 环境感知机器学习算法 ··· 039

第2章 基于机器视觉的智能网联汽车环境感知技术 ··· 046
- 2.1 基于单目视觉的车道线检测技术 ··· 046
- 2.2 基于机器视觉的交通标志及信号灯识别方法 ··· 053
- 2.3 基于机器视觉的前向障碍物检测技术 ··· 059
- 2.4 视觉目标跟踪技术 ··· 069
- 2.5 驾驶场景理解与语义分割技术 ··· 079
- 2.6 驾驶员人脸识别与状态监测技术 ··· 083

第3章 基于超声波与毫米波雷达的智能网联汽车环境感知技术 ··· 095
- 3.1 基于超声波雷达的障碍物探测与泊车位识别方法 ··· 095
- 3.2 基于毫米波雷达的目标检测技术 ··· 106

第 4 章 基于激光雷达的智能网联汽车环境感知技术 ········· 113

4.1 激光雷达点云的滤波、分割与聚类算法 ········· 113
4.2 激光雷达的目标检测与识别技术 ········· 119
4.3 激光雷达的同步定位与建图技术 ········· 129

第 5 章 基于多传感器数据融合的智能网联汽车环境感知技术 ········· 135

5.1 多传感器数据融合方法概述 ········· 135
5.2 毫米波雷达与相机的数据融合技术 ········· 142
5.3 激光雷达与相机的数据融合技术 ········· 145
5.4 基于深度神经网络与多源异构数据融合的环境感知技术 ········· 147
5.5 基于高精度地图和多传感器融合的汽车定位技术 ········· 151

第 6 章 基于车联网通信的智能网联汽车环境感知技术 ········· 155

6.1 车联网通信技术概述 ········· 155
6.2 基于车路协同的智能网联汽车交通环境感知技术 ········· 157
6.3 基于 V2V 通信的智能网联汽车障碍物感知技术 ········· 163

第 7 章 其他环境感知相关技术 ········· 171

7.1 环境感知数据集 ········· 171
7.2 环境感知系统计算平台 ········· 175
7.3 环境感知系统仿真技术 ········· 183

参考文献 ········· 192

绪 论

智能网联汽车(Intelligent Connected Vehicle,ICV)是指搭载先进的车载传感器、控制器、执行器等装置,融合现代通信与网络技术,在 V2X(Vehicle to Everything)之间进行智能信息交换、共享,具备复杂环境感知、智能决策、协同控制等功能,可实现汽车安全、高效、舒适、节能行驶,并最终替代人来操作的新一代汽车。

智能网联汽车涉及整车零部件、信息通信、智能交通、地图定位等多领域技术,是一个高度复杂的系统。2020 年 11 月,世界智能网联汽车大会上发布的《智能网联汽车技术路线图 2.0》将智能网联汽车的技术架构划分为"三横两纵",如图 0-1 所示。其中,"三横"是指车辆关键技术、信息交互关键技术与基础支撑关键技术,"两纵"是指支撑智能网联汽车发展的车载平台与基础设施。

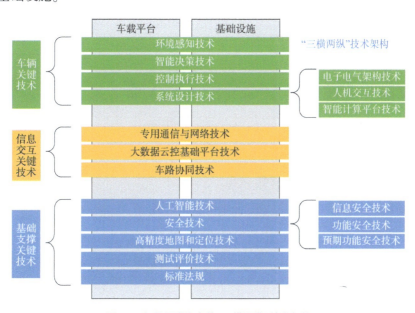

图 0-1 智能网联汽车的"三横两纵"技术架构

由图 0-1 可知,环境感知技术是智能网联汽车其他技术的数据基础,为智能决策和控制执行提供了依据,是智能网联汽车实施自动驾驶的第一步。在行驶过程中,智能网联汽车通过智能传感器或 V2X 通信技术获取道路、车辆、行人、交通标志标牌和信号灯等信息,并将这些信息传输给车载计算单元进行处理,作出合理的决策,最终控制本车的加减速和转向,保障智能网联汽车安全、准确地到达目的地。环境感知技术相当于智能网联汽车的"眼睛和耳朵",它的性能将决定智能网联汽车能否适应复杂多变的交通环境。随着自动化程度的不断提高，对环境感知的要求也越来越高。

2021年8月20日，《汽车驾驶自动化分级》（GB/T 40429—2021）推荐性国家标准发布，并于2022年3月1日起实施。该标准给出了驾驶自动化等级与划分要素的关系，见表0-1。

驾驶自动化等级与划分要素的关系　　　　　　表0-1

等级	名称	车辆横向和纵向运动控制	目标和事件探测与响应	动态驾驶任务接管	设计运行条件
0级	应急辅助	驾驶员	驾驶员和系统	驾驶员	有限制
1级	部分驾驶辅助	驾驶员和系统	驾驶员和系统	驾驶员	有限制
2级	组合驾驶辅助	系统	驾驶员和系统	驾驶员	有限制
3级	有条件自动驾驶	系统	系统	动态驾驶任务接管用户（接管后成为驾驶员）	有限制
4级	高度自动驾驶	系统	系统	系统	有限制
5级	完全自动驾驶	系统	系统	系统	无限制*

注：*表示排除商业和法规等因素限制。

从表0-1可知，随着等级的不断提高，智能网联汽车逐渐由辅助驾驶向完全自动驾驶升级，从只能应对有限制的简单场景，到可以适应所有复杂场景，最终实现完全解放驾驶员。在这一进程中，对智能网联汽车的感知系统提出了更高的要求，感知系统要能更全面、更准确、更高效地获取周边环境的信息。

0.1　智能网联汽车环境感知技术概述

根据感知的信息种类，可以将目前的智能网联汽车环境感知技术细分为：交通参与者信息感知技术、道路信息感知技术、车路协同信息感知技术和驾驶员信息感知技术。

0.1.1　交通参与者信息感知技术

驾驶场景中的交通参与者可以大致分为4类，分别是机动车、非机动车、行人和障碍物，涉及的传感器主要有相机、激光雷达、毫米波雷达、超声波雷达等，不同传感器对交通参与者信息感知的优缺点各不相同。

相机采集的图像数据包含的信息最丰富，其能感知颜色，便于识别出具体的交通参与者类型，且成本较低。但是，目前的图像处理算法计算量较大，对计算芯片的依赖性较强。受限于计算速度，相机的感知频率较低，在高速场景下难以满足实时性要求。为解决实时性的问题，目前的智能网联汽车上往往安装三种不同焦距的相机，分别处理近程、中程和远程的图像信息。除此之外，相机对环境较敏感，雨雪、雾霾等恶劣天气和光照都会对相机的感知产生较大影响。虽然相机能感知不同类型的障碍物，但是无法直接测量目标物体与自身的相对距离，间接方法估算的目标距离不确定性较大。此外，尽管可以采用双目相机或深度相机来直接检测距离，但会大大增加成本，且双目相机的视差计算非常消耗计算资源，配置和标定也较繁琐。

激光雷达通过发射激光束来生成环境的点云数据，直接得到目标与自身的相对距离、方位和速度，且精度非常高，可以实现厘米级的测距。相比于相机，激光雷达对不同光照的适应性更强，在夜间也可以正常工作。但是在雨雪、雾霾等天气中，激光束可能会被空气中的微粒反射，从而影响激光雷达的感知性能。目前的激光雷达售价仍然居高不下，且随着激光雷达线数的增加，售价也不断倍增，64线的激光雷达售价高达数十万元。而低线数的激光雷达(如16线激光雷达)能够采集到的点云较稀疏，对远程的障碍物而言，很容易出现漏检的情况。相比于传统的机械式激光雷达，固态激光雷达虽然不能实现360°感知，但是能够以较低的成本实现等效的上百线数，从而满足智能网联汽车对点云密度的需求。

毫米波雷达和超声波雷达分别是利用电磁波与机械波感知交通参与者，成本均较低。其中，毫米波雷达主要用于感知车辆前方和侧后方中远程的交通参与者，可以同时得到目标的相对距离、相对速度和相对角速度信息。毫米波雷达探测范围较广，中远程毫米波雷达的最大探测距离可以达到100～250m，水平视野大致在15°～30°，而专门用于探测侧后方交通参与者的角雷达水平视野甚至可以达到180°。相比于相机和激光雷达，毫米波雷达对环境的适应性极强，毫米波可以穿透雨雪和烟尘，且不受光照条件的影响。但其侧向感知精度不高，并且会出现漏识别的情况，当两个交通参与者相距较近时，毫米波雷达难以分辨。

超声波雷达主要用于感知近程的交通参与者，由于其检测距离较短且成本较低，通常在车身四周都有布置。

0.1.2 道路信息感知技术

道路中的信息可分为车道线、可行驶区域、交通信号灯和标志标牌等。其中，车道线的识别往往依赖于相机。虽然也有一些关于激光雷达识别车道线的研究，但目前仍然处于探索阶段，识别精度和鲁棒性较差。基于视觉的车道线检测，主流的方法有以下几种：基于霍夫变换的车道线检测、基于俯视图变换的车道线检测、基于拟合的车道线检测。

基于霍夫变换的车道线检测是传统的车道线检测方法，应用较广泛，算法运行速度快，但是检测精度一般。基于俯视图变换的车道线检测将前方图像的路面通过仿射变换为俯视图，在俯视图中将车道线提取出来。这种方法的优点是可以找到多条车道线，实时效果也较好，缺点是在复杂路况的稳定性较差，且受周边物体遮挡的影响严重，不适用于路况复杂和摄像头视角较小的前方视野。基于拟合的车道线检测原理是根据车道线和路面存在稳定的灰度梯度差，通过设定合理的阈值，将车道线的边缘提取出来，再用函数对其进行拟合。这种方法的优点是可以拟合带有曲率的车道线，缺点是环境适应性差，受光照干扰较大，稳定性差。

可行驶区域的检测建立在交通参与者检测的基础上，确定车道范围后，再检测出车道上的其他交通参与者，即可得到最终的可行驶区域。与交通参与者感知所用的传感器类似，可行驶区域的检测主要以相机或激光雷达为主传感器，以毫米波和超声波雷达为辅助传感器。

交通信号灯和标志标牌的检测也是以相机为主，检测过程可分为定位和识别两部分。常用的交通信号灯、标志标牌的定位方法有：基于颜色的方法、基于形状的方法、基于多特征融合的方法和基于深度学习的方法。基于深度学习的方法具有较明显的优势。常用的交通信号灯、标志标牌的识别方法有：基于模板匹配的方法、基于机器学习的方法、基于深度学习的方法。从准确率方面来说，基于深度学习的方法识别率更高一些。

0.1.3 车路协同信息感知技术

车路协同信息感知技术是基于5G通信和新一代互联网等技术,全方位实施车—车、车—路动态实时信息交互,并在全时空动态交通信息采集与融合的基础上,开展车辆协同安全控制和道路协同管理,充分实现人、车、路的有效协同,保证交通安全,提高通行效率,形成安全、高效和环保的道路交通系统。车路协同信息感知技术需要获取的信息既有来自车载传感器(激光雷达、毫米波雷达、摄像头、GPS)的各种数据(位置、状态、周围目标的位置、速度),也有来自外部传感器(他车GPS、路侧设备)的数据(周边目标的位置、速度、特征、状态),通过5G终端利用无线通信技术进行信息的传输,与传统传感器相比,车路协同的优势如图0-2所示。

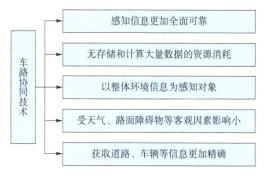

图0-2 车路协同技术的优势

虽然车路协同信息感知技术相比于传统传感器有很多优势,但在其技术方面,比如数据融合定位与通信精度,以及路侧单元的遍布仍是亟待解决的问题。V2X与传感器一样,同样是获取信息的渠道,虽然通信距离比传感器更远,但是两者肯定也有重合的地方,因而V2X与传感器之间的数据融合是必须的。定位精度取决于定位技术,高精度定位技术当前还无法得到量产应用,而通信精度则取决于无线通信的可靠性与实时性,以V2X作为感知,是与传感器进行互补,V2X的通讯范围一般能够达到300m,远大于传感器的有效作用距离,因而它的作用表现在,提前了解更远处的情况,让车辆可以预先作出反应。在路侧单元部署数量不足的时候,V2X还只是作为一个对驾驶员的额外警示渠道。

0.1.4 驾驶员信息感知技术

除了上述车外信息的感知,智能网联汽车环境感知技术还包括了车内驾驶员信息感知技术,可大致分为基于驾驶员生理信号感知技术和基于车辆运行状态感知技术两种技术路线。

基于驾驶员生理信号感知技术从驾驶员自身特征出发,通过某种设备获取驾驶员生理信号特征或者利用驾驶员不同驾驶状态特征模式的差异,由视觉传感器采集驾驶员面部各种器官特征,相应的模式识别技术分类获取驾驶状态信息。具体采集信息包括利用摄像头的面部识别技术识别驾驶员面部表情、眼睛特征、嘴部活动以及头部位置,或通过专业设备检测驾驶员相关生理信号,如脑电图(EEG)、心电图(ECG)、肌电图(EMG)、眼电图(EOG)等。

基于驾驶员生理信号感知技术的优点是客观性强,利用生理参数检测仪器和实时图像处理技术,能比较准确地反映人体的驾驶状态,检测精度较好。但缺点是检测识别算法较复杂,且检测结果受光线变化和个体生理状况的影响较大。

基于车辆运行状态感知技术根据车辆的状态参数间接获取驾驶员驾驶状态信息,这种方法从驾驶员对车辆的操控情况以及采集到的车辆运行状态参数来推断驾驶员驾驶状态信息,具体采集信息包括通过转向盘转角传感器检测驾驶员转向盘转动情况,利用GPS及惯导系统对车辆行驶速度、航向角进行检测,借助前视摄像头系统实时检测驾驶员行车轨迹与车道线的距离。

基于车辆运行状态感知技术的优点是信号容易提取,不需要增加任何硬件设备,不会导致成本增加,不会对驾驶员产生干扰。缺点是精度低于前者,且由于车辆运行状态不仅与驾驶员操作有关,还与车辆特性、操作技能、道路环境、驾驶经验、驾驶条件、行驶速度、道路等环境因素相关,因此难以界定安全驾驶与非安全驾驶。

0.2 环境感知技术国内外研究现状

根据采用的传感器不同,环境感知技术可分为基于激光雷达的环境感知技术、基于视觉的环境感知技术、基于超声波与毫米波雷达的环境感知技术、基于车联网通信的环境感知技术等。

0.2.1 基于激光雷达的环境感知技术国内外研究现状

自1960年美国科学家梅曼研制出第一台红宝石激光器,到车载激光雷达实现量产甚至成为许多智能驾驶车辆环境感知的标配,国内外激光雷达发展极其迅速。

相比于其他传感器,激光雷达具有测距精度高,受环境影响较小,实时性好的特点,因此激光雷达被广泛应用于高级别的智能网联汽车上。早在2007年,美国国防高级研究计划局(DARPA)举办的第3届无人车城市挑战赛中,卡内基梅隆大学、斯坦福大学等多个车队就采用了基于激光雷达的环境感知技术。谷歌公司研制的Waymo无人车在车顶安装了64线激光雷达,牛津大学与日产汽车合作研制的无人车RobotCar采用了2D激光雷达,百度的阿波罗无人车分别在车头、车顶和车尾安装了激光雷达。图0-3所示为国内外研究团队搭载激光雷达的智能网联汽车。

a) 谷歌无人车

b) Robot Car无人车

c) 百度无人车

d) Junior无人车

图0-3 国内外研究团队搭载激光雷达的智能网联汽车

目前实现车载激光雷达设备商业化的国外公司有美国的Velodyne公司、法国的TopoSys公司、德国的IBEO公司等。其中Velodyne公司的产品性能和精度处于国际领先地位,几乎成为自动驾驶行业激光雷达选型的黄金标准,其16线、32线、64线的产品被广泛应用在自动驾驶车辆上。不论是国际高校间的自动驾驶比赛,还是参与自动驾驶研究的企业(如谷歌、百度等),其研发出的自动驾驶车辆上都能看到Velodyne激光雷达的身影。

Velodyne 公司作为车载激光雷达的龙头企业，旗下的 HDL-64E 机械激光雷达曾被广泛应用于自动驾驶车辆的测试中，不过其高价格和低生产率也说明了车载激光雷达的低成本化和量产化的关键性，这也正是 Tesla 公司一直不采用"3D 激光雷达"方案，而坚持采用"超声波雷达 + 摄像头"方案的原因之一。但目前 Velodyne 激光雷达已经推出成本更低、线数更多的 128 线机械激光雷达 VLS-128，这意味着这款激光雷达有更高的分辨率、安全性以及更低的成本，并且可以实现量产。而且"3D 激光雷达 + 高精度导航地图 + 云计算"被认为是未来理想的综合性解决方案。

不过，在 Velodyne 推出 VLS-128 之前，整体车载激光雷达市场都向低线束化、固态化发展，既向减少激光雷达线束发展，同时也从机械型转为固态型，比如 Quanergy 公司在 2016 年 CES 展会上推出了与 Delphi 公司共同研发的全球首款固态激光雷达 S3，为了降低成本，Velodyne 公司推出混合与纯固态的低线束激光雷达，但该技术需要通过增加数量来弥补线数的不足，这也体现出未来的技术路线未定。

对国外车载激光雷达技术现状进行分析后可知，激光雷达低成本化、固态化、量产化是统一趋势，但是 Velodyne 公司推出更高线束的激光雷达和其他科技厂商推出低线束的激光雷达并不矛盾，他们的整体方向依然是实现激光雷达的更高分辨率和精准度，进一步保证无人驾驶的安全性，只不过前者倾向于使用更强大的设备，后者倾向于使用多激光雷达耦合并降低成本。同时，低线束激光雷达可以对高线束激光雷达起补充作用。

相对于国际研究，我国对激光雷达技术的研究起步较晚。2007 年以前，国内高校及研究院所在激光技术层面虽然有不错的积累，但是在激光产品上没有做到商业化、产品化，因此，主要激光应用场景基本依赖进口产品。2007 年以后，国内激光雷达产品才开始逐渐被大规模应用。

随着国内无人驾驶行业的发展，国内也涌现出一些激光雷达厂商。其中以速腾聚创、北科天绘、镭神智能、思岚科技、禾赛科技等创业公司为代表的国产激光雷达产品逐渐获得市场认可，并在智能汽车中使用。表 0-2 展示了国内激光雷达研发与生产的主要厂商的雷达产品。

国内主要激光雷达厂商及其雷达产品　　　　表 0-2

厂商	激光雷达产品型号	主要参数
速腾聚创	RS-Ruby	128 线机械激光雷达； 0.1°垂直角分辨率； 200m10% 反射率的测距能力
	RS-Ruby Lite	80 线机械激光雷达； 0.1°垂直角分辨率； 像素级扫描
	RS-Helios	32 线机械激光雷达； 前向感知，近场补盲； 垂直视场角 70°，俯探 55°
	RS-LiDAR-32/RS-LiDAR-16	32/16 线机械激光雷达； 0.33°垂直角分辨率； 200/150m 测距能力
	RS-LiDAR-M1	首款车规量产的第二代智能固态激光雷达

续上表

厂商	激光雷达产品型号	主要参数
北科天绘	C-Fans-256/C-Fans-128/C-Fans-32	256/128/32 线固态激光雷达； 高分辨率； 测距范围为 0.5~200m
	R-Fans-16/R-Fans-32	32/16 线机械激光雷达； 最大测距为 200m
雷神智能	C32/C16	32/16 线机械激光雷达； 1°/0.33°垂直分辨率(C32)； 2°/1.33°垂直分辨率(C16)； 200m 远距高精探测
	LS21F/LS21G	1550nm 的车规级标准长距离混合固态激光雷达； 250m10% 反射率的测距能力
	CH 系列	16~128 线混合固态激光雷达； 最大测距为 200m
禾赛科技	Pandar 系列	40~128 线机械激光雷达； 图像级高分辨率； 测距范围为 0.3~200m
	AT128	车规级 128 线混合固态激光雷达

在基于激光雷达感知技术方案的研究与运用方面，国内公司也有一些成果。

(1) 速腾聚创提出成熟可靠的 RS-P1 低速自动驾驶激光雷达感知方案，该方案使用 RS-LiDAR-16 激光雷达，一站式解决了从感知、决策到控制的难题，并开发了感知软件单元 RS-Cube，能够实现障碍物检测、分类、识别以及动态障碍物跟踪等功能。

(2) 北科天绘基于激光雷达的环境感知方案应用于中高、低速自动驾驶等场景。低速自动驾驶方面的应用如东风 Sharing-VAN 移动出行服务平台的开发、京东物流车、搭载了两颗机械式激光雷达的中国移动无人送货小车、无人环卫清扫车等；中高速自动驾驶方面的应用如与一汽红旗合作开发的在车顶搭载 3 颗机械激光雷达的全场景自动驾驶汽车、与清华大学苏州汽车研究院共同合作开发的在车顶搭载 2 颗机械激光雷达的自动驾驶汽车，另外还应用于军事越野车以及公交车、重型货车等自动驾驶。

(3) 雷神智能将基于激光雷达的环境感知技术应用于大车盲区检测系统的开发，该方案针对货车、拖拉机以及各种大型工程车辆的盲区，通过加装激光雷达实现盲区全覆盖探测，精准感知车周盲区是否有车辆和行人，并及时给予驾驶员危险警告；另外还将激光雷达应用于低速无人车、乘用车、商用车的多传感器融合环境感知系统开发，提高了自动驾驶安全冗余性，该方案结合摄像头、激光雷达、毫米波雷达，通过多传感器功能互补和领先的神经网络算法确保自动驾驶安全冗余性，其中激光雷达主要用于车辆与行人以及障碍物的检测，另外还用于 3D SLAM 中创建高精点云地图，实现精准定位与自主导航。

(4) 禾赛科技与百度智行科技公司合作开发无人配送车，该车使用激光雷达 Pandar40P

及车身共计8个摄像头,可以在模拟道路环境中,完成红绿灯识别、行人识别、自动变道以及自主通过四向停车路口等操作。

综上所述,国内外基于激光雷达的环境感知技术主要运用于特殊场景、中低速无人车环境感知方案的开发,将激光雷达与其他传感器结合,走多传感器融合的路线成为了近年来的研发与运用主流。

0.2.2 基于视觉的环境感知技术国内外研究现状

车载摄像头是智能网联汽车的主要视觉传感器,是最为成熟的车载传感器之一。由镜头采集图像后,摄像头内的感光组件电路及控制组件对图像进行处理并转化为计算机能处理的数字信号,从而实现对车辆周边路况的感知。车载摄像头可以实现描绘物体的外观和形状、识别车道线以及读取交通信号灯标识等功能,这些功能是其他传感器无法做到的。基于视觉的环境感知主要体现对车辆周围障碍物的检测和对相关交通信息的识别。由于摄像头价格低廉,因而应用较广泛,国内外很多学者和机构早已开展了对摄像头环境感知的研究。

国外方面,Nguyen V D等人提出一种可以进行障碍物检测、识别、跟踪的通用框架,该框架使用先进的深度学习算法,同时结合多种局部特征进行目标检测和识别。首先使用U—V视差法对沿路行驶的车辆与行人进行检测,然后将这些数据传入车辆与行人识别系统,结合R—CNN对不同目标进行分类,最后利用跟踪与验证模型框架完成目标跟踪。Minoru A和Takamaro T根据双目立体视觉原理,实时计算目标图像的雅各比矩阵,该系统不需要相机的标定参数,仅使用图像对比静态参考指标,就可以实现对未知物体目标的自适应追踪。Chen X等人提出了将红外雷达与单目视觉传感器相融合的障碍物检测算法,该方法可以获得更好的检测效果。Kanade和Schneiderman提出了建立车辆特征的分类器训练法对不同视角下的车辆进行检测,分类器是根据目标车辆和非目标车辆外观特征的直方图建立的。

国内方面,吉林大学王荣本等提出了一种适用于非结构化道路的双目视觉障碍物检测技术,通过坐标变换,消除地形影响,然后使用Harris角点检测和RANSAC方法提高了立体匹配的实时性,最后通过线性插值方法构建车辆前方环境,通过大量行车实验验证了算法的可行性。为了提高夜间行车的安全性,郭君斌等人提出了一种基于单目视觉的夜间前方车辆检测算法,根据HSV颜色空间颜色阈值和OTSU阈值提取尾灯信息,在跟踪区域根据车辆位置和抽取的尾灯进行估计,实现车辆检测,实验表明该算法有较低的误检率。吉林大学金立生等人提出基于毫米波雷达和机器视觉相融合的夜间车辆检测,通过对两个传感器的融合,得到车辆的感兴趣区域,利用D—S证据理论对表征尾灯信息进行融合,检验目标有效性。齐小燕提出基于V—视差法的障碍物检测方法,将得到的V—视差图利用Hough变换的直线检测方法,通过视差相近理论确定障碍物大致区域。唐佳林等人采用帧差法,通过提取疑似车辆的感兴趣区域进行车辆检测。种衍文等人提出了依据Adaboost和支持向量机的两阶段检测算法,该算法可以检测复杂背景下不同姿态的行人,精度优于以往Adaboost算法。

智能网联汽车的快速发展,直接带动了车载摄像头产业链的完善和发展。据统计,一套完整的 ADAS 系统一般至少包括 6 个摄像头,高端智能汽车的摄像头可达 8~13 个。Yole 研究报告称,全球平均每辆汽车搭载摄像头将由 2018 年的 1.7 颗增加至 2023 年的 3 颗,且随着自动驾驶的升级,这一数量将进一步增加。显然,随着 5G 商用正式开启,智能驾驶技术必然会不断走向成熟,车载摄像头作为 ADAS 的关键传感器,市场空间将获得极大的拓展。

目前车上搭载的车载摄像头,根据安装位置主要分为前视摄像头、环视摄像头、后视摄像头、侧视摄像头以及内置摄像头五种类别。手机摄像以成像高质量为目的,而车载摄像头对帧率、可靠性以及稳定性等要求较高,车规级的认证周期可长达 3~5 年。目前模组市场依然由 Tier 1 厂商主导,以博世、大陆、德尔福、麦格纳、采埃孚为代表的 Tier 1 厂商提供一系列前视、环视产品,供货给奥迪、奔驰、吉利、广汽等众多车企。未来随着镜头厂商经验的积累以及客户关系的稳定,有向车企供给模组的趋势,当前车载摄像头主要厂商产品比较见表 0-3。

车载摄像头主要厂商产品比较　　　　表 0-3

公司	类别	产品型号	芯片	图像分辨率（MP）	动态范围（dB）	其他参数
博世	单视,单目	MPC2	英飞凌	1	110	视场角:水平 50°,垂直 28°,下一代 MPC3 为 AI 摄像头
大陆	前视,单目	MFC500	英伟达	8	N/A	视场角:125°,有夜视功能
	环视	SVS220	N/A	1.3	N/A	视场角 >185°
德尔福	N/A	IFV300	Eye Q3	1	115	视场角:水平 52°,垂直 39°,像素尺寸 3.75μm
麦格纳	N/A	Gen5 系统	Eye Q5	8	N/A	视场角 120°
采埃孚	前视,单目	S-Cam 4	Eye Q4	1.7	N/A	探测距离 170m,角度 ±50°

此外,手机模组及镜头厂商也开始积极参与,车载模组新品呈现百花齐放的现象。国内舜宇光学、欧菲光等厂商在手机镜头模组领域市占率较高,拥有一定的工程经验,在车载模组同样布局良多。舜宇光学模组产品种类较全面,仅前视单目模组就有 6 种类别,分辨率在 1~8MP,视场角在 15°~120°,HDR 参数维持在 120dB 左右,能够实现较多 ADAS 功能。同时舜宇光学还推出了多目模组,双摄光轴精度高,震动变形小,成像清晰,且温度漂移小。世高光和 Entron 作为英伟达的摄像头模组供应商,目前其产品也都包括了 HDR 功能和夜视功能,图像分辨率维持在 1~2MP 的水平。Entron 向英伟达供应的 F008 前视摄像头模组达到了 8.3MP,且都具有防潮的能力,能实现 ADAS、全景影视、E—Mirror 等功能。

0.2.3　基于超声波雷达的环境感知技术国内外研究现状

相对于其他智能网联汽车的传感器,超声波雷达的技术简单,并不是研究的热点。但是,超声波雷达在当前条件下仍有耗能少、穿透性强、测距简单、成本低的优点,无论是在低级别还是高级别的自动驾驶传感器方案中,都有超声波雷达的参与。

超声波雷达大致有4种类型,分别是:模拟式、四线式数位、二线式数位、三线式主动数位。4种超声波雷达的信号干扰能力逐渐提升,但技术难度、装配及价格也呈递进趋势。现在市面上常见的超声波雷达仍是模拟式,其优点为产品价格低廉,但是其缺点在于容易受外界噪声干扰而产生误报警。先进的厂家已经开始采用数位式超声波雷达,这种超声波雷达将讯号的放大回路以及传感器的驱动回路放置于传感器中,其优点在于不易于受外界噪声干扰,并且讯号传输线可采用一般线组,但目前的工艺水平只能将讯号源和驱动回路电源分开,并且多数采取四线式做法。图 0-4 为各种超声波雷达的系统框架图。

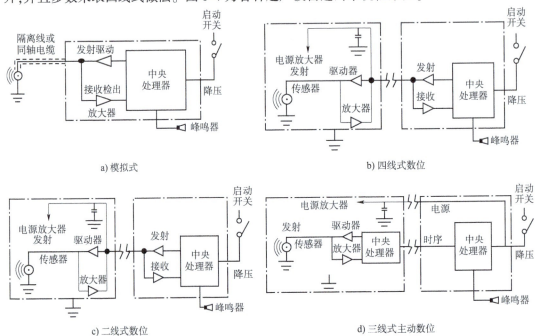

图 0-4 各种超声波雷达的系统框架图

超声波雷达的主要生产商有:博世、法雷奥、日本村田、尼塞拉、电装、三菱、松下、台湾同致电子、航盛电子、豪恩、辉创、上富、奥迪威等。传统的超声波雷达多用于倒车雷达,这部分市场基本被博世、法雷奥占据,国内厂商很多,但能进入前装市场的寥寥无几。博世是全球超声波雷达市场占有率最大的企业,其超声波雷达已研发到第六代,如图 0-5 所示,其可以很好地识别第五代产品无法识别的低矮物体。

图 0-5 博世公司第六代超声波雷达产品

博世车用超声波传感器的检测范围为 15～550cm,具有测量范围广、测量频率可控、体积小和功耗低等优点,详细技术参数见表 0-4。

博世公司第六代超声波雷达技术参数 表 0-4

技术指标	技术参数	技术指标	技术参数
最小量程	15cm(φ7.5cm 标准杆)	测量频率	可调频
最大量程	5.5cm(φ7.5cm 标准杆)	外形尺寸	44mm(长)×26mm(宽)
目标存在性检测距离	3~15cm	质量	~14g
水平测量范围	-40°~40°	工作温度	-40℃~85℃
垂直测量范围	-25°~25°	功耗	≤570mA(发射模式);17mA(接收模式)
安全等级	ASIL—B	防护等级	IP64K

法雷奥已经有超过 10 年的超声波雷达量产经验,短距超声波雷达覆盖范围为 2~4m,其客户有路虎、起亚、大众途安等众多 OEM 厂商。同致电子主要生产汽车倒车雷达、遥控中控、后视摄像头、智能车内后视镜等产品,是上汽通用、上汽大众、东风日产、上海汽车、神龙汽车、奇瑞汽车、吉利汽车等国内各大汽车厂的主要供应商,也是目前亚洲倒车雷达 OEM 市场第一供应商。广州奥迪威主营 UPA 等超声波传感器。2017 年,奥迪威销售超声波传感器近 3000 万支,中国汽车市场占有率达到近 30%,全球汽车倒车雷达传感器市场占有率约 9.59%。

当前,超声波雷达在技术原理上本身没有太大的难度,国内外厂商之间的差距主要在于传感器实现上的稳定性和可靠性。

超声波雷达参与的应用场景基本上可以分为 3 类。第 1 类是用于简单的泊车辅助和预警,配置的超声波雷达一般是 4 个左右;第 2 类是基于超声波雷达的自动泊车,配置的超声波雷达一般是 10 个左右;第 3 类是作为高级自动驾驶的辅助传感器,主要用于探测车辆周边的障碍物,配置的超声波雷达一般是 12 个左右。

超声波传感器被广泛应用于泊车位检测中。2008 年,超声波雷达开始被应用于车位检测,之后人们开始尝试使用大量程超声波雷达,并采用霍夫变换进行车位空间大小计算。目前,基于超声波雷达的泊车位检测主要是利用雷达经过车位时产生的跳变识别车位的上下边缘,对不同的泊车位(平行车位、垂直车位和斜车位)设计了各自的识别算法。通过对传感器特性的研究与对实际测量误差的分析,人们总结出了各种车位识别的补偿公式,最终将泊车位检测误差控制在 5% 以内。

0.2.4 基于毫米波雷达的环境感知技术国内外研究现状

毫米波雷达早在 20 世纪 40 年代就已经出现了,但受限于各种原因,该技术并未快速发展。直至 20 年后,有关毫米波雷达的研究才开始在一些发达国家中广泛开展。又经过 20 年的技术发展,毫米波雷达最先在军事领域进行应用。

有关车载毫米波雷达的研究最早开始于 1987 年的《欧洲高效安全交通系统计划》。丰田、日产和本田分别于 1989 年、1993 年和 1994 年将毫米波雷达搭载在部分样车上,用于侧方盲点的探测。在 20 世纪 90 年代初期,通用汽车也开始了车载毫米波雷达的试制,但由于最终的产品成本太高且体积庞大,没能实现量产化。1999 年,梅赛德斯—奔驰公司在 S 级轿车上安装了前向毫米波雷达(图0-6a),可以实现对前方150m内的车辆进行跟踪。同年秋季,捷豹汽车也推出了基于前向毫米波雷达的自适应巡航系统(图0-6b),可以实现在车辆以80km/h的速度行驶时,与前车保持45m以上的安全距离。

a) 梅赛德斯—奔驰汽车的前向毫米波雷达　　b) 捷豹汽车的自适应巡航系统

图0-6　早期车载毫米波雷达的应用

在此之后,伴随着集成电路技术和雷达技术的不断发展,毫米波雷达射频前端开始逐步集成,体积缩小至厘米级,毫米波雷达的成本也由原来的过万元降至千元级别,为后续车载毫米波雷达的大规模应用奠定了基础。2003年,博世公司研制出了77GHz频段的毫米波雷达(图0-7a),并将其投入市场,相比于24GHz频段,77GHz毫米波雷达的探测距离提升至100~200m,测速和测距精度提高了3~5倍。2009年,美国加州大学伯克利分校研制了基于硅基CMOS工艺的毫米波雷达,将60GHz频段硅基模拟收发电路与数字基带处理电路集成在一块90nm工艺的CMOS芯片上(图0-7b),解决了传统毫米波雷达前端锗硅(SiGe)技术设计复杂、体积较大的问题,提高了前端的集成度和探测精度,并将功耗降至SiGe工艺的1/4,约为138mW,芯片尺寸也减小到2.5mm×2.75mm。2015年,博世公司又对77GHz的中长距毫米波雷达展开了进一步的研究,推出了探测距离可达250m的长距离毫米波雷达。

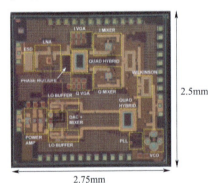

a) 博世公司的长距毫米波雷达　　b) 基于CMOS工艺的毫米波雷达芯片

图0-7　高频段毫米波雷达

我国的车载毫米波雷达发展较晚,且受到国外的技术封锁,发展进程缓慢。直至2013年,24GHz的毫米波雷达才进入市场。国内的厂商受限于开发技术,对毫米波雷达的研究也主要集中于24GHz频段。截至2016年,我国的毫米波雷达产量首次突破了100万大关,其中24GHz毫米波雷达占到了63.8%。2018年开始,国内的行易道、德赛西威等企业也开始逐步实现77GHz毫米波雷达的量产。

目前,美国、德国、日本在车载雷达技术研究方面处于领先地位,博世、大陆、海拉、富士通天、电装、德尔福等传统汽车零部件巨头占据了大部分市场份额。图 0-8 所示为大陆的两款 77GHz 毫米波雷达产品。

a) 大陆 ARS 408 毫米波雷达

b) 大陆 ARS 404 毫米波雷达

图 0-8　大陆 77GHz 毫米波雷达产品

两款毫米波雷达的详细技术参数见表 0-5,两款毫米波雷达的性能侧重点各有不同。其中,ARS 408 毫米波雷达的探测范围更广,但距离精度更低,功耗也更大。ARS 404 毫米波雷达的探测范围较小,但距离分辨率和精确度更高,功耗也更低。

大陆 77GHz 毫米波雷达技术参数　　　　表 0-5

技术指标	技术参数	
	ARS 408	ARS 404
测距范围	0.25~250m(远距); 0.25~70m(近距)	0.2~170m(远距); 0.2~70m(近距)
距离分辨率	1.79m(远距); 0.39m(近距)	0.75m(远距); 0.4m(近距)
距离精确度	±0.4m(远距); ±0.1m(近距)	±0.2m(远距); ±0.1m(近距)
方位角	±9°(远距); ±60°(近距)	±9°(远距); ±45°(近距)
俯仰角	14°(远距); 20°(近距)	18°(远距); 18°(近距)
角度分辨率	1.6°(远距); 6.2°(近距)	3.3°(远距); 6.6°(近距)
角度精确率	±0.1°(远距); ±1°(近距)	±0.1°(远距); ±0.6°(近距)
测速范围	-400~200km/h	-400~200km/h
速度分辨率	0.37km/h(远距); 0.43km/h(近距)	0.28km/h(远距); 0.43km/h(近距)
速度精确度	±0.1km/h	±0.1km/h

续上表

技术指标	技术参数	
	ARS 408	ARS 404
CAN 接口	500kbps	500kbps
功耗	8～32V DC,6.6W/550mA(常规),最大 12W/1A	8～32V DC,4.5W/375mA(常规),最大 12W/1A

我国对 24GHz 的毫米波雷达研究已经发展了较长时间,技术相对成熟。但是,77GHz 毫米波雷达的核心零部件射频收发芯片与信号处理芯片目前主要来自恩智浦、英飞凌、德州仪器等国外厂商,基本已被垄断,国内企业并没有成熟的替代产品。近年来,国内的豪米波、隼眼科技、行易道等企业正在大力开展毫米波雷达技术研发,并与整车厂合作占有了部分国内市场份额,其中森思泰克 77GHz 毫米波雷达产品已全面搭载红旗全新 HS5。表 0-6 为国内外主要毫米波雷达厂商。

国内外主要毫米波雷达厂商　　　　　表 0-6

企业	所在国家	简介
博世	德国	主要提供长距雷达和中距雷达,以 77GHz 为主
大陆	德国	主要提供长距雷达(APS441/ARS510)和短距雷达(77GHz SRR520)等
电装	日本	产品为 24GHz 亚毫米波汽车后方及侧面雷达传感器
奥托立夫	瑞典	主要提供 24GHz、77GHz 毫米波雷达产品
海拉	德国	主要提供 24GHz 毫米波雷达产品
德尔福	美国	主要提供 77GHz 毫米波雷达产品
富士通天	日本	主要提供 77GHz 毫米波雷达产品
智波科技	中国	提供 24GHz、77GHz 毫米波雷达产品
豪米波	中国	主要产品为 24GHz/79GHz 中、长距离雷达,77/79GHz 角雷达,正在开展雷达、摄像头一体化产品研发
森思泰克	中国	提供 24GHz、77GHz、79GHz 毫米波雷达产品
行易道	中国	提供 77GHz 中程、远程,79GHz 近程、SAR 成像雷达产品
隼眼科技	中国	主要提供 77GHz 毫米波雷达产品
纳雷科技	中国	自主研发出领先的 24GHz 和 77GHz 毫米波雷达传感器等产品,并获得诸多技术专利认证

毫米波雷达主要应用于目标检测。2003 年,Miyahara 等人提出了一种基于毫米波雷达区分前方有效目标车辆出入弯道和换道的方法,该方法成为了后续相关研究的基础。作者将毫米波雷达探测到的前方车辆速度、距离和角度值代入判定函数,并设定判断条件。当计算结果在条件范围内时,则判定目标车辆换道,否则判定目标车辆进入弯道。在此研究的基础上,张德兆和李克强等人利用相关系数检验法对目标车辆进出弯道及换道工况进行了更深入的研究,得出相应的拟合回归方程,用于拟合优度检验,引入了具有明确物理意义的区分标准作为判断条件。

在检测到目标后,为了保证目标的连续性,还需要对目标进行跟踪。尚秉旭等人利用卡尔曼滤波器,根据前一时刻目标车辆的运行状态估算出下一时刻该车的运动状态,与毫米波雷达实际探测到的值进行对比,排除错误帧的干扰。刘志峰等人为解决路面颠簸对雷达数据的影响,在卡尔曼滤波后增加了有效目标的生命周期法,该方法大大减少了复杂环境中雷达信号的丢失与跳变。马国成等人通过毫米波雷达,对前方多个车道的目标信息识别处理,对识别到的目标进行区域检测。滤除无效目标,采用滑动窗口采样、门限值法及同车道最近原则完成有效目标的判定。

除了用于目标的检测与跟踪,毫米波雷达还可以用于目标的分类。2005 年,杨万麟等人利用基于核函数的模式识别方法对毫米波雷达探测到的目标一维距离像进行分类,实现了三类目标的分类识别。文亮波等人利用货车、摩托车和人三种道路目标的 RCS 特征信息对目标进行了分类。在此基础上,韩星等人提取了道路目标 RCS 序列的特征参数,并利用模糊逻辑系统建立判别模型,对汽车和行人两类目标进行了分类识别,提高了利用 RCS 信息识别的准确率。冀振元等人提取了货车、坦克两类目标的雷达回波信号在多普勒频谱上的分特征,利用神经网络模型对两类目标进行了分类识别。

0.2.5 基于车联网通信的环境感知技术国内外研究现状

智能交通的车路协同和汽车产业变革的自动驾驶等都离不开车联网。车联网是指按照约定的通信协议和数据交互标准,在"人—车—路—云"之间进行信息交换的通信网络。车联网产业是汽车、电子、信息通信、道路交通运输等行业深度融合的新型产业,是全球创新的热点和未来发展的制高点。

车联网标准体系可分为无线通信和应用两大部分。目前,国际上主流的车联网无线通信技术包括由电气和电子工程师协会(Institute of Electrical and Electronics Engineers,IEEE)主导标准化的 IEEE 802.11p 和由 3GPP 主导标准化的 C-V2X 两条技术路线,而应用层标准则由各国家和地区根据区域性的应用定义进行制定。

V2X 通信面临车辆移动引起的网络拓扑高度动态性与时空复杂性、无线传播环境复杂快时变、高密度下的低时延和高可靠通信难题等新科学问题。2010 年,美国主导完成了车联网无线通信标准 IEEE 802.11p,其在 IEEE 802.11a 的基础上进行改进,支持运动环境下的车车和车路间的直连通信,但存在隐藏终端问题,且有着连续化覆盖差、车辆密集时通信时延大和可靠性低等缺点。蜂窝通信具有容量大、覆盖广、移动性好等优势,能支持车辆远程信息服务和娱乐信息服务,但 4G 通信平均端到端时延超过 100ms,难以满足道路安全和行驶安全的低时延、高可靠通信要求。可见,基于 Wi-Fi 升级的车联网通信或蜂窝通信有各自的优缺点,但均无法满足车联网的通信需求。

大唐团队于 2012 年开始研究基于 TD-LTE 4G 的车联网技术,2013 年 5 月 17 日(国际电信日)首次提出 LTE-V(即 LTE-V2X)车联网核心技术与标准化推进设想,该技术是首个融合蜂窝移动通信和直连通信两种模式的车联网通信技术,确立了 C-V2X 的基本系统框架和关键技术原理。从 2015 年开始,大唐团队联合 LG 电子和华为等企业推进 LTE-V2X 车联网国际标准制定。作为基于蜂窝的 V2X 通信技术,C-V2X 基于 3GPP 全球统一标准,包括基于 4G LTE 的 LTE-V2X 以及基于 5G 新空口(New Radio,NR)的 NR-V2X 技术。

早在 2018 年,大唐移动便在厦门开展了国内首个 BRT 快速公交车路协同系统(图 0-9),

并发布了四项应用:实时车路协同、超视距防碰撞、安全精准停靠、最优车速策略。

图 0-9　国内首个 BRT 快速公交车路协同系统

大唐移动与大唐信通共同在杭州开展首个开放道路智慧公交出行系统(图 0-10),包括"聪明的车、智慧的路、全能的站"。2019 年 12 月 5 日正式发布六大应用,受到浙江省当地政府和业主部门的高度认可。目前,杭州的智慧公交车辆已经正式上路运营。同时,大唐移动开发出具有完全自主知识产权的 5G 车载融合网关和路侧融合网关,目前两款设备均已实现规模化量产,并在杭州和厦门等实际项目中规模部署应用。

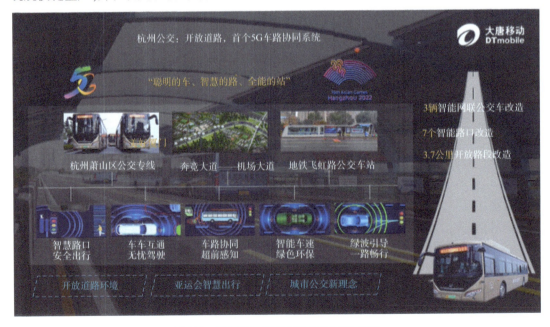

图 0-10　国内首个开放道路智慧公交出行系统

C-V2X通过构建"人—车—路—云"协同的车联网产业生态体系，将交通参与要素有机地联系在一起，一方面可支撑车辆获得比单车感知更多的有效信息，促进自动驾驶技术的发展；另一方面通过构建智慧交通系统，提升交通效率、提高驾驶安全、降低事故发生率、改善交通管理与减少污染等，促进汽车和交通服务的新模式、新业态发展。

目前我国已将车联网产业上升到国家战略高度，产业政策持续利好。车联网技术标准体系已经在国家标准层面完成顶层设计。我国车联网产业化进程逐步加快，围绕LTE-V2X，形成了通信芯片、通信模组、车载终端、路侧设备、整车制造运营服务、测试认证、高精度定位及地图服务等较完整的产业链生态。为推动C-V2X产业尽快落地，工业和信息化部、交通运输部、公安部等积极与地方政府合作，形成车联网测试先导区和示范区多地部署的积极格局，为后续大规模产业化及商业化奠定了基础。

0.3 环境感知技术存在的问题及发展方向

0.3.1 现有环境感知技术存在的问题

0.3.1.1 感知算法计算量问题

随着神经网络技术的不断发展，深度学习在环境感知技术中得到了广泛应用，除了常见的图像识别神经网络算法，众多研究者也将神经网络技术应用在激光雷达点云数据的处理中。神经网络算法在智能网联汽车感知技术中的大量应用对车载芯片的计算性能提出了更高要求，传统的车规级芯片已经难以满足这种大计算量需求，需要研发专门的车规级神经网络计算芯片。

0.3.1.2 网络安全问题

由于不需要与外部进行通讯，传统汽车不存在网络安全问题。但是，智能网联汽车上普遍搭载了GPS和V2X终端，需要实时与外部进行通信。如果遭遇恶意攻击，将会造成极其严重的交通事故。因此，随着汽车的智能化和网联化发展，相关的网络安全问题也必须得到解决。

0.3.1.3 环境适应性问题

车用传感器需要做到全天时、全天候工作并保持优秀的探测能力，而相机、激光雷达等光学传感器受天气影响较大，在雨雪、雾霾等恶劣天气下，这类传感器的感知精度大幅度下降，且相机的感知还受到光照条件的影响，过强或过弱的光照都会导致相机失效。激光雷达、毫米波雷达和超声波雷达这类依靠回波进行感知的传感器还容易受到其他车辆上传感器的干扰，这些都是未来亟待解决的重要问题。

在结构化道路环境中，目前的环境感知技术能够取得较理想的感知效果，但是在城市道路、非结构化道路、室外环境中，智能网联汽车的感知仍然面临诸多问题。在城市道路中，道路交叉口检测、道路标志和交通信号识别、行人识别是环境感知系统所面临的挑战。由于复杂背景、光照变化和拍摄角度的影响，相机很难实现精确、实时的地标检测与识别。城市环境中道路的几何描述可以解释道路的可行性，但是在野外地形中则需要进行分析，包括对三维地形几何特征的描述、地形覆盖检测和可能的障碍分类。复杂场景中各种类型的障碍物对无人驾驶车辆自主导航构成了极大威胁。此外,在障碍物检测领域中,凹形障碍物的检测也是一个难点。

0.3.1.4 感知盲区问题

传统的环境感知传感器都存在感知盲区,传感器的探测会受交通参与者、护栏、围墙等物体的阻隔。在这种情况下,由于传感器的探测受到阻隔,系统误认为周围没有其他目标,从而造成疏漏,为智能网联汽车的行驶安全埋下隐患。

0.3.2 环境感知技术的未来发展方向

0.3.2.1 小型化

未来的车用传感器须具备小型化和轻量化的特点,可以类似车灯,分布在四周,实现汽车周边监控或探测。另外,传感器的单机质量应该不超过1kg,便于嵌入车身,有利于主机厂整车设计,这些将在前装市场受到高度重视。

0.3.2.2 低成本化

目前的部分环境感知传感器成本仍较高,例如激光雷达、深度相机等。要实现智能网联汽车的普及,传感器的低成本化势在必行。以激光雷达为例,全固态是车用激光雷达的未来发展趋势。机械旋转扫描激光雷达尚属传感器的初级阶段,其机械扫描结构外置,尺寸大且质量重,不能适应广泛装车应用,尽管支持前期评估测试,但难以进入车用激光雷达前装产品线。未来发展趋势为取消机械旋转结构,利用半导体工艺,将所有机械部件全集成,实现体积小、质量轻、坚固可靠、高效率和低成本的全固态激光雷达,同时提高激光雷达的环境适应性。

0.3.2.3 车路协同化

未来的智能网联汽车绝不是一个单独的智能体,而是要融入整个智能交通系统。利用5G技术,实现车、路、基础设施等多端信息交互,相互之间数据交流,从而实现协同合作。

车路协同化的基本应用需求主要分为3类:①提升交通安全,保障生命财产安全;②优化交通效率、降低能源消耗和减少环境污染;③为交通出行提供便捷及时的信息服务和娱乐服务,以及丰富多彩的驾乘体验。

由上述3类基本应用衍生了以下几个发展方向:①道路安全类应用,安装V2X通信设备的交通参与者,如车辆、路侧设备、行人、自行车、摩托车等,可以通过感知周围V2X通信节点的实时状态信息,经过危险信息预警,辅助驾驶员决策判断是否可能发生危险情况,从而降低交通事故发生率,提高交通安全性;②交通效率类应用,车联网可增强交通感知能力,通过构建智慧交通体系,实现交通系统的智能化和网联化,如动态调配路网资源、及时提供准确的静态和动态交通信息、拥堵提醒、完成协作变道和协作避免碰撞等协作驾驶行为、规划合理的出行路线,提高交通流量等;③信息娱乐类应用,车载信息娱乐类应用可为车内用户提供信息和娱乐等服务,是全面提升政府监控、企业运营和人民出行水平的手段。

车路协同化可以分近期和中远期两大阶段。近期目标是通过车车协同、车路协同实现辅助驾驶安全,提高交通效率。中长期目标是结合人工智能、大数据等新技术,融合雷达、视频感知等技术,通过车联网实现从单车智能到网联智能的发展,其中,中期目标是实现限定区域和指定道路的自动驾驶,最终目标是实现乘用车的全天候、全场景的自动驾驶。

第1章 智能网联汽车环境感知技术基础知识

1.1 环境感知传感器类型及配置

目前,智能网联汽车中使用的环境感知传感器种类繁多,优缺点和用途各不相同。激光雷达对环境的适应性强,测量精度高,但是其数据处理的速度慢,成本高。视觉传感器价格低廉,采集的数据包含颜色和纹理信息,但是其极易受环境影响,且缺乏深度信息。毫米波雷达能够直接获取目标的距离和速度信息,且受环境干扰小,成本较低,但是其分辨率较低,垂直角度测量范围有限。超声波雷达和红外线都是低成本的环境感知传感器,其数据量小,处理速度快,但是测量范围有限,大多应用于近距离的预警。

1.1.1 传感器简介

1.1.1.1 激光雷达

激光雷达是激光探测及测距系统的简称,其工作原理是飞行时间法,根据激光遇到障碍物进行折返,计算目标与自己的距离,而且激光光束可以准确衡量现场物理情况,并根据实际情况绘制3D环境地图,其精确度可以准确到厘米甚至毫米。根据使用功能、探测方式、应用场景的不同,激光雷达的类型也多种多样,根据有无机械部件来分,激光雷达可分为机械激光雷达和固态激光雷达,虽然固态激光雷达被认为是未来的趋势,但在当前激光雷达市场,机械激光雷达仍占据主流地位。

机械激光雷达带有控制激光发射角度的旋转部件,其发射角度主要由电子部件决定。机械激光雷达主要由光电二极管、MEMS反射镜、激光发射接收装置等组成,其中机械旋转部件是指可在0°~360°范围内控制激光发射角度的MEMS发射镜。Velodyne的一款64线机械式激光雷达如图1-1所示。

固态激光雷达则与机械激光雷达不同,它没有移动部件,由光学相控阵列、光子集成电路以及远场辐射方向图等电子部件代替机械旋转部件来实现发射激光角度的调整。Velodyne的一款固态激光雷达Velarray H800如图1-2所示,该雷达结合了高达200m的远距离感知和广阔的视场,专为高级驾驶辅助系统(ADAS)和自动驾驶的安全导航和防碰撞应用而设计。

由于内部结构有所差别,两种激光雷达的大小也不尽相同。相比固态激光雷达,机械激光雷达体积较大,其优势主要有:测量精度相对较高;具有360°视场。当然,与机械激光雷达相比,固态激光雷达也有很多优势:结构简单、尺寸小;标定简单;扫描速度快、精度高;可控性好;可用于多目标监控等。但是,固态激光雷达也有相应的缺点:扫描角度有限,一般为

120°视场;加工难度高;接收面大、信噪比差等。

图1-1 Velodyne机械激光雷达

图1-2 Velodyne固态激光雷达

根据每帧收发射线束的数量,将激光雷达分为单线激光雷达和多线激光雷达。单线激光雷达实际上是由一个激光发射器(发出的线束是单线)和一个旋转扫描仪组成,其扫描出来的就是一个二维平面的图(2D激光)。多线激光雷达指同时发射及接收多束激光的激光旋转测距雷达,市场上目前有4线、8线、16线、32线、64线和128线等类型,多线激光雷达可以识别物体的高度信息并获取周围环境的3D扫描图(3D激光),主要应用于无人驾驶领域。

图1-3是Velodyne一款16线的激光雷达光束结构图。从图中可以看出,该16线激光雷达在垂直方向上具有16线(16个通道)的激光束,在采集三维数据时,每一步的旋转(旋转频率可设定,频率不同,旋转的步进角度不同)可在空间上采集16个点的三维数据。其在垂直方向上的视角范围在±15°之间。

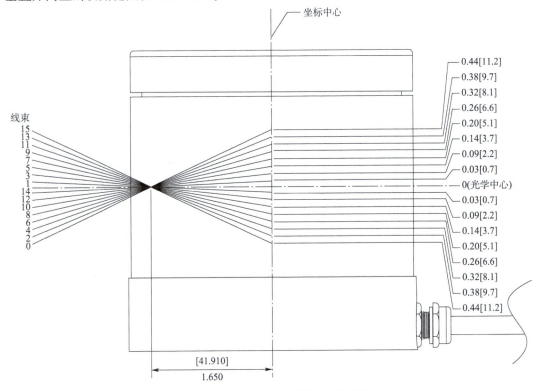
图1-3 Velodyne16线激光雷达光束结构图

相对于多线激光雷达,单线激光雷达只能平面式扫描,无法获取目标高度信息,但是其具有以下优势:成本低、扫描速度快、分辨率强、可靠性高、频率及灵敏度高,反应敏捷等。

1.1.1.2 摄像头

安装车载摄像头的主要目的是实现报警与识别功能,通过摄像头获得光学图像,并将其投射在 CMOS 光电传感器上,经过模数的转换与优化,提供较为准确的数字信号,再经过 DSP,对信号进行高效处理,显示在车载显示屏上。而且通过对采集图像的处理与优化,能够更加全面地掌握汽车周边环境信息,做好辅助预警,减少事故的发生。利用摄像头还可以实现全景泊车的功能,如图 1-4 所示。

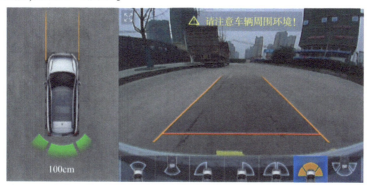

图 1-4 基于摄像头的全景泊车功能

1.1.1.3 毫米波雷达

毫米波雷达工作时向外发射特定调制波形的毫米波段连续波探测信号,发射信号经空间传播和目标反射后返回雷达接收端。雷达接收端检测携带场景信息的回波信号,并进行相关处理,即可获取交通场景中的目标信息。

根据发射信号频率的不同,可以将连续波雷达分为单频连续波雷达、多频连续波雷达和调频连续波雷达。目前用于自动驾驶的主要是调频连续波雷达,它通过发射频率经过调制的高频信号,如三角波、锯齿波等连续波,雷达接收机再对发射信号与回波信号进行混频操作,从而间接获取目标的距离、速度等信息。调频连续波雷达具有带宽大、分辨率高、发射功率低和结构简单、体积小、成本低的优势,适用于近距离、高精度探测。目前,车载连续波毫米波雷达的工作频点主要有 24GHz 和 77GHz 两种,前者应用于中短距离目标检测,后者则应用于长距探测。

目前市面上的绝大部分车载毫米波雷达都是通过 CAN 输出探测到目标的运动信息,如图 1-5 所示。这些运动信息包括目标相对于本车的位置、速度、角速度和方位角等。多个目标的运动信息按特定的格式被存放到不同的报文中,然后被发送至 CAN,等待上位机的接收。同时,上位机也可以通过 CAN 发送特定 ID 的报文,实现对车载毫米波雷达的配置,例如修改毫米波雷达的探测范围。

常见的三款毫米波雷达基本性能参数见表 1-1。

1.1.1.4 超声波雷达

超声波是人耳无法感知到的一种高频率音波,其频率大于 20kHz,是机械波的一种。超声波具有频率高、波长短和绕射性能好的特点,能够沿射线定向传播。由于上述特性,当超声波垂直发射至固体表面时,几乎会产生全反射,反射的回波就有足够的能量被接收探头接收,这是超声波测距的基础条件。目前共有两种超声波测距方法,分别是共振式和脉冲反射式,在车辆上应用的主要是脉冲反射式,即利用超声波的反射特性进行探测,如图 1-6a)所示。

图 1-5 毫米波雷达的 CAN 报文

毫米波雷达性能参数对比　　　　　　　　　　　　　　　　　表 1-1

型号		行易道(XYD)	Continental 408	Delphi ESR
实物图				
最大检测距离		300m	250m/125m(长距/中距)	174m/60m(长距/中距)
水平视角		±90°	±9°/±60°	±10°/±45°
最大检测目标数		64	256	64
刷新率		70ms	60ms	50ms
精度	距离	未知	±0.4m/±0.1m	±0.5m/±0.25m
	速度	未知	±0.1m/s/±0.12m/s	±0.12m/s
	角度	未知	±0.3°/±5°	±0.5°/±1°

图 1-6b)所示为目前汽车上常用的一种超声波传感器硬件,探头用于收发超声波,并将其转化为电信号传输给电路板。电路板中固化的程序根据发射超声波到接收回波之间的时间间隔计算探头到障碍物的距离。

频率特性和指向特性是两个描述超声波传感器性能的重要指标,决定了传感器的探测距离和分辨率。超声波传感器在中心频率处产生的声压能级最高,频率大于或小于中心频率时,声压能级迅速衰减。因此,超声波传感器工作在中心频率时,声波最强,探测距离最远。在工程应用中,往往使振动频率保持在 30~100kHz,此时的测距效果最为理想。其中,车规级超声波传感器的工作频率大多为 40~50kHz。频率太高会导致超声波之间的干涉,容易接收到杂波,造成误判。频率太低会削弱超声波的指向性,也不利于测距。图 1-7 所示为工作频率为 50kHz 的超声波传感器频率特性曲线。

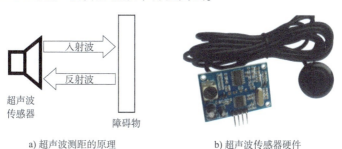

a) 超声波测距的原理　　　　b) 超声波传感器硬件

图 1-6　超声波传感器

超声波传感器的指向性与测距准确性有关,振动频率越高,指向性越强,准确度也越高。如图 1-8 所示,超声波传感器发射的波束由一个主瓣和多个副瓣组成。偏离声波主轴线的角度为 0 时,声压最大;随着偏离角的增大,声压逐渐减小。超声波传感器的指向性通常可以用锐度角和波束宽度(波束角)两个指标描述。锐度角是指主波束两侧出现的第一个极小值之间的夹角,波束宽度是指主波束在主极大值两侧下降到主极大值的 0.707 倍(半功率点)的夹角。这两个角度越小,传感器的指向性越强。波束角小的超声波传感器往往被安装在车辆两侧,用于车位边缘检测。反之,波束角大的超声波传感器由于探测的角度范围较大,适用于探测大范围内的障碍物。

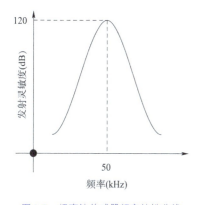

图 1-7　超声波传感器频率特性曲线

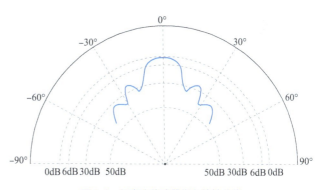

图 1-8　超声波传感器指向特性曲线

1.1.2　车辆传感器配置方案

智能网联汽车通过传感器获取道路、机动车、行人、障碍物和本车的信息,从而为自动驾驶奠定基础。但是,受限于传感器的特性和成本,单一的传感器难以满足所有场景下的感知任务。为此,现在常见的高级别智能网联汽车都安装了多种传感器,百度阿波罗汽车的传感器配置方案如图 1-9 所示。

图1-9 百度阿波罗汽车的传感器配置方案

对感知的任务进行分类(表1-2),同一个感知任务往往能用多种传感器实现,或者为了提高系统的鲁棒性、实时性和准确性,也可以采用多传感器融合的方法进行感知。传感器融合的方法有很多种,传统的方法主要基于滤波技术,例如:扩展卡尔曼滤波(Extended Kalman Filter, EKF)、粒子滤波(Particle Filter, PF)和概率假设密度滤波(Probability Hypothesis Density Filter, PHDF)等。随着人工智能技术的兴起,机器学习方法也被广泛应用到了传感器融合领域。

智能网联汽车感知问题   表1-2

问题	传感器	算法
目标检测	激光雷达、摄像头和毫米波雷达	HOG等特征提取、光流法、PointSeg、RCNN和SSD等多种神经网络
车道线检测	摄像头	基于霍夫变换、基于透视变换和CNN等神经网络
交通信号识别	摄像头	Hough变换检测椭圆形、基于形状定位、基于颜色识别和CNN等神经网络
定位	组合导航、激光雷达	组合导航、SLAM
泊车	超声波雷达、摄像头	车位线识别、PNP求解等

目前已研发的几款L4级智能网联汽车的传感器配置方法见表1-3。其中大部分车型都配置了数量不等的摄像头、激光雷达和毫米波雷达,而对超声波雷达的依赖较低。只有特斯拉的方案中排除了激光雷达和毫米波雷达,将视觉作为主要传感器,并在车身四周布置了12个超声波雷达作为辅助。表格的最后一行是法国产业研究机构Yole预计的2030年传感器配置方案。对比当前的传感器配置方案,未来智能网联汽车所需的传感器数量将会减少,成本和性能得到平衡。

智能网联汽车传感器方案   表1-3

车型	摄像头数量	激光雷达数量	毫米波雷达数量	超声波雷达数量
百度阿波罗	7	3	1	有
Waymo	8	6	4	—
通用Cruise	16	5	8	—
特斯拉	8	—	—	12
2030年传感器配置方案	9	1	8	10

1.1.3 环境感知传感器的配置组合

由于没有一种全能的环境感知传感器,因此大部分智能网联汽车都同时配备多种传感器,从而实现取长补短,全面感知周边环境的功能。

1.1.3.1 前摄像头和前毫米波雷达

利用单一的前向摄像头可以实现多种低级别自动驾驶功能,例如:自动紧急制动(AEB)、车道偏离预警(LDW)、车道保持辅助(LKA)和交通标志识别(TSR)等。图像数据包含颜色和纹理,可以从中提取较丰富的信息,但是由于缺乏深度信息,使测距精度较低。其中代表产品 Mobileye 的性能参数见表1-4。

Mobileye EYEQ3 的性能参数 表1-4

性能指标	性能参数	性能指标	性能参数
视场(°)	水平:52,竖直:39	探测距离(m)	≤120
图像分辨率(Pixel)	1280×960	曲率半径(m)	125
帧率(frame/s)	36	车道线宽度分辨率(cm)	<5
速度范围(km/h)	≤250	—	—

在车辆前部安装毫米波雷达可以实现如自适应巡航(ACC)、自动紧急制动(AEB)和前向碰撞预警(FCW)等低级别自动驾驶功能。该传感器的测距精度高,且能够输出目标的距离和速度信息,但是分辨率较低,难以获得车道线、目标类型等信息。其中代表产品的性能参数见表0-5。

通过对摄像头和毫米波雷达进行融合,既可以获取较为丰富的类型信息,也可以得到较高的测距精度,提高系统的鲁棒性,如图1-10所示。

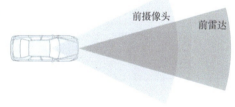

图1-10 前向智能摄像头和前向毫米波雷达融合

单个毫米波雷达、单个摄像头与二者融合后的优缺点对比分析见表1-5。

单雷达、单摄像头以及二者融合方案的对比 表1-5

方案	单雷达	单摄像头	雷达+摄像头
技术特点	(1)对金属敏感,对车辆探测准确; (2)抗天气干扰能力强; (3)对于障碍物速度追踪准确	(1)可识别车道线和道路边界; (2)可识别障碍物类型	(1)提供传感器冗余化; (2)不同特性组合,提高准确性
技术不足	(1)无法识别车道线; (2)行人识别不稳定; (3)误报和误动作的概率高	(1)对远距离障碍物的位置和速度识别较差; (2)对于异型车的识别较差; (3)对天气、光照较敏感	—

毫米波雷达的安装位置需要根据雷达性能参数和车身造型综合确定。雷达的离地高度(雷达天线轴到地面的距离)应保持在 30~120cm,低于30cm 时可能会受到地面反射信号的干扰。毫米波雷达与保护盖之间的距离应大于15mm(2倍波长)且小于40mm,以避免复杂

近场对雷达波束的影响和过大的雷达波相交面。保护盖的曲率半径应大600mm,厚度均匀。毫米波雷达波束与车身结构的间距应大于5mm,视场角(FOV)与车牌框的距离应大于15mm。前向毫米波雷达安装示意图如图1-11所示。

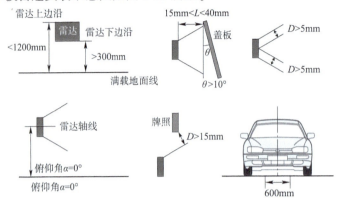

图1-11　前向毫米波雷达安装示意图

摄像头应安装于风窗玻璃中心,安装高度应大于1200mm,与风窗玻璃中心线的横向间距应小于10cm。摄像头视场内的风窗玻璃应保持干净,不能有遮挡,视场与刮水器轨迹线的间距应大于30mm,镜头与风窗玻璃的间隙应大于1mm。前向摄像头安装示意图如图1-12所示。

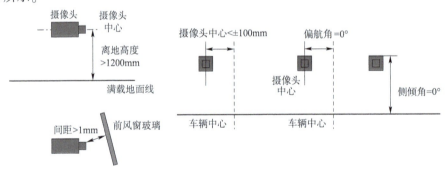

图1-12　前向摄像头安装示意图

1.1.3.2　环视摄像头

全景式监控影像系统(AVM)利用4个摄像头采集车辆四周的图像数据,再将图像传递给全景影像控制器,对4个摄像头采集到的图像进行畸变校正和裁剪,得到车辆周围的2D俯视图,环视摄像头的性能参数见表1-6。

表1-6　环视摄像头的性能参数

型　号	AILI-A-VES-F1.6-V	AILI-A-VES-F2.12-V	AILI-A-VES-F8.3-V
感光芯片	SC120AT	IMX390	OX08B40
串行芯片	MAX96701	MAX9295A	OAX4000
分辨率	1280×960	1920×1080	3840×2160
曝光方式	Rolling Shutter	Rolling Shutter	Rolling Shutter
颜色模式	RGGB	RGGB	RGGB

续上表

型号	AILI-A-VES-F1.6-V	AILI-A-VES-F2.12-V	AILI-A-VES-F8.3-V
可视角度	120°	180°	120°
动态范围	120dB	120dB	120dB
帧率	25fps/30fps	25fps/30fps	25fps/30fps
图像格式	YUV422	YUV422	YUV422
输出接口	GMSL2(LVDS)	GMSL2(LVDS)	GMSL2(LVDS)
光圈	1.6~2.0	1.6	1.7
滤光片光谱	410~650nm	410~650nm	410~650nm
信噪比	≥40dB@1200lx	≥40dB@1200lx	≥40dB@1200lx

环视摄像头的布置方案如图1-13所示,共计需要在车身的前后左右布置4个摄像头。前摄像头安装在前格栅附近区域,后摄像头安装在后车牌照灯附近区域,左右侧摄像头安装在后视镜壳底部。布置环视摄像头时要保证相邻摄像头影像有足够的重合,摄像头左右旋转1°时仍能保证相邻影像是重合的,同时摄像头支架应具有防旋转的定位结构。

前后摄像头的离地高度应大于600mm,与车辆对称中心面的距离应小于50mm。摄像头视轴与车辆XZ平面应平行,与车辆Z轴夹角应为45°~75°。光轴与地面线交点距车身最外侧1000~2000mm,盲区视野小于200mm,摄像头垂直视野在3000mm处可完整看到直立于地面3000mm高的物体。图1-14为前后摄像头的安装示意图。

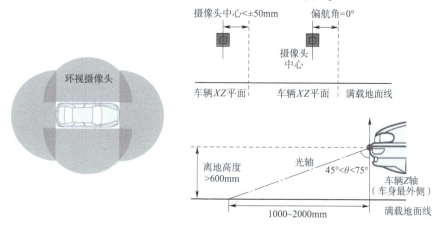

图1-13 环视摄像头布置方案　　图1-14 前后摄像头的安装示意图

左右摄像头的离地高度应大于900mm,突出车身表面100mm以上,视场应覆盖车辆前后各10m的范围,且10m的视野线与后视镜壳体下边缘的距离大于1mm,前后5m的视野线与光轴面夹角均小于85°,且5m的视野线与后视镜壳体下边缘最小距离应大于1.2mm,摄像头外突小于5mm。

1.1.3.3 超声波雷达与角雷达

超声波雷达主要用于探测近距离的障碍物,一款常见的超声波传感器具体性能参数见表1-7。

超声波传感器的性能参数 表1-7

性能指标	性能参数	性能指标	性能参数
工作电压	DC 3~5.5V	最近量程	20cm
工作电流	40mA,持续时间小于50μs	测量角度	75°
待机电流	2mA	分辨率	约2mm
工作频率	40kHz	工作温度	-20~75℃
最远量程	8m	存储温度	-40~80℃

通常需要将多个超声波雷达组合在一起使用,以实现倒车雷达(PDC)、自动泊车辅助(APA)和盲区监测(BSD)等功能,超声波雷达的布置方案如图1-15所示。

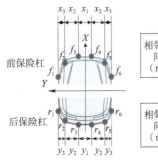

图1-15 超声波雷达布置方案

为了实现自动泊车辅助功能,车辆四周安装有12颗超声波雷达。其中,车辆的前端和后端各均匀分布着4颗短距离超声波雷达,车辆左右侧的前后轮附近各安装1颗长距离超声波雷达。车辆前后端的短距离超声波雷达主要负责探测近距离的障碍物,车辆左右侧的长距离超声波雷达同时兼顾自动泊车时的车位检测。毫米波雷达可以被安装在自动驾驶汽车的头部,用于探测车辆前方的障碍物,也有专门的角雷达被安装在车辆后端的两个角落,用于探测后方的障碍物。

为最大限度满足探测要求,超声波雷达布置位置的具体要求如图1-16所示。应避免将雷达布置在凹陷于汽车保险杠的表面,避免车牌与雷达探测区域干涉,远离热源排气管、大功率灯具等。

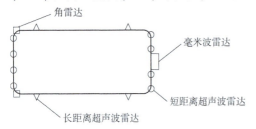

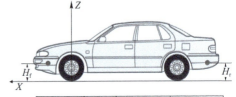

图1-16 超声波雷达安装示意图

基于后侧方的2个角雷达可以实现盲区监测(BSD)、变道碰撞预警(LCW)、后方交通穿行预警(RCTA)和开门预警(DOW)等功能。将角雷达、前毫米波雷达和前摄像头进行融合,如图1-17所示,还可以实现主动变道辅助(ALC)、触发式变道辅助(TLC)、紧急车道保持(ELK)、紧急转向辅助(ESA)、十字路口辅助(JA)等功能,实现高速公路工况下的自动驾驶。

角雷达的安装高度应保持在400~1000mm,过低时地面杂波会影响雷达,过高时离车辆近处的盲区会变大(可能会导致±20°以外无视野)。雷达与车辆纵轴线的夹角应保持在

30°~45°,与车辆水平面夹角应保持在90°。雷达FOV与盖板的夹角应小于70°,盖板厚度均匀,曲率半径应大于350mm。FOV视野内不能出现金属、棱线、多层结构或材质。

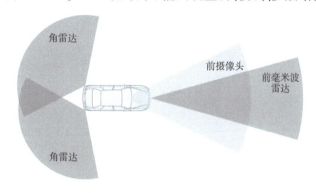

图1-17 角雷达、前毫米波雷达和前摄像头布置方案

1.1.3.4 激光雷达

激光雷达的测距精度高,探测距离远,能够生成点云数据。激光雷达可与其他多种传感器进行融合,实现高级别的自动驾驶功能。表1-8所示为某款激光雷达的性能参数。

激光雷达的性能参数　　　　表1-8

性能指标	性能参数			
	R—Fans—16	R—Fans—16M	R—Fans—32	R—Fans—32M
激光波长(nm)	905	905	905	905
激光等级	Class 1	Class 1	Class 1	Class 1
发射点频(kHz)	320	320	640	640
回波模式	单回波/双回波	单回波/双回波	单回波/双回波	单回波/双回波
回波强度	8bit/12bit	8bit/12bit	8bit/12bit	8bit/12bit
垂直视场	30°(15°~-15°)	26°(11°~-15°)	31°(11°~-20°)	27.5°(11°~-16.5°)
垂直角分辨率	2°	1°(1°~-6°) 1.5°(-6°~-7.5°) 2°(5°~1°,-7.5°~-9.5°) 2.5°(-9.5°~-12°) 3°(11°~5°,-12°~-15°)	1°	0.5°(1°~-6.5°) 1°(5°~1°,-6.5°~-10.5°) 1.5°(11°~5°,-10.5°~-16.5°)
水平视场角	360°	360°	360°	360°
水平角分辨率	0.09°~0.36° (5~20Hz)	0.09°~0.36° (5~20Hz)	0.09°~0.36° (5~20Hz)	0.09°~0.36° (5~20Hz)
最大测距(m)	200	200	200	200
测距精度(cm)	2	2	2	2
扫描帧频(Hz)	5~20	5~20	5~20	5~20

续上表

性能指标	性能参数			
	R—Fans—16	R—Fans—16M	R—Fans—32	R—Fans—32M
通信接口	Ethernet,PPS	Ethernet,PPS	Ethernet,PPS	Ethernet,PPS
质量(g)	~738	~738	~738	~738
工作电压(V)	DC 9~32	DC 9~32	DC 9~32	DC 9~32
功耗(W)	≤8	≤8	≤8	≤8
设备尺寸(mm)	113(D)×70(H)	113(D)×70(H)	113(D)×70(H)	113(D)×70(H)

根据激光雷达类型的不同,其安装位置也不同。旋转式激光雷达大多安装于车顶,可以充分发挥其0°~360°探测角度的优势,根据垂直探测角度计算安装高度,尽可能避免在视场中出现车身遮挡。长距前向激光雷达的安装倾斜角度应控制在5°以内,从而确保能够扫描到车辆前方的障碍物。用于侧向的激光雷达安装倾斜角度应控制在30°左右,以保证可以探测到中近车道区域。激光雷达的固定底座应保持平整,避免出现凹凸不平现象,且底座尽可能使用铝合金材质,有助于散热。

1.2 传感器数学模型

1.2.1 激光雷达的数学模型

一般来说,激光测距方法可大致分为两大类:激光飞行时间(TOF)测距和激光位移传感器原理测距。激光飞行时间测距是利用激光到达目标所用时间来进行测距的方法,这种方法又细分为脉冲法测距和相位法测距。激光位移传感器原理测距是利用激光的高方向性、高单色性和高亮度等特点实现无接触的远距离测量的方法,这种方法也细分为三角法测距和回波法测距。

在被测物体的空间坐标系中,一般设定发射中心为原点,扫描前进的方向为 X 轴,竖直向上的方向为 Z 轴,构成右手坐标系。该坐标系中有6个外方位元素来表示发射中心的大地坐标和姿态参数。扫描中心到地面的距离 s 由激光扫描器测定,扫描方向与 Z 轴的夹角 θ 由编码器记录。扫描时,$x=0, y=-s \cdot \sin\theta, z=-s \cdot \cos\theta$。每一个扫描点的空间坐标可根据摄影测量共线条件方程式(1-1)计算得到。

$$\begin{bmatrix} X \\ Y \\ Z \end{bmatrix} = \lambda \begin{bmatrix} a_1 & a_2 & a_3 \\ b_1 & b_2 & b_3 \\ c_1 & c_2 & c_3 \end{bmatrix} \begin{bmatrix} x \\ y \\ -f \end{bmatrix} + \begin{bmatrix} X_s \\ Y_s \\ Z_s \end{bmatrix} \quad (1\text{-}1)$$

式中,X,Y,Z 为地面点三维大地坐标;X_s,Y_s,Z_s 为激光扫描器的直线外方位元素;a_i,b_i,c_i 为3个空间姿态角 φ,ω,κ 组成的方向余弦;f 表示扫描中心到像片的垂距(主距);x,y 表示在像框标坐标系中的坐标;λ 是比例因子。

其中:

$$\begin{cases} a_1 = \cos\varphi\cos\kappa - \sin\varphi\sin\omega\sin\kappa \\ a_2 = \cos\varphi\sin\kappa - \sin\varphi\sin\omega\cos\kappa \\ a_3 = -\sin\varphi\cos\omega \\ b_1 = \cos\varphi\sin\kappa \\ b_2 = \cos\omega\sin\kappa \\ b_3 = -\sin\omega \\ c_1 = \sin\varphi\cos\kappa - \cos\varphi\sin\omega\sin\kappa \\ c_2 = -\sin\varphi\sin\kappa - \cos\varphi\sin\omega\cos\kappa \\ c_3 = -\cos\varphi\cos\omega \end{cases} \quad (1-2)$$

可以通过 DGPS 动态测定中心发射中心坐标，INS 测得姿态参数，这样就可以计算出旋转矩阵 a_i,b_i,c_i。对共线条件方程式的积分可以计算出 X,Y,Z 轴的方向中误差。通过对中误差的分析可知不同点的定位精度是不同的，定位精度随 θ 角的增加而减少，且 s 增大时精度降低。实际过程中，通常可设定一些参数为定值，这样可以减少测量和简化计算过程。

要使所测得目标物体的距离数据在激光点云数据中精确表示就必须确定激光雷达的坐标系。激光雷达传感器的坐标系是一个特殊的球面坐标系。在球面坐标系中，所有点由距离和两个角度定义。为了表示这两个角，使用方位角（φ）和极坐标角（θ），因此，点是由 (r,θ,φ) 定义的，如图 1-18 所示。

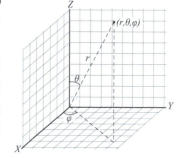

图 1-18　点的坐标表示示意图

由图 1-18 可以看出，方位角是在 X 轴上测量的 X-Y 平面，极坐标角是 Z 轴测量的 Z-Y 平面。这样可以得到下列方程，将笛卡尔坐标转换为球面坐标：

$$r = \sqrt{x^2 + y^2 + z^2} \quad (1-3)$$

$$\theta = \arccos\frac{z}{\sqrt{x^2+y^2+z^2}} = \arccos\frac{z}{r} \quad (1-4)$$

$$\phi = \arctan\frac{y}{x} \quad (1-5)$$

同样地，可以使用下面的方程从球坐标导出笛卡尔坐标：

$$x = r\sin\theta\cos\theta \quad (1-6)$$

$$y = r\sin\theta\sin\varphi \quad (1-7)$$

$$z = r\cos\theta \quad (1-8)$$

激光雷达返回球坐标读数，在传感器坐标系中，（半径 r，仰角 ω，方位角 α）定义一个点。仰角 ω 是从 y 轴测量的 Z-Y 平面。方位角 α 是从 y 轴测量的 X-Y 平面。方位角取决于激光发射时的位置，并在发射时记录；激光发射器的仰角预先固定；半径是利用光束返回的时间来计算，具体如图 1-19 所示。

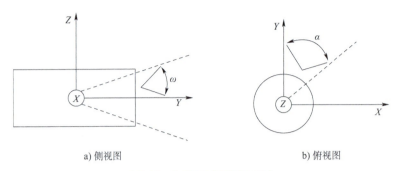

图 1-19 激光雷达传感器坐标系

因此,笛卡尔坐标可以从以下方程导出:

$$x = r\cos\omega\sin\alpha \tag{1-9}$$

$$y = r\cos\omega\cos\alpha \tag{1-10}$$

$$z = r\sin\omega \tag{1-11}$$

由于笛卡尔坐标系已导出,因此需要使用上述方程将球面数据从传感器坐标转换为笛卡尔坐标。另外,当汽车安装了激光雷达后,汽车坐标系如图 1-20 所示。

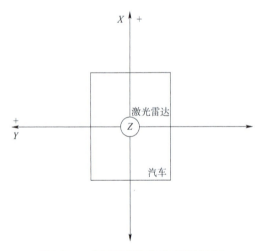

图 1-20 一种装有激光雷达的汽车坐标系

基于激光雷达 3D 建模和感知系统工作时,需要对激光雷达的外参数进行标定,分别是三个旋转参数和三个平面参数。激光雷达的外参标定是指求解激光雷达测量坐标系相对于其他传感器测量坐标系的相对变换关系,即旋转平移变换矩阵,该矩阵假设为地平面与理想地平面的变换矩阵。

标定方法可分为以下步骤:

(1) 点云滤波:一般离激光雷达距离越近,地面数据越多,可以适当截取激光雷达前后左右 50m 的数据作为有效数据;

(2) 设置感兴趣区域(ROI):对点云数据的 Z 轴数据进行排序,由于地面的 Z 轴小,可以适当截取 $Z/3$ 点云数据作为感兴趣区域;

(3)地平面分割:使用 RANSAC 算法进行 ROI 数据的最大平面检测(当前最大平面基本为地平面);

(4)提取地平面向量,计算变换矩阵:假设理想地平面向量为[0,0,1];

(5)对外参标定进行评价:通过比较 ROI 点云数据与地面点云数量、均值和方差等维度,评判校准是否有效;

(6)使用 DBSCAN 算法对标定参数进行聚类,计算最优标定参数。

1.2.2 视觉的数学模型

在基于视觉的环境感知技术中,往往需要进行坐标系的转换,这其中包括相机坐标系到图像坐标系的转换和图像坐标系到像素坐标系的转换。从相机坐标系到图像坐标系的转换,属于透视投影关系,即从三维转换至二维,如图 1-21 所示,图中 f 为相机焦距。

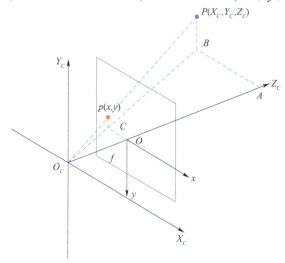

图 1-21 相机坐标系与图像坐标系的关系

已知:

$$\Delta ABO_C \sim \Delta OCO_C \tag{1-12}$$

$$\Delta PBO_C \sim \Delta pCO_C \tag{1-13}$$

故有:

$$\frac{AB}{oC} = \frac{AO_C}{oO_C} = \frac{PB}{pC} = \frac{X_C}{x} = \frac{Z_C}{f} = \frac{Y_C}{y} \tag{1-14}$$

$$x = f\frac{X_C}{Z_C}, y = f\frac{Y_C}{Z_C} \tag{1-15}$$

写成矩阵形式:

$$Z_C \begin{bmatrix} x \\ y \\ 1 \end{bmatrix} = \begin{bmatrix} f & 0 & 0 & 0 \\ 0 & f & 0 & 0 \\ 0 & 0 & 1 & 0 \end{bmatrix} \begin{bmatrix} X_C \\ Y_C \\ Z_C \\ 1 \end{bmatrix} \tag{1-16}$$

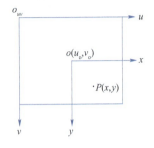

图1-22 图像坐标系与像素坐标系

由于图像坐标系中投影点的单位是 mm,不是 pixel,因此需要进一步将其转换至像素坐标系中。

像素坐标系和图像坐标系均位于成像平面,只是两者的原点和度量单位不同,如图 1-22 所示。图像坐标系的原点为相机光轴与成像平面的交点,通常情况下是成像平面的中点或者叫 principal point。图像坐标系的单位是 mm,属于物理单位,而像素坐标系的单位是 pixel。二者之间的转换可以通过如下方式得到:

$$\begin{cases} u = \dfrac{x}{\mathrm{d}x} + u_0 \\ v = \dfrac{y}{\mathrm{d}y} + v_0 \end{cases} \tag{1-17}$$

写成矩阵形式:

$$\begin{bmatrix} u \\ v \\ 1 \end{bmatrix} = \begin{bmatrix} \dfrac{1}{\mathrm{d}x} & 0 & u_0 \\ 0 & \dfrac{1}{\mathrm{d}y} & v_0 \\ 0 & 0 & 1 \end{bmatrix} \begin{bmatrix} x \\ y \\ 1 \end{bmatrix} \tag{1-18}$$

式中,u,v 为目标物体像素坐标;u_0,v_0 为图像坐标系原点的像素坐标;x,y 为目标物体图像坐标;$\mathrm{d}x,\mathrm{d}y$ 为分辨率,单位为 pixel/mm。

通过以上步骤对坐标的转换,便可将目标物体的坐标转换至像素坐标系进行处理。转换过程可以整理为如下形式:

$$\begin{aligned} Z_C \begin{bmatrix} u \\ v \\ 1 \end{bmatrix} &= \begin{bmatrix} \dfrac{1}{\mathrm{d}x} & 0 & u_0 \\ 0 & \dfrac{1}{\mathrm{d}y} & v_0 \\ 0 & 0 & 1 \end{bmatrix} \begin{bmatrix} f & 0 & 0 & 0 \\ 0 & f & 0 & 0 \\ 0 & 0 & 1 & 0 \end{bmatrix} \begin{bmatrix} \boldsymbol{R} & \boldsymbol{T} \\ \vec{0} & 1 \end{bmatrix} \begin{bmatrix} X_w \\ Y_w \\ Z_w \\ 1 \end{bmatrix} \\ &= \underbrace{\begin{bmatrix} f_x & 0 & u_0 & 0 \\ 0 & f_y & v_0 & 0 \\ 0 & 0 & 1 & 0 \end{bmatrix}}_{\text{相机内参}} \underbrace{\begin{bmatrix} \boldsymbol{R} & \boldsymbol{T} \\ \vec{0} & 1 \end{bmatrix}}_{\text{相机外参}} \begin{bmatrix} X_w \\ Y_w \\ Z_w \\ 1 \end{bmatrix} \end{aligned} \tag{1-19}$$

1.2.3 毫米波雷达的数学模型

毫米波雷达发射的电磁波在空气中向各个方向进行传播,传播过程中受到空气中气体分子和固体尘埃的影响,有一部分能量发生损耗。传播向目标的电磁波被反射回来,但只有小部分能被毫米波雷达接收。因此需要考虑雷达电路的系统损耗和传播过程损耗,修正方程如式(1-20)所示。

$$P_r = \frac{P_t G^2 \lambda^2 \sigma}{(4\pi)^3 L_S L_{ATM} R^4} \qquad (1\text{-}20)$$

式中，P_r 为雷达接收到的功率；P_t 为发射信号的功率；G 为天线增益；λ 为雷达的波长；σ 为雷达目标截面积；L_S 为毫米波雷达发射和接收信号过程中电路的损耗；L_{ATM} 为空气传播损耗；R 为雷达到目标的距离。

假设初始时刻 $t=0$ 时，毫米波雷达与目标的距离为 R_0，毫米波雷达与目标的相对速度为 v，接近时为正，反之为负，信号源输出信号相位为 φ_0，则毫米波雷达与目标的距离和速度存在以下关系，如式（1-21）和式（1-22）所示。

$$R = R_0 - vt \qquad (1\text{-}21)$$

$$\frac{dR}{dt} = -v \quad (R>0) \qquad (1\text{-}22)$$

当毫米波雷达发射某一相位的电磁波后，在空气中进行传播并被目标表面反射，再传播至被毫米波雷达接收，这之间有一定的时间延迟 t_d，具体数值如式（1-23）所示。

$$t_d = \frac{2R}{c} \qquad (1\text{-}23)$$

则毫米波雷达接收到信号的相位 $\varphi_r(t)$ 可根据式（1-24）计算得到。

$$\varphi_r(t) = \varphi_t \left(\frac{c+2v}{c} t - \frac{2R_0}{c} \right) \qquad (1\text{-}24)$$

其中与时间有关的相移将会使得信号的频率发生变化，产生频移，称为多普勒频移，可以用式（1-25）进行表示。

$$f_d = \frac{2v}{\lambda} \qquad (1\text{-}25)$$

对于恒载频雷达，发射信号和反射信号的电压可分别根据式（1-26）和式（1-27）计算得到。

$$V_o = A_o \cos(2\pi ft + \varphi_0) \qquad (1\text{-}26)$$

$$V_r = \frac{K}{R^2} A_o \cos\left(2\pi(f+f_d)t + \varphi_0 - 2\pi f \frac{2R_0}{c} \right) \qquad (1\text{-}27)$$

式中，V_o 为发射信号的电压；V_r 为反射信号的电压；A_o 为毫米波雷达中振荡器输出信号的幅值；K 为待定系数。

1.2.4 超声波雷达的数学模型

超声波雷达探测到与目标的距离为 L，则 $L=v_s t/2$，其中，v_s 为声速，t 为从发送到接收的时间。但是，由于声速受环境温度影响较大，温度越高，声速越快。声速与温度的关系如式（1-28）所示，式中 T 表示环境温度，单位为℃。

$$v_s = 331.5 \times \left(\frac{273+T}{273} \right) \qquad (1\text{-}28)$$

当有多个超声波传感器时，可以进行多角度测量，从而获得多方位的距离，来进行障碍物的定位，如图 1-23 所示。

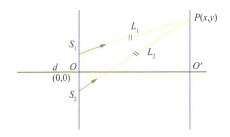

图 1-23　两个超声波传感器障碍物定位原理图

式(1-29)和式(1-30)为相应的障碍物定位计算公式。

$$x^2 + \left(y - \frac{d}{2}\right)^2 = L_1^2 \tag{1-29}$$

$$x^2 + \left(y + \frac{d}{2}\right)^2 = L_2^2 \tag{1-30}$$

1.3　环境感知图像处理算法

图像作为人类感知世界的视觉基础,是人类获取信息、表达信息和传递信息的重要手段。图像处理是计算机视觉的重要任务,是众多计算机视觉任务的基础。其应用范围非常广泛,如无人驾驶、智能交通、目标跟踪等。在环境感知方面,图像是最直观的信息获取方式,其主要研究体现在对障碍物的目标检测。图像处理涉及众多图像处理算法,包括图像滤波、边缘算子、二值化、霍夫变换等。

1.3.1　图像滤波

图像的本质是一种二维信号,滤波是信号处理中的一个重要概念。在图像处理中,滤波是一种常见的技术,滤波是很多图像算法的前置步骤或基础,理解图像滤波对理解卷积神经网络也有一定帮助。常用的图像滤波算法有:方框滤波、均值滤波、高斯滤波、中值滤波和双边滤波。

方框滤波是一种非常有用的线性滤波,也叫盒子滤波。对一个灰度图而言,事先将其积分图构建好,积分图中每个点的值是原图像中该点左上角的所有像素值之和。方框滤波采用下面的卷积核与图像进行卷积:

$$M = \begin{bmatrix} 1 & 1 & \cdots & 11 \\ 1 & 1 & \cdots & 11 \\ & & \vdots & \\ 1 & 1 & \cdots & 11 \end{bmatrix} \tag{1-31}$$

均值滤波就是方框滤波归一化的特殊情况。使卷积核所有的元素之和等于1。卷积核如下:

$$M = \frac{1}{\alpha} \begin{bmatrix} 1 & 1 & \cdots & 11 \\ 1 & 1 & \cdots & 11 \\ & & \vdots & \\ 1 & 1 & \cdots & 11 \end{bmatrix} \tag{1-32}$$

式中，α 为卷积核中点的个数。

在高斯滤波中，会将中心点的权重值加大，原理中心点的权重值减小，在此基础上计算邻域内各个像素值不同权重的和。在高斯滤波中，核的宽度和高度可以不相同，但是它们都必须是奇数。在实际应用中，卷积核都会经过归一化，归一化后可以表示为小数形式或分数形式。对没有进行归一化的卷积核进行滤波，结果往往是错误的。

高斯滤波和均值滤波一样，都是利用一个掩膜和图像进行卷积求解。不同之处在于：均值滤波器的模板系数均为1，而高斯滤波器的模板系数则随着距离模板中心的增大而减小（服从二维高斯分布）。所以相比于均值滤波器，高斯滤波器对图像的模糊程度较小，更能够保持图像的整体细节。

高斯滤波卷积核由二维高斯分布得到：

$$f(x,y) = \frac{1}{2\pi\sigma_1\sigma_2\sqrt{1-\rho^2}} e^{\frac{-1}{2(1-\rho^2)}\left(\frac{(x-\mu_1)^2}{\sigma_1^2} - \frac{2\rho(x-\mu_1)(y-\mu_2)}{\sigma_1\sigma_2} + \frac{(y-\mu_2)^2}{\sigma_2^2}\right)} \quad (1\text{-}33)$$

式中，μ_1，μ_2，σ_1，σ_2，ρ 都是常数。

首先确定卷积核的尺寸 ksize，其次设定高斯分布的标准差。根据模板的大小，找到模板的中心位置。然后进行遍历，将模板中每个坐标代入高斯分布的函数，计算每个位置的系数。

高斯滤波是一种线性平滑滤波器，对于服从正态分布的噪声有很好的抑制作用。在实际场景中，我们通常会假定图像包含的噪声为高斯白噪声，所以在许多实际应用的预处理部分，都会采用高斯滤波抑制噪声，如传统车牌识别等。

中值滤波不再采用加权求和的方式计算滤波结果，它用邻域内所有像素值的中间值来代替当前像素点的像素值。中值滤波会取当前像素点及其周围临近像素点的像素值，一般有奇数个像素点，对这些像素值排序，将排序后位于中间位置的像素值作为当前像素点的像素值。

中值滤波对于斑点噪声和椒盐噪声来说尤其有用，因为它不依赖于邻域内那些与典型值差别很大的值，而且噪声成分很难被选上，所以可以在几乎不影响原有图像的情况下去除全部噪声。但是由于需要进行排序操作，中值滤波的计算量较大。

中值滤波器在处理连续图像窗函数时与线性滤波器的工作方式类似，但滤波过程却不再是加权运算。

双边滤波是综合考虑空间信息和色彩信息的滤波方式，在滤波过程中能有效地保护图像内的边缘信息。双边滤波在计算某一个像素点的像素值时，同时考虑距离信息（距离越远，权重越小）和色彩信息（色彩差别越大，权重越小）。既能去除噪声，又能较好地保护边缘信息。

1.3.2 边缘算子

边缘检测本质上就是一种滤波算法，其区别在于滤波器的选择。常见的边缘检测算子有：Roberts 算子、Sobel 算子、Kirsch 算子、Prewitt 算子、Laplacian 算子、LoG 算子、Canny 算子等，表1-9 比较了上述算子的优缺点。

常见的边缘检测算子　　　　表1-9

算　子	优　缺　点
Roberts	对具有陡峭的低噪声的图像处理效果较好，但利用 Roberts 算子提取边缘的结果是边缘比较粗，因此边缘定位不是很准确

续上表

算 子	优 缺 点
Sobel	对灰度渐变和噪声较多的图像处理效果比较好,Sobel 算子对边缘定位比较准确
Kirsch	对灰度渐变和噪声较多的图像处理效果较好
Prewitt	对灰度渐变和噪声较多的图像处理效果较好
Laplacian	对图像中的阶跃性边缘点定位准确,对噪声非常敏感,丢失一部分边缘的方向信息,造成一些不连续的检测边缘
LoG	LoG 算子经常出现双边缘像素边界,而且该检测方法对噪声比较敏感,所以很少用 LoG 算子检测边缘,而是用来判断边缘像素是位于图像的明区还是暗区
Canny	此方法不容易受噪声的干扰,能够检测到真正的弱边缘。在 edge 函数中,最有效的边缘检测方法是 Canny 方法。该方法的优点在于使用两种不同的阈值分别检测强边缘和弱边缘,并且仅当弱边缘与强边缘相连时,才将弱边缘包含在输出图像中。因此,这种方法不容易被噪声"填充",更容易检测出真正的弱边缘

1.3.3 二值化

图像的二值化处理就是将图像上点的灰度置为 0 或 255,即将整个图像呈现出明显的黑白效果。对 256 个亮度等级的灰度图像经过适当的阈值选取而获得仍然可以反映图像整体和局部特征的二值化图像。要进行二值图像的处理与分析,首先要把灰度图像二值化,得到二值化图像,这样有利于再对图像做进一步处理。

为了得到理想的二值图像,一般采用封闭、连通的边界定义不交叠的区域。所有灰度大于或等于阈值的像素被判定为属于特定物体,其灰度值用 255 表示,否则这些像素点被排除在物体区域以外,灰度值为 0,表示背景或者例外的物体区域。如果某特定物体在内部有均匀一致的灰度值,并且其处在一个具有其他等级灰度值的均匀背景下,使用阈值法就可以得到比较的分割效果。如果物体同背景的差别不表现在灰度值上(比如纹理不同),可以将这个差别特征转换为灰度的差别,然后利用阈值选取技术来分割该图像。动态调节阈值实现图像的二值化可动态观察其分割图像的具体结果(图1-24)。

图 1-24 图像二值化示意图

二值化经典算法有:OTSU、Kittle。OTSU 的中心思想是使得阈值 T 让目标与背景两类的类间方差最大。对于一幅图像,设当前景与背景的分割阈值为 t 时,前景点占图像比例为 w_0,均值为 u_0,背景点占图像比例为 w_1,均值为 u_1。则整个图像的均值为 $u = w_0 u_0 + w_1 u_1$。建立目标函数 $g(t) = w_0(u_0 - u)^2 + w_1(u_1 - u)^2$,$g(t)$ 就是当分割阈值为 t 时的类间方差表达式。OTSU 算法使得 $g(t)$ 取得全局最大值,当 $g(t)$ 为最大时,对应的 t 称为最佳阈值。OTSU 算法又称为最大类间方差法。Kittler 算法与 OTSU 方法效果接近,但速度更快,更适宜应用于像素质量较高的图像中。它的中心思想是,计算整幅图像的梯度灰度的平均值,以此平均值作为阈值。

1.3.4 霍夫变换

霍夫变换是在图像处理中检测是否存在直线的重要算法,该算法是由 Paul Hough 在 1962 年首次提出,最开始只能检测图像中的直线,但是经过不断地扩展和完善,其已经可以检测多种规则形状,例如圆形、椭圆等。霍夫变换通过将图像中的像素从一个空间坐标系中变换到另一个坐标空间坐标系中,使得在原空间中具有形同特性的曲线或者直线映射到另一个空间中形成峰值,从而把检测任意形状的问题转化为统计峰值的问题。

霍夫变换算法检测图像中的直线主要分为四个步骤。

(1)将参数空间的坐标轴离散化,例如 $\theta=0°,10°,20°,\cdots;r=0.1,0.2,0.3,\cdots$。

(2)将图像中每个非 0 像素通过映射关系求取在参数空间通过的方格。

(3)统计参数空间内每个方格出现的次数,选取次数大于某一阈值的方格作为表示直线的方格。

(4)将参数空间中表示直线的方格参数作为图像中直线的参数。

霍夫检测具有抗干扰能力强,对图像中直线的残缺部分、噪声以及其他共存的非直线结构不敏感,能容忍特征边界描述中的间隙,并且相对不受图像噪声影响等优点,但是霍夫变换的时间复杂度和空间复杂度都很高,并且检测精度受参数离散间隔制约。离散间隔较大时会降低检测精度,离散间隔较小时虽然能提高精度,但是会增加计算负担,导致计算时间偏长。

1.4 环境感知机器学习算法

机器学习是人工智能研究的重点与热点问题,它与计算机科学、心理学、认知学、神经学等学科之间都有着广泛、密切的联系。机器学习就是通过模拟人类的学习行为,使机器在利用现有知识的基础上,去获取新的知识和经验,从而完善自我、提高性能。机器学习用于环境感知可分两步:训练和分类。其中,训练的目的是得到一个或一组函数,以反映训练样本(目标或障碍物)的分布,并能形成其特征与样本类别之间的一对一映射;分类是根据学习得到的函数,确定具有某些特征的像素或者图像块所属的类别。应用到环境感知任务中的机器学习算法有很多,经典的有支持向量机、Adaboost 算法、决策树、最近邻分类算法以及神经网络等。

1.4.1 基于支持向量机的机器学习算法

基于支持向量机(Support Vector Machine,SVM)算法是一种有监督的机器学习算法,可以处理线性以及非线性的情况。在对每个维度的特征参数进行描述时,较多地使用了归一化后的统计值,对激光点云目标的特征提取过程中使用的是多维度特征向量,对于这些特征的学习,与其他机器学习算法相比,支持向量机更加直观可靠,因此在弱分类器的构造过程中、高维度和非线性目标识别领域中应用较广泛。

支持向量SVM是定义在特征空间上的间隔最大的线性分类器,在Rosenblatt感知机中通过计算分类误差求得分离超平面,在SVM中则使用了间隔最大特征。

支持向量机可以这样定义:对于数据集(无论是线性可分还是非线性可分),通过间隔最大(处理线性可分与非线性可分时略有不同)这样的优化问题求得分离超平面,如式(1-34)所示:

$$w^* \cdot x + b^* = 0 \tag{1-34}$$

式中,w^*为权重向量;b^*为偏置向量。

这样就可以得到分类决策函数,如式(1-35)所示:

$$f(x) = \text{sign}(w^* \cdot x + b^*) \tag{1-35}$$

其中$f(x)$为符号函数,如式(1-36)所示:

$$f(x) = \text{sign}(x) = \begin{cases} 1, & x > 0 \\ 0, & x = 0 \\ -1, & x < 0 \end{cases} \tag{1-36}$$

1.4.2 基于Adaboost的机器学习算法

AdaBoost(Adaptive Boosting)也是属于有监督的学习机器学习算法。它是一种迭代算法,其核心思想是针对同一个训练集,训练不同的分类器(弱分类器),然后把这些弱分类器集合起来,构成一个更强的最终分类器(强分类器)。其算法本身是通过改变数据分布来实现的,它根据每次训练集中每个样本的分类是否正确,以及上次的总体分类的准确率,来确定每个样本的权值。将修改过权值的新数据集送给下层分类器进行训练,最后将每次训练得到的分类器融合起来,作为最后的决策分类器。使用该分类器可以排除一些不必要的训练数据特征,并放在关键的训练数据上面。

AdaBoost的原理过程如下:

(1)目标样本空间初始化,即定义点云目标样本集合如式(1-37)所示:

$$S = \{(x_i, y_i) \mid i = 1, 2, 3, \cdots, N\}, x_i \in X, y_i \in Y \tag{1-37}$$

式中,X为目标样本空间;Y为目标样本的类别集合;N为样本总数。

(2)样本权值初始化:初始化迭代次数T,定义$D_t(i) = N^{-1}$,对每个样本的权值进行初始化,$D_t(i)$表示在第t轮迭代过程中赋给样本(x_i, y_i)的权值。

(3)迭代过程:

①使用样本S训练弱分类器,得到弱分类器$h_t: X \rightarrow Y$。

②计算本轮弱分类器的误差率 $\varepsilon_t = \sum_{i: y_i \neq h_t(x_i)} iD(x_i, y_i)$,若$\varepsilon_t < 0.5$,则取本轮迭代过程中的弱分类器$h_t$的权重 $\alpha_t = 0.5 \ln\left(\dfrac{1-\varepsilon_t}{\varepsilon_t}\right)$;若$\varepsilon_t > 0.5$,则忽略本轮的弱分类器,进入下一次迭代过程。

③更新目标样本的权重,如式(1-38)所示:

$$D_{t+1}(x_i,y_i) = \frac{D_t(x_i,y_i) \times e^{-\alpha_i y_i h_i(x_i)}}{Z_t} \tag{1-38}$$

式中，Z_t 为归一化因子。

④强分类器：经过 T 次迭代计算后，得到的强分类器计算方法如式(1-39)所示：

$$H(x) = sign(\sum_{t=1}^{T}\alpha_t h_t(x)) \tag{1-39}$$

AdaBoost 算法的流程如图 1-25 所示。

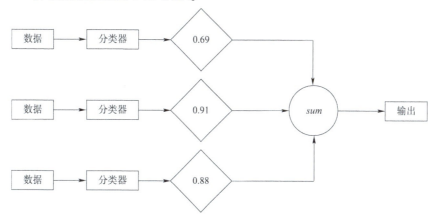

图 1-25　AdaBoost 算法的流程图

1.4.3　基于决策树的机器学习算法

决策树是机器学习中的一个树状预测模型，其内部结点表示在一个属性上的测试，而叶子结点表示最终的类别结果。决策树模型很自然地还原了作决策的过程，将复杂的决策过程拆分成了一系列简单的选择，因此能直观地解释决策的整个过程。决策树包含 3 个元素：根结点、内部结点和叶子结点，若要对未知的数据对象进行分类，可以按照决策树的数据结构，对数据集中的属性(取值)进行测试，从决策树的根结点到叶子结点的一条路径就代表了对相应数据对象的类别预测。决策树是一种分而治之的决策过程，形成决策树的决策规则有许多，如信息增益、信息增益比、基尼指数等。

决策树分类方法的核心算法是由 Ross Quinlan 在 1986 年提出的 ID3 算法。ID3 算法的思想是：首先在决策树的各级结点上，选择信息增益最大的属性作为分类结点，根据该属性的不同取值分裂出各个子结点，随后采用递归的方法建立决策树的分支，直到样本集中只含有一种类别时停止，得到最终的决策树。

首先，假设有一个数据集合为 S，假定样本属性有 n 个不同的值：$Fi(i=1,2,3,\cdots,n)$。设类别 F_i 的个数是 $|F_i|$，S 中的样本个数为 $|S|$。那么 S 的熵定义为：

$$Entropy(S) = -\sum_{i=1}^{n} P_i \log_2(P_i) \tag{1-40}$$

式中，P_i 是任意样本属于 F_i 的概率，记为：$P_i = \dfrac{|F_i|}{|S|}$。

假设 S 中的元素依照特征属性 X 划分，特征属性 X 有 m 个不同的值，那么可以将 S 划分为 m 个子集$\{S_1,S_2,\cdots,S_m\}$，用该属性对样本集进行划分后，需要对子集 S_i 的熵进行加权

计算,公式如下:

$$Entropy_X(S) = -\sum_{j=1}^{m} \frac{|S_i|}{|S|} \times Entropy(S_i) \quad (1-41)$$

信息增益指的是样本集划分前后信息熵的变化,是样本集的分裂度量标准。在特征属性 X 下所获得的信息增益定义为:

$$Gain(S,X) = Entropy(S) - Entropy_X(S) \quad (1-42)$$

根据以上计算公式可知,当特征属性 X 的信息熵越小时,所得的信息增益越大,对样本集的分类能力也越强。显然 ID3 算法是一种自上而下的贪心算法,它有效地减少了样本集的分类次数,并尽可能得到一棵深度较小的决策树。

ID3 算法的优点:①不存在无解的现象;②它可以实现训练数据的完全使用,因而抵抗噪声;③算法理论是清楚的,学习能力是较强的,生成的分类规则容易理解。

ID3 算法旳缺点:①在进行最佳属性选择时,往往偏向与实际不符的多值属性;②对于变化的数据集,不具备很好的学习能力,易致分类错误;③只能处理离散属性,不是离散型数据要进行离散化处理。

1.4.4 基于最近邻分类的机器学习算法

最近邻分类算法(Nearest Neighbor,NN)也是一种有监督的学习方法。给定一个训练数据集合,分类算法根据这些标记的数据归纳出一个分类器(或模型),这个分类器可用于预测新的或未标记的数据,即将每个新数据映射到给定类别中的某一个。常见的最近邻分类算法有 k 近邻分类算法(k Nearest Neighbor,kNN)和 S 近邻分类算法(Shelly Nearest Neighbor,SNN)。

k 近邻分类算法先计算待分类的数据 $z = (X,Y)$ 和训练集所有数据的距离 $\{dist(X,X_i), X_i \in T\}$,选出 k 个最近邻的训练数据 $D_z \subseteq T$。kNN 的分类策略是将这 k 个训练例的最大类指派为 X 所在的类 Y。

$$Y_i = \underset{c_i \in C}{\operatorname{argmax}} \{F_{k\text{NN}}(c_i)\} = \underset{c_i \in C}{\operatorname{argmax}} \{p(c_i, D_z)\} \quad (1-43)$$

式中,$|D_z| = k, k \in [1,n]$。

对 $\forall X_i, X_j \in T, dist(X,X_i) \leq dist(X,X_j)$,如果 $X_i \subseteq D_z, X_j \notin D_z$,而 $F(c_i) = p(c_i, D_z)$ 为 k 的最近邻 D_z 中标记为 c_i 的分类参量,这里采用的是类 c_i 在 D_z 中的分布 $p(c_i, D_z)$。当 $k=1$ 时,是 kNN 的特例。

S 近邻分类算法首先和 kNN 一样计算待分类数据 $z = (X,Y)$ 和训练集所有数据的距离 $\{dist(X,X_i), X_i \in T\}$,选出 k 个最近邻的训练数据 $D_z \subseteq T$。接着在 D_z 中选择待分类数据 z 第 k 维($k = 1,2,\cdots,m$)属性值的左右最近邻所属的数据 T_k^-、T_k^+,即 T_k^- 为 D_z 中的第 k 个属性值满足条件 $x_k \leq x'_k$,且 $\min(|x_k - x'_k|)$ 的一个数据,T_k^+ 同理。这样 m 维属性共选取最多 $2m$ 个数据,记为 $D_S = \{T_1^-, T_1^+, T_2^-, T_2^+, \cdots, T_k^-, T_k^+, \cdots, T_m^-, T_m^+\}$,SNN 的分类策略是将 D_S 中数据的最大类指派为 X 所在的 Y 类。

$$Y_i = \underset{c_i \in C}{\operatorname{argmax}} \{F_{\text{SNN}}(c_i)\} = \underset{v}{\operatorname{argmax}} \sum_{(X_i,Y_i) \in D_S} I(v = Y_i) \quad (1-44)$$

式中,v 是类标号;Y_i 是一个最近邻的类标号;$I(\cdot)$ 是指示函数,如果其参数为真,则返回 1,

否则返回 0。

虽然 SNN 算法与 kNN 算法都是基于最近邻的,两者有些类似,但是还是有些区别,原因如下:

① kNN 算法只是 SNN 算法的基础。SNN 算法还在 kNN 算法已选择的 k 近邻基础上,进一步选择待分类数据每一维属性值的左右最近邻来指派类标号。

② kNN 算法用来确定待分类数据类标号的近邻个数是固定的,一定为 k 个。而 SNN 算法选择出的最近邻数据个数是可变的,它允许重复,最多可取 $2m$ 个。

1.4.5 基于神经网络的机器学习算法

在面临二值问题时会使用逻辑回归进行分类。在线性分类中,特征变量之间相互独立时,逻辑回归能够高效地进行分类。但是在非线性分类中,特征变量就会出现相关关系,此时逻辑回归就不适用了,而神经网络算法就能够很好地解决这个问题。

神经网络(Neural Network,NN)是一种仿生物神经的网络结构和功能计算模型。经典的神经网络结构包含三个层次,分别是输入层、隐含层和输出层,神经网络结构如图 1-26 所示。其中每层的圆圈代表一个神经元,隐含层和输出层的神经元对输入的数据进行计算和输出,输入层的神经元只有输入。神经网络的特点有:每个连接都有权值;同一层神经元之间没有连接;最后的输出结果对应的层称为全连接层。

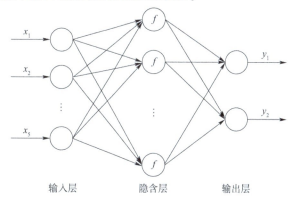

图 1-26 神经网络结构

当在传统神经网络的基础上,加入有效的特征学习部分,即在隐含层与全连接层之间加入卷积层、池化层,使得神经网络层数得以加深,这样的神经网络称为卷积神经网络(Convolutional Neural Network,CNN),于是"深度学习"由此而来。经典的卷积神经网络有 LeNet、AlexNet、VGG、NiN、GoogleNet、ResNet 和 DenseNet。

卷积层是卷积神经网络中最核心的层级,主要用到的有二维卷积、三维卷积与转置(反)卷积。卷积的作用是学习和提取特征,反卷积的作用是尽可能还原卷积后丢失的小部分数据。卷积核可以理解为一个人带着权重和偏重去观察,进行特征加权运算。某卷积核下的二维卷积计算原理如图 1-27 所示。

池化层常处于两个相邻卷积层之间,作用是在空间维度上对卷积操作提取的特征进行降维,防止由于大特征维度造成网络训练参数多、训练占用空间大、学习速率慢和过拟合等问题。常用的池化操作有最大池化与平均池化两种,如图 1-28 所示。

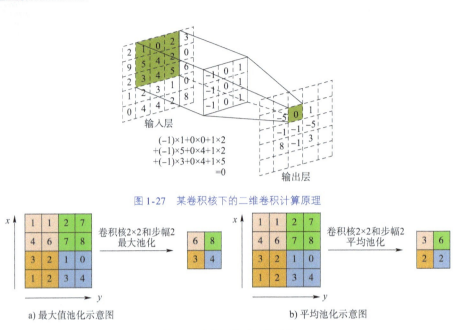

图 1-27 某卷积核下的二维卷积计算原理

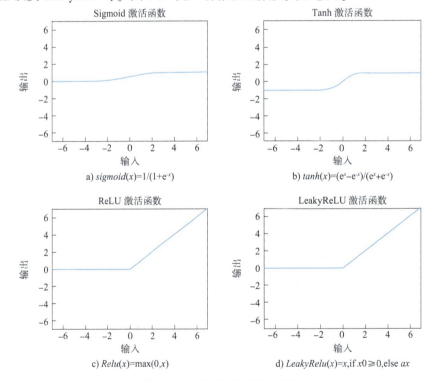

图 1-28 两种池化方法示意图

激活层一般在卷积层后使用,并对卷积后的结果进行适当压缩,它能够增强网络的非线性拟合能力,并且能够使输出的数据限定在一个设定范围内。常见的激活函数有 sigmod、tanh、Relu 以及 LeakyRelu 等。图 1-29 是 4 种激活函数及其示意图。

a) $sigmoid(x)=1/(1+e^{-x})$

b) $tanh(x)=(e^x-e^{-x})/(e^x+e^{-x})$

c) $Relu(x)=\max(0,x)$

d) $LeakyRelu(x)=x, \text{if } x0 \geq 0, \text{else } ax$

图 1-29 4 种激活函数及其示意图

全连接层一般处于卷积神经网络的最后,也就是输出层,作用是高级推理(如预测概率与分类)。全连接层的每一层神经元都与上一层的所有神经元相连结,不同的神经元之间连接权重不同,因此,全连接层的激活是通过矩阵相乘加上偏置量来完成计算。图 1-30 是某动物特征提取后输入全连接层进行概率预测与分类的示意图。

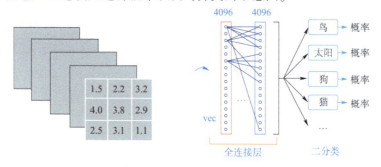

图 1-30 全连接层对某动物概率预测与分类示意图

其中,概率预测是分类的前提。一般全连接层(输出层)会使用激活函数 Softmax 进行每个类别的概率计算:

$$S_i = \frac{e^{V_i}}{\sum_j^C e^{V_j}} \tag{1-45}$$

式中,S_i 为当前元素的指数与所有元素指数和的比值;V_i 为前级的输出;C 为类别总数。

第 2 章
基于机器视觉的智能网联汽车环境感知技术

基于机器视觉的智能网联汽车环境感知技术作为智能网联汽车规划决策和控制执行的基础环节,是当下智能网联汽车感知领域研究的热点问题。现有的基于机器视觉的环境感知技术的研究内容可分为车道线检测、交通标志信号识别、前向障碍物检测、目标检测跟踪、驾驶场景理解与语义分割以及驾驶员人脸识别与状态监测等方面工作。

2.1 基于单目视觉的车道线检测技术

车道线检测是智能辅助驾驶系统和自动驾驶的重要组成部分。在实际的车道线检测任务中,需要面对各种复杂的道路场景,如车道线破损、光照影响、雨天、雾天等造成车道线被部分遮挡或完全遮挡。传统的车道线检测方法难以解决以上问题,随着深度学习在图像分类任务中取得的巨大进步,在车道线检测任务中基于深度学习的研究方法逐渐占据主导地位。车道线检测的实现大致由三部分组成:图像预处理、特征提取、车道线拟合,其中特征提取是车道线检测任务的核心部分。目前基于视觉的车道线检测任务的特征提取方法主要有两种,一种是利用车道线的颜色、梯度、纹理、视觉消失点等特征将车道线从图像中分离出来,这种方法依赖于人工设计的特征,是传统的车道线特征提取方法;另一种是利用自动学习特征的深度学习技术进行特征提取,与传统方法相比,基于深度学习的提取特征方法检测精度高、鲁棒性好。

2.1.1 基于传统图像处理的方法

传统的车道线检测方法依赖于高度专业化、手工制作的特征和启发式的组合来识别车道线(图2-1)。特征提取根据图像的灰度梯度变化、颜色、纹理、视觉消失点等特征进行分析并设计特征。这些算法对光照、天气等变化较为敏感,当行驶环境发生明显变化时,车道线检测的效果不佳。

传统的车道线检测方法先对图像进行平滑去噪等预处理获取感兴趣区域,然后对预处理后的图像使用人工设计的特征提取车道线的边缘信息,最后拟合提取的车道线特征得到车道线信息。车道线具有特征简单、与路面有明显梯度、灰度变化较大、多种线形和颜色等特点,因此,能够通过这些特点人工设计特征检测车道线,并且方法原理简单,相对成熟,依赖于车道边界的梯度信息,对特征明显的图像表现较好,在车道线磨损或被遮挡导致车道线不完整的情况下,车道线的检测效果会受到影响,但是在复杂环境下鲁棒性差。

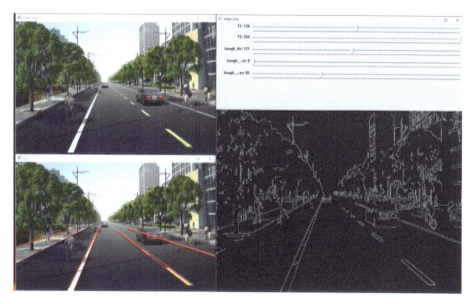

图 2-1 传统车道线检测

2.1.2 基于深度学习的方法

随着计算机能力的提升,图像处理器(GPU)的快速发展,深度学习技术在计算机视觉、图像处理等领域都有着广泛的应用。研究者提出将车道线检测当作分割问题进行研究,使用图像分割模型提取车道线特征。从大量具有标注信息的图像中提取特征信息,依据这些信息推理出原始图像中对应的像素点标签,在这种端到端的训练下能够较好地提取车道线的语义信息并对各个像素分类。与边缘特征提取、阈值分割、分水岭等手工设计特征的传统方法相比,基于深度学习的图像分割方法能够提取更加丰富的车道线信息,在车道线检测技术中得到了广泛的应用。

基于深度学习的方法与传统方法相比鲁棒性和泛化能力更好,主要有目标检测和图像分割两种。

(1)目标检测。

随着深度学习的迅速发展和公开数据集的增多,目标检测网络的检测精度得到了极大提升。R-CNN、Faster R-CNN、YOLO 等网络在公开的数据集和实际应用中,检测精度和效率逐渐得到提升,引入目标检测后,自动驾驶领域获得了巨大的发展。

(2)图像分割。

图像分割是对图像中的各个像素标注所属的类别,把图像分割成几个具有一定语义类别的部分。基于图像分割的车道线检测能够对图像进行像素级的分类,与传统的方法相比,其检测效果比较理想,通过端到端的学习,其鲁棒性更好。

目前深度学习模型进行车道线检测仅局限于预测固定数量的车道线,对变化数量的车道线不能很好地应对。

近年来,随着深度神经网络和自主驾驶技术的快速发展,车道检测技术得到了长足的发展。但主要存在三个问题,即车道的特征描述、场景与车道之间的结构关系建模、支持更多的车道属性(如实例和类型)。Jinming Su 等人提出了一种新的结构导向框架(图 2-2)来同时解决这些问题。在该框架中,首先引入一个新的车道表示来描述每个实例。在此基础上,提出了一种自顶向下消失点导向锚点机构,以产生密集锚点,有效地捕获各种车道。其次,利用多层结构约束提高车道感知。在该过程中,引入基于二值分割的像素级感知,提升锚点周围的特征,并自底向上恢复车道细节,提出了车道级关系,用于车道周围的模型结构(平行结构)。采用图像级注意,从场景的角度自适应地注意图像的不同区域。在结构引导的帮助下,锚点被有效地分类和回归,以获得精确的位置和形状。在公共数据集上的大量实验表明,该方法在单个 GPU 上具有 117FPS 的性能。

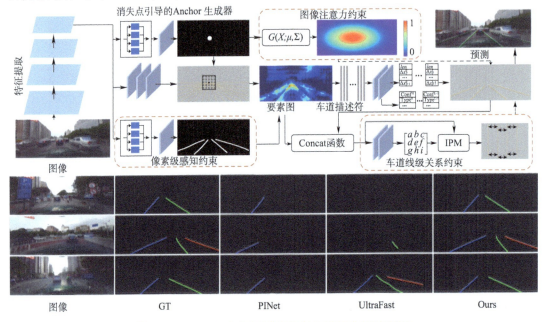

图 2-2　Structure Guided 车道线检测方法网络结构及检测效果

现代基于深度学习的车道检测方法在大多数情况下都是成功的,但对于拓扑复杂的车道线却很难。针对该问题,Lizhe Liu 等人提出了 CondLaneNet,一个新的自上而下的车道检测框架(图 2-3),首先检测车道实例,然后动态预测每个实例的线形。针对车道实例级识别问题,提出了一种基于条件卷积和逐行公式的条件车道检测策略。此外,设计了循环实例模块(RIM),以克服复杂拓扑(如密集线和分叉线)的车道线检测问题。由于采用端到端流水线,无需后处理,因此具有实时性。如图 2-4 所示,在车道检测的三个公共数据集上进行广泛评估,结果表明,该方法在三个数据集上都达到了最先进的性能,具有准确性和效率并存的特点,例如在 CULane 上的 F1 评分为 78.14,FPS 为 220。

现代车道检测方法在复杂的真实场景中取得了显著的性能,但许多方法在保持实时效率方面存在问题,这对自动驾驶汽车来说非常重要。针对该问题,Lucas Tabelini 等人提出了 LaneATT(图 2-5),一个基于锚点的深通道检测模型,类似其他通用的深目标检测器,使用锚点进行特征池步骤。由于车道遵循规则模式且高度相关,故假设在某些情况下,全局信息对推断它们的位置至关重要,特别是在闭塞、车道标记缺失等情况下。因此,本研究提出了一种新的基于锚点的聚合全局信息的注意机制。如图 2-6 所示,使用该模型对在文献中最广泛使用的 3 个数据集进行评估。结果表明,该方法优于现有方法,具有更高的有效性和效率。

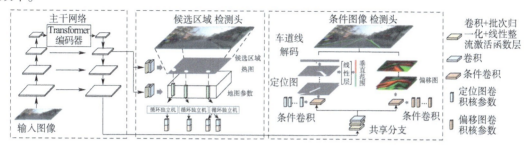

图 2-3　CondLaneNet 网络结构

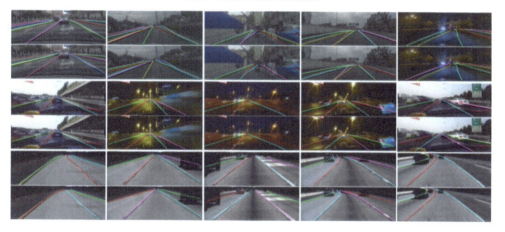

图 2-4　CondLaneNet 在 CurveLanes、CULane、TuSimple 上的检测效果

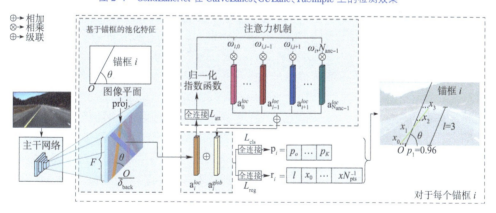

图 2-5　LaneATT 网络结构

Annika Meyer 等人提出了一种基于单镜头目标检测思想的检测方法。将折线检测问题重新表述为自下而上的由小线段组成,允许检测有界、虚线和单头连续折线。与以前的方法相比,这种方法有几个主要优点。该方法检测速率达到 187 帧/s,不仅更适合实时应用,而且几乎对检测到的折线形状没有任何限制。通过预测每个空间单元的多个线段,甚至可以检测到分支或交叉的折线。如图 2-7 所示,在道路标记、车道边界和中心线三个不同检测应用上评估了该方法的有效性。

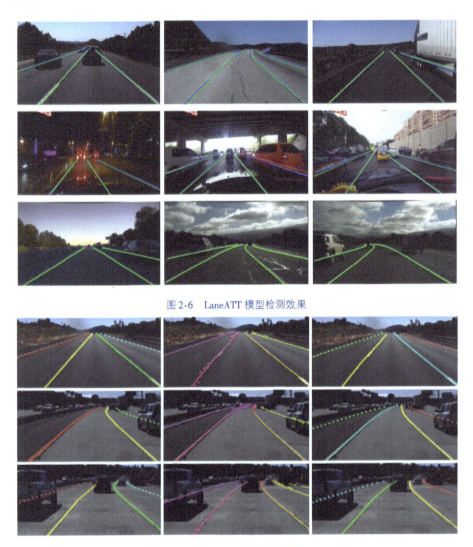

图 2-6　LaneATT 模型检测效果

图 2-7　YoLinO 模型检测效果

Hala Abualsaud 等人提出了一种涉及二值分割掩码和过像素亲和场预测的车道检测方法（图 2-8）。在后处理步骤中，将亲和字段以及二进制掩码用于水平和垂直地将车道像素聚类到相应的车道实例中，这种聚类通过一个简单的逐行解码过程实现，开销很小；这种方法允许 LaneAF 检测可变数量的车道，而无需假设车道数量是固定的或最大的。此外，这种聚类形式比以往的视觉聚类方法更具有解释性，可以通过分析来识别和纠正误差来源。如图 2-9 所示，在常用车道检测数据集上的定性和定量结果表明，该模型能够有效、稳健地对车道进行检测和聚类。该方法在具有挑战性的 CULane 数据集和最近引入的 Unsupervised LLAMAS 数据集上具有较领先的检测效果。

基于图像的车道检测算法是自动驾驶汽车的关键技术之一。现代深度学习方法在车道检测方面有较高的性能，但在拥堵的道路和极端光照条件等具有挑战性的情况下，仍难以准确检测车道。为了在这些具有挑战性的情况下保持稳健，及时从有限的视觉线索中提取全局背景信息也很重要。针对该问题，Minhyeok Lee 等人提出了一个简单但强大的自我注意机制优化车道检测,称为扩展自我注意(ESA)模块(图2-10)。该方法受车道简单几何结构的启发,在图像的垂直和水平方向预测车道的置信度。置信度的预测可以通过提取全局上下文信息来估计被遮挡的位置。ESA模块可以很容易地实现并应用于任何基于编码器—解码器的模型,而不增加推理时间。在三个流行的车道检测基准(TuSimple,CULane和BDD100K)上评估了方法的性能(图2-11)。在CULane和BDD100K上取得了最先进的性能,在TuSimple数据集上取得了明显的改进。实验结果表明,该方法对遮挡和极端光照条件具有鲁棒性。

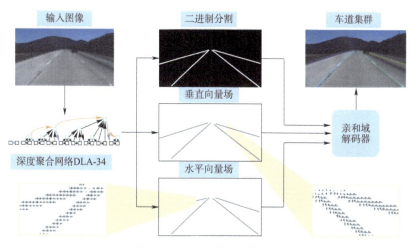

图2-8 LaneAF车道线检测方法

图2-9 LaneAF模型检测效果

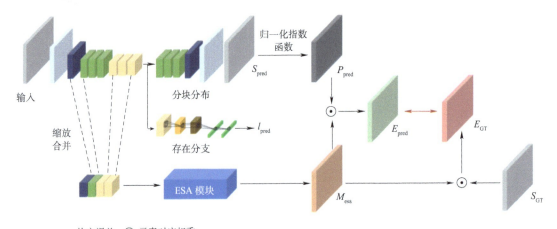

图 2-10　Minhyeok Lee 等人提出的车道线检测网络结构

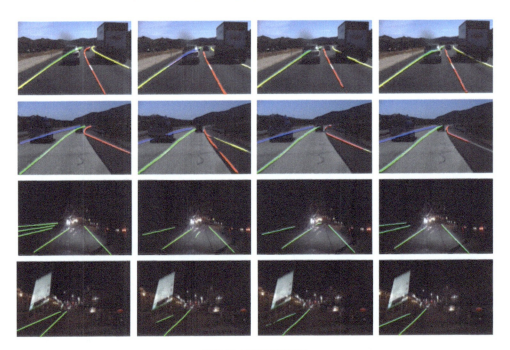

图 2-11　模型检测效果

Der-Hau Lee 和 Jinn-Liang Liu 提出了一种端到端三任务卷积神经网络（3TCNN），如图 2-12 所示，该网络具有两个回归分支和目标掩模的分类分支，用于车道检测和道路识别。Humoment 回归器分别利用分段车道目标的局部和全局实现车道定位和道路引导。然后在 3TCNN 的基础上，提出横向偏移和路径预测（Path Prediction，3TCNN-PP）算法，形成一个综合模型（3TCNN-PP），通过动态估计车道中心线和路径曲率来预测驾驶路径，实现实时自主驾驶，并且还开发了一个 CNN-PP 模拟器，可以用真实或人工交通图像训练 CNN，用人工图像测试，量化其动态误差，并可视化其定性性能。3TCNN 模型检测效果如图 2-13 所示。

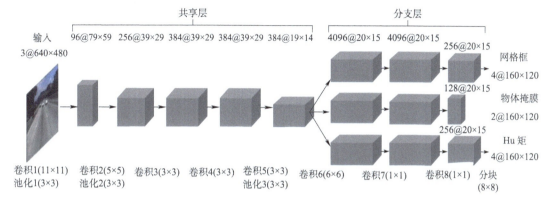

图 2-12　3TCNN 网络结构

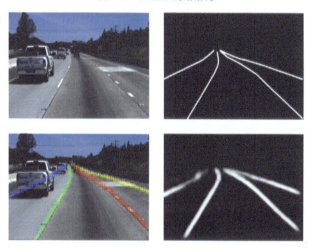

图 2-13　3TCNN 模型检测效果

2.2　基于机器视觉的交通标志及信号灯识别方法

2.2.1　交通标志

交通标志识别在无人驾驶中是不可或缺的一部分,它主要是根据车上搭载的图像传感器分析解读前方的交通标志,将该信息提供给驾驶员进行决策。近年来,随着车辆的不断增加,交通环境日益复杂,为了保障道路行驶的安全与畅通,交通标志识别变得尤为重要。我国交通标志标准是按照《道路交通标志和标线　第 2 部分:道路交通标志》(GB 5768.2—2009)来执行的,如果按照标准划分,道路交通标志分为主标志和辅助标志两大类。其中主标志又可以划分为禁令标志、指示标志和警告标志三大类。这三种类型也是交通标志检测识别领域的主要研究对象。

(1)禁令标志。

禁令标志起禁止或限制某种交通行为的作用,包含车辆和行人,它比警告标志代表的语义信息程度更强,道路使用者必须严格遵守。其颜色主要为白底,红边,形状主要为圆形、三角形、红色直线、黑色直线。除去特殊情况的制动或减速让行标志外,禁令标志的形状大部分都为圆形,如图2-14所示。

(2)警告标志。

警告标志起警告作用,主要展示的语义信息就是警示车辆驾驶者以及行人注意潜在危险。主要放在施工路段或者复杂环境的路段,它一般为白底或黄底、图案为黑色。形状为顶角向上的等边三角形,如图2-14所示。

(3)指示标识。

指示标志起指示作用,其代表的语义信息是指示车辆驾驶者和行人行进,并在特殊情况下起到疏导的作用。其一般为蓝底、白色图案,形状主要为圆形、正方形。如图2-14所示。

图2-14 典型交通标识

然而,在自然场景中,由于交通标志图像极易受到各种不确定干扰因素的影响,使得交通标志识别技术面临着较多的挑战,存在诸多不利因素的影响,本小节通过总结主要有以下几个问题。

(1)多级分类:实际环境中,交通标志的大小在不同的尺寸上变化。

(2)分辨率低:由于车载传感器的性能限制,摄像头像素不高,导致采集到的图像质量差。

(3)模糊:在汽车行驶较快时,视觉传感器采集到的图像存在运动模糊问题。

(4)照明:不同的照明条件下采集到的图像存在差异。

(5)天气因素:雨雪、大雾等情况下,通过摄像头获取的图像信息,受噪声的干扰,严重影响检测与识别的准确性、实时性。

(6)背景干扰:在采集到的图像中会包含许多背景干扰因素。

(7)遮挡:实际环境中,交通标志可能会因树木或其他障碍物造成遮挡现象。

交通标志识别的目标是找出图像中的标志,并对标注出来的目标区域进行详细分类,输出其代表的具体信息。其研究算法目前可大体分为三大类:模板匹配、机器学习、深度学习,本节则主要介绍深度学习的研究现状。

深度学习作为近几年交通标志识别领域的研究重点,其识别准确率相比前两者有着明显的提升。目前交通标志识别主要使用的数据集为:德国交通标志数据集(GTSRB)、瑞典交通标志数据集(STS)、美国交通标志数据集(LISA),以及中国交通标志数据集(TT-100K)。由于采集地区的不同,这些数据集中的交通标志在种类与数量上都存在明显的区别,具体见表2-1。

表2-1 交通标志识别主要使用的数据集

数据集	GTSRB	STS	LISA	TT-100K
标志种类	43	7	49	160 +
标志大小	15×15 ~ 250×250	3×5 ~ 263×248	6×6 ~ 167×168	16×20 ~ 160×160
图像大小	15×15 ~ 250×250	1280×960	15×15 ~ 250×250	15×15 ~ 250×250
图像数量	≥50000	20000	6610	100000
标注数量	所有	4000	所有	16817
视频	无	无	有	无
国家	德国	瑞典	美国	中国

在深度学习算法方面,选用YOLO(You Only Look Once)算法中的YOLO v3算法作为示例算法,其架构如图2-15所示。YOLO v3算法是基于YOLO、YOLO v2算法的改进算法,在检测速度和精度上均有很大的提高。YOLO算法最早是由Redmon等提出,其思想是将整张图片作为神经网络的输入,并在最后输出层直接输出回归目标框位置和类别信息。YOLO算法采用基于回归的思路,实现了端到端的结构,这使得算法在输入图片大小为448×448时,每秒帧数(FPS)能够达到45,其精简版本Fast YOLO的FPS甚至可达到155。YOLO v3算法由于速度快、准确率高,现已广泛应用于工业检测。

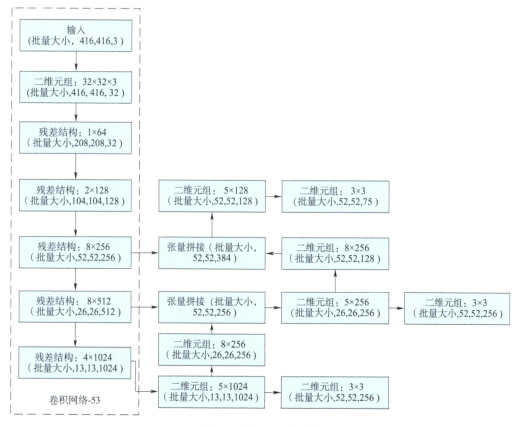

图2-15 YOLO v3模型架构

YOLO v3 使用新的网络架构来实现特征提取,算法中提出了用于特征提取的 DarkNet53 模型框架,其中包含 53 个卷积层。当输入图像的尺寸为 416×416 时,整个 YOLO v3 的网络架构如图 2-15 所示。DarkNet53 借用了 ResNet 的思想,在网络中加入了有利于解决深层次网络梯度问题的残差模块,模型结构也变得相对复杂。将网络中前一层的原始输出直接传递到后面的网络层中作为输入的一部分,这种残差结构使得模型在很深的情况下保持收敛,减少原始数据在卷积操作中的损耗,使模型表达的特征更好,提高分类和定位的效果。

此外,YOLO v3 也采用了多尺度特征对目标进行预测,具体来说就是在网络预测的最后某些层进行采样拼接的操作。语义信息在目标检测中指的是让检测目标区分于背景的信息,即语义信息是让使用者能够区分检测目标与背景。在不同类别中语义信息并不需要很多细节信息,分辨率信息大,反而会降低语义信息,因此,在小尺度特征图提供必要的分辨率信息的前提下,检测结果会更加准确。而对于交通标志这种小目标,小尺度的特征图不足以达到必要的分辨率信息,所以还需结合大尺度特征图。因此,YOLO v3 采用三种不同尺度的特征图,可以检测到目标更细微的特征。如图 2-15 所示,当输入图像尺寸为 416×416×3 时,YOLO v3 通过数次采样,产生 13×13×3、26×26×3 和 52×52×3 这三种预测尺寸,大致的识别流程框图如图 2-16 所示。

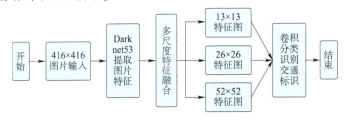

图 2-16　YOLO v3 识别流程框图

为了能够更加贴近国内实际交通标志识别情景,本节以 TT-100K 数据集作为训练、验证数据集。TT-100K 数据集是清华大学的研究人员从 100000 张腾讯街景全景图中创建的一个大型交通标志基准,超越了以往的基准。研究人员把这个基准叫作 Tsinghua-Tencent 100K,简称为 TT-100K。该数据集涵盖了各种天气和光照条件,由 6107 张标志训练集和 3073 张标志测试集组成,包含了 221 种标志类别,图像分辨率为 2048×2048。TT100K 交通标志数据集类别如图 2-17 所示。

a) 禁令标识标签

b) 警告标识标签

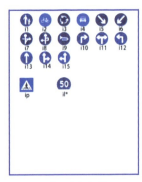

c) 指示标识标签

图 2-17　TT-100K 数据集中的交通标志类别标签图

在实际训练中,选取 VGG16 算法模型与 YOLO v3 分别进行试验,并评估其性能表现。为了评估算法模型的整体性能,选取了三个不同的评价指标,分别是平均精度均值(mean Average Precision,mAP)、精确率(Precisionp)以及每秒传输帧数(Frames Per Second,FPS)。从表 2-2 中可以看出,YOLO v3 网络模型在 mAP、p 以及 FPS 中都分别高于 VGG16 模型,说明 YOLO v3 网络对目标的识别更加准确,在检测交通标志这类小目标时可以发挥较好的作用。

模型对比 表2-2

算法	$mAP(\%)(IoU=0.5)$	$p(\%)$	$FPS(F/S)$
YOLO v3	85.7	89.3	15.7
VGG16	76.2	75.4	14.8

交通标志识别结果如图 2-18 所示。

图 2-18　交通标志识别结果

2.2.2　交通信号灯

交通信号灯检测和识别是无人驾驶和辅助驾驶领域的重要研究内容,能够辅助驾驶员,避免其在通过路口时,由于对交通信号灯判断失误而导致的交通事故,提升驾驶的安全性。交通信号灯由于其体积小,且与城市环境中其他物体(如路灯、建筑装饰、反射等)之间存在高度的模糊性,成为一个极具挑战性的问题。

信号灯通过告知驾驶员道路通行权来规范交通流量,道路通行权可以最大限度地减少车辆路径与行人路径在交叉路口之间的冲突。信号灯的设计是为了引人注目,它们的主色调是明亮的彩色灯,通常是圆形或箭头形,这些灯被一个统一颜色的容器包围着。最常见的信号灯配置是红、黄、绿色光,每个状态指示一个驱动程序是否应该停止、准备停止或继续驱动。除了信号灯的各种配置外,状态序列是信号灯的一个重要特征。

虽然信号灯是易于识别的,但有时受环境的影响,成功检测并识别出信号灯也会变得困难重重,例如,放置位置是否隐蔽或被遮挡等。其中问题主要包括:

(1) 色彩、色调的变化和光晕干扰,例如,其他光源对大气环境的影响。

(2) 由于其他物体或斜视角度的遮挡和部分遮挡。

(3) 因为故障或脏灯导致的形状不完整。

(4) 制动灯、反光、广告牌、路灯等的误判。

目前,国内外有多名学者展开了针对交通信号灯识别的研究,其研究方法大体上可划分为基于图像处理的传统方法和基于卷积神经网络的深度学习方法。在传统图像处理方法领域,许明文等利用交通信号灯的颜色、亮度和边缘特征生成融合显著图,提取感兴趣区域 ROI,并对其进行形态学处理,利用形状特征和颜色特征进行目标分割,采用 HOG 特征提取算法并利用支持向量机 SVM 进行交通信号灯的分类识别。Omachi 等利用交通信号灯的颜色和边缘特征进行检测。首先定义了交通信号灯的数学模型;得到给定输入图像后,依据 RGB 通道颜色将图像的每个像素聚类成 5 种类型,具有交通灯颜色的像素被用于 sobel 边缘检测;最后,通过对模型和检测边缘的投票来检测识别交通信号灯。

在深度学习算法领域方面,常见的算法有 YOLO、SSD、R-CNN、Fast RCNN、Faster-RCNN 等。其中基于 R-CNN 方法,最具代表性的就是 Faster RCNN 算法,相比于 Fast RCNN,Faster RCNN 消除了选择性搜索算法,且添加了区域提议网络,再使用感兴趣区域(region of interest,ROI)池化层对预测的区域提议重新整型为固定大小,最后使用该池化层区域内的图像进行分类和边框回归,提升了检测速度。Faster-RCNN 将目标检测的 4 个基本步骤(候选区域生成、特征提取、分类和位置修正)统一到一个深度网络框架之内,如图 2-19 所示。首先对输入任意尺寸大小的交通场景图像进行卷积特征提取,然后通过区域建议网络中滑动窗口机制得到区域建议以及区域得分,对区域得分采用非极大抑制算法,输出前 N 个得分的区域建议,然后输入到 RoI 池化层,通过该层得到区域建议特征,最后将其输入到全连接层后输出区域的分类得分以及区域位置。

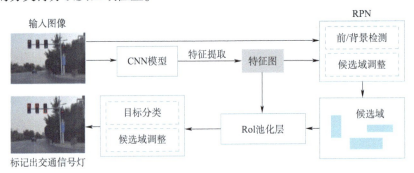

图 2-19 Faster RCNN 结构

Faster RCNN 可以使用不同的特征提取网络,而不同的特征提取网络对最终的检测效果也会产生影响;比较常用到的 VGG16 网络有 13 个卷积层,每个卷积层的卷积核大小均为

3×3，卷积步长为1，卷积核个数从最初的64依次增长到128、256、512，池化层卷积核大小为2×2，步长为2。另外一种则是ResNet，ResNet主要思想是在标准的前馈神经网络上加一个跳跃，以绕过一些层的连接，每绕过一层就产生一个残差块，解决了增加深度带来的退化问题，能够通过单纯地增加网络深度来提高网络性能。

在数据集方面，目前国内外关于交通信号灯的数据集比较少，已有的交通信号灯数据集统计见表2-3。

交通信号灯数据集   表2-3

数据集名称	来源	数量
BDD-100K	UC Berkeley	14606
TLR	LaRa	11179帧
STL	Bosch	5093（small）
TSD-max	西安交通大学	未公布
红绿灯检测数据集	百度	20000张仅供在线使用

以基于ResNet50特征提取网络的Faster-RCNN为例，选择百度数据集为实验数据集，并以准确率和召回率为评价指标，验证网络模型的实际表现。其中准确率等于正确检测数/检测总数；召回率等于正确检测数/全部待检数。通过迭代与调参后，Faster-RCNN能够得到表2-4及图2-20的结果。

训练结果   表2-4

算法	准确率	召回率
Faster RCNN	90.2%	88.2%

图2-20 信号灯识别结果

2.3 基于机器视觉的前向障碍物检测技术

近年来，无人驾驶车辆与自主移动机器人正日益成为当今科学技术领域的研究热点，作为关键核心技术的障碍物检测技术，将会在更多领域得到更为广泛的应用。目前，前方障碍物识别检测主要借助于雷达与视觉传感器，而视觉传感器以采样速率快、质量轻、价格低廉及能耗低的优点，成为国内外研究学者和机构的研究重点。本节以基于机器视觉的障碍物检测为探讨对象，针对当下的研究现状及特点展开深入介绍，具体内容主要分为单目视觉和立体视觉两方面。

2.3.1 单目视觉

单目视觉是指仅用一个摄像头完成相应的障碍物检测与识别。基于单目视觉的障碍物检测研究时间长、算法成熟度高,目前主要的研究方向可以分为传统机器视觉算法与基于深度卷积神经网络两种。传统机器视觉算法是早期视觉障碍物检测的研究重点,主要步骤分为四步:(1)输入待检测图像,并进行相关的预处理;(2)使用滑动窗口方法获取候选框;(3)对每个候选框取特征信息;(4)使用分类器进行判定。但随着计算机运算能力的提升,近年来基于深度卷积神经网络的网络逐渐成为该领域的研究重点,涌现了多种障碍物检测的深度学习网络模型,其障碍物检测准确率也有着更好的表现。

传统机器视觉的算法,主要是利用摄像头采集到图像中的二维信息,如形状、颜色、纹理等特征信息,并对其进行相应的图像预处理,在保持重要信息的前提下,完成对原始图像的处理,滤除图像中的高斯、椒盐等噪声,同时对机器视觉系统所需的图像中相关特征细节(如轮廓、边缘、纹理等)进行增强或突出,使图像在后续处理过程中能够达到较好的效果,再利用图像分割算法,将目标区域,即障碍物与背景区域分割开来,最后再通过特征提取与分类器,完成障碍物的检测与识别。

图像的预处理主要包括图像滤波去噪处理和图像锐化处理。图像滤波去噪是指由于图像在采集、数字化以及传输过程中,受到采集设备以及外部环境中电磁干扰等因素的影响,会使图像出现失真,这时的图像即为噪声图像,而对图像中的噪声进行滤波的过程即为图像去噪。一般而言,灰度图像和彩色图像,都不可避免地会被混入噪声干扰。常用的图像滤波方法则有均值滤波、中值滤波或双边滤波等。图像的锐化处理则是对原始图像中的纹理、边缘等细节特征进行增强,为后续基于边缘信息进行处理的相关环节提供条件。

图像分割是整个系统运行过程中较关键的环节,能够完整且准确地将图像中的目标区域与无关区域分割开,将直接关系识别过程中学习与训练的结果。目前较常见的传统图像分割算法有:阈值分割法、模板匹配法、边缘检测法以及基于聚类的方法。这些方法有着各自的优点与缺点,具体可见表2-5。

表2-5 几种常用图像分割方法特点

方法名称	优　点	缺　点
阈值分割法	较简单,运算速度快	处理同时存在多个不同类别物体的前景时,较困难
边缘分割法	对边缘灰度变化敏感	图像边缘较复杂且光线变化较大时,边缘模糊及不连续
聚类分割法	能很好地区分物体像素值	需要预先决定聚类数及标准

特征提取环节是前期障碍物检测的目的与实现最终识别的前提。原始图像经过滤波去噪、图像分割等预处理后,系统会对图像中保留下来的障碍物信息进行相应的特征变换与提取。目前,较普遍的集中特征提取方法有 SIFT、SURF 以及 HOG 等。下面将以 HOG 方法为例进行简要介绍。

HOG 特征,也被称为方向梯度直方图特征(Histogram of Oriented,HOG),是一种在机器视觉和图像目标检测等研究领域中被广泛应用的特征描述子。它通过计算并统计图像中局部区域内的梯度方向直方图来对图像特征进行表征。HOG 是基于图像几何形状、边缘信息的特征提取算法,其核心本质是图像中检测到的局部物体轮廓是能够被光强梯度或边缘方向的分布描述。因此即使在没有图像相关梯度和边缘位置精确信息的情况下,也能利用局部梯度大小和边缘信息将图像局部外观和形状特征化。HOG 特征生成流程如图 2-21 所示。

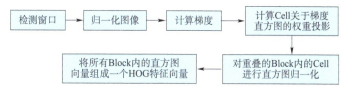

图 2-21 HOG 特征生成流程

由上图可知,HOG 特征生成流程的主要环节如下。

2.3.1.1 图像的灰度化

由于在分析颜色图像信息(RGB)时需要考虑 3 个原色分量梯度的计算与组合问题,如果直接对彩色图像进行边缘检测,那么相当于对每种色彩进行单独检测,而 3 个分量在同一点处的数值合成不同,致使在同一点处,其梯度方向可能不同,从而使检测到的边缘也不同,最终出现错误;而在分析灰度图像时只需参考 1 个分量数值,其便于处理,且能够减小在梯度计算与方向判定上的误差,因此在进行边缘检测前要先转化为灰度图。

2.3.1.2 图像的归一化处理

图像的归一化处理目的是增强对比度,同时减少光照、亮度等因素造成的影响。图像在纹理强度方面主要体现在局部表层曝光的程度。因此,HOG 特征提取是通过 Gamma 矫正来处理输入的图像,生成标准 Gamma 空间,进而对图像的对比度进行有效调节,在增强边缘细节信息的同时,降低图像局部因阴影及光照变化造成的影响,并且抑制噪声干扰。Gramma 矫正公式为:

$$I(x,y) = I(x,y)^{Gamma} \tag{2-1}$$

2.3.1.3 图像中像素梯度(大小与方向)的计算

由于梯度或边缘的方向密度分布能够很好地表述一幅图像中目标物体的形状及边缘情况,因此,梯度计算被用以获取物体的边缘信息,并且能够更好地减小光照、亮度等因素造成的干扰。图像梯度的计算是通过对横坐标方向以及纵坐标方向的梯度进行计算,得到每个像素的梯度方向和大小。利用一阶微分求导对灰度阶梯有较好的描述效果,具体的一阶微分方程的偏导形式为:

$$\frac{\partial f}{\partial x} = f(x+1) - f(x) \tag{2-2}$$

而对于二元函数 $f(x,y)$ 而言,其坐标 (x,y) 上的梯度 ∇f 计算可由如下二维列向量定义:

$$\nabla f = \begin{bmatrix} G_x \\ G_y \end{bmatrix} = \begin{bmatrix} \dfrac{\partial f}{\partial x} \\ \dfrac{\partial f}{\partial y} \end{bmatrix} \tag{2-3}$$

$$\nabla f = \| \nabla f \|_2 = \sqrt{[G_x^2 + G_y^2]} = \sqrt{\left[\left(\frac{\partial f}{\partial x}\right)^2 + \left(\frac{\partial f}{\partial y}\right)^2\right]} \qquad (2\text{-}4)$$

对图像进行卷积运算,则用于计算水平与垂直两方向上的梯度公式为:

$$G_h(x,y) = f(x+1,y) - f(x-1,y) \, \forall x,y \qquad (2\text{-}5)$$

$$G_v(x,y) = f(x,y+1) - f(x,y-1) \, \forall x,y \qquad (2\text{-}6)$$

式(2-5)和(2-6)分别代表当前像素点在水平以及垂直方向的梯度。该像素点的梯度大小以及方向计算如下:

$$G(x,y) = \sqrt{G_h(x+y)^2 + G_v(x+y)^2} \approx |G_h(x+y)| + |G_v(x+y)| \qquad (2\text{-}7)$$

$$\alpha(x,y) = \arctan\left(\frac{G_v(x,y)}{G_h(x,y)}\right) \qquad (2\text{-}8)$$

式中,$G(x,y)$即为当前像素点的梯度值;$\alpha(x,y)$代表梯度方向。

2.3.1.4 在图像中进行 Cells 的划分

将图像划分成若干单元(Cell),每个 Cell 为 $n \times n$ 的像素集合,这样的划分能够使系统对图像中物体或人体姿态与外观的敏感性起较好的弱化作用,从而降低过度敏感造成的误差。

2.3.1.5 统计全部 Cell 的梯度直方图,求得 Cell 单元的 HOG 特征向量

上文中第 3 步已完成对归一化图像中每个像素的梯度计算,利用直角坐标系表示梯度

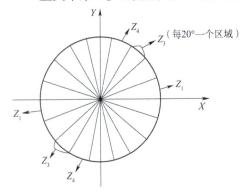

图 2-22 梯度方向所属区域划分示意图

与方向角度。经过实验验证,在对人体以及物体外观进行目标检测时,始终令 $\theta \in (0°,180°)$,从而忽略方向角度正负的方式,可以获得较好的检测结果。故将坐标系 360° 划分为 9 个方向区域,如图 2-22 所示。

如图 2-22 所示,假设图像中某一 Cell 的当前梯度方向 $\theta \in (20°,40°)$,则该点的梯度方向为 Z_2 区域,Z_2 区域技术为 1,Cell 内像素在该梯度方向上的大小即在该方向上加权投影的权值,进而可以得到该 Cell 的梯度方向直方图,即该 Cell 对应

着的 9 维 HOG 特征向量,并由此构成 9 维直方图,经过对图像中所有的 Cell 进行梯度直方图统计,可以得到 HOG 特征。梯度直方图求解示意图如图 2-23 所示。

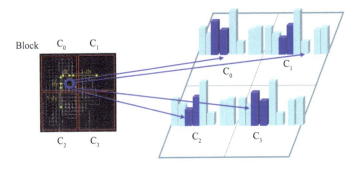

图 2-23 Cell 中梯度直方图求解示意图

2.3.1.6　由若干个Cell构成Block,并由这些Cell的HOG特征得到该Block的HOG特征向量

目前,常用的HOG结构有三种:矩形HOG(R—HOG),圆形HOG(C—HOG)以及中心环绕HOG(Sing Center C—HOG)。经过相关学者验证,矩形HOG与圆形HOG测试效果基本相同,中心环绕HOG相对较差。以矩形HOG为例,每个块区域(Block)是由多个单元(Cell)构成,而每个Cell又是由多个像素点所构成,如图2-24所示。

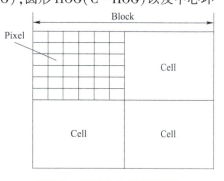

图2-24　矩形Block构造示意图

由图2-24可知,一幅图像由若干个Block组成,Block中的每个Cell分别进行独立的梯度方向运算与统计,构成Cell中的梯度方向直方图,最后将该Block中所有Cell的梯度直方图串联,从而构成Block的HOG特征向量。

2.3.1.7　图像HOG特征收集

将图像中所有由Block步进而出现重叠的单元内的直方图特征向量进行标准化处理,标准化公式如下所示:

$$L_2 - norm, v \leftarrow \frac{v}{\sqrt{\|v\|_2^2 + \varepsilon^2}} \tag{2-9}$$

式中,v即特征向量;$\|v\|_2$即v的二阶范数;ε为标准差。

进行标准化的目的则是降低光照强度、阴影以及边缘变化对特征空间造成的影响,使其具有更好的鲁棒性。最终将图像中各Block的HOG特征描述子串联起来,即可得到原始图像中目标物体的HOG特征向量,并可将该特征向量提供给分类器进行训练。

图像在完成预处理、图像分割与特征提取后,即可得到图像中障碍物的具体特征信息。而分类器则是根据不同障碍物呈现的特征信息,通过训练,生成训练结果与分类决策,分类器根据分类决策,对输入的待测图像特征信息进行分类与识别。目前运用较为广泛的分类器有基于统计学的贝叶斯分类器、SVM分类器、基于神经网络的分类器等。

SVM(Support Vector Machine)即支持向量机,是机器学习领域中运用较广泛的有监督的学习方法。支持向量机与其他传统机器学习方法的区别在于其能够给出精确的学习效果以及求解所需样本数的问题,相比于传统机器学习方法,其更具有指导性与原则性,而且SVM处理过程与样本维数无关,可以处理VC维(Vapnik Chervonenkis Dimension)较高的问题。因此,SVM在处理小样本、非线性以及高维特征问题时,具有其特有的优势,当神经网络学习方法相比,SVM有着以下优势。

(1)SVM适用于小样本空间下的机器学习问题,能够取得样本空间下的最优解;神经网络算法则是求解在样本空间无限大情况下的最优解。

(2)SVM的核心是将一个实际问题归于凸二次优化的求解问题,最终得到全局最优解,而神经网络算法在该问题的求解中,通常得到部分局部极值。

(3)SVM不仅能够很好地处理线性问题,还可以通过相应的非线性映射关系,将输入样本的特征非线性可分问题转换到高维特征空间中,使之呈现为线性问题,最终在高维空间下

进行相应的线性处理,从而很好地避免了维数灾难的发生,因此具有较强的泛化能力。

与传统方法,即使用人工设计的特征[如HOG(histogram of oriented gradient)等]对目标进行特征提取,然后将提取到的特征输入到贝叶斯、SVM(support vector machine)等分类器进行检测和识别的机器学习方法不同,基于深度卷积网络的检测方法具有强大的特征提取能力,能够更好地学习目标的特征,实现更高精度的检测。目前基于深度学习的目标检测方法分为两种,一种是基于候选区域的两步检测方法;一种是基于回归的单步检测方法。

(1)基于候选区域的两步检测方法。

基于候选区域的障碍物检测算法之所以被称为Two-stage(两步)模型,是由于其将障碍物检测问题分为两个阶段:首先对输入图像选取候选区域,然后对所选候选区域进行分类和位置回归,从而实现障碍物检测。该类算法的代表有:R-CNN、SPP-Net、Fast R-CNN、Faster R-CNN、R-FCN、Mask R-CNN。

下面以R-FCN为例,做一个简要的介绍。

R-FCN网络沿用Faster R-CNN的框架,与之不同的是,R-FCN网络使用全卷积神经网络,而不再使用全连接层,这样减少了参数,避免大量计算;另外,该网络引入位置敏感得分图进行分类和回归,克服了目标检测存在位置平移敏感性的问题。其结构如图2-25所示。

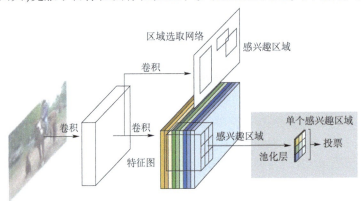

图2-25 R-FCN网络结构示意图

使用R-FCN网络进行目标检测分为以下5个阶段:(1)给定输入图像,通过卷积神经网络进行特征提取,得到特征图;(2)对特征图使用RPN网络,生成候选区域;(3)从特征图上获取一个$k \times k \times (C+1)$维的位置敏感得分图,用来分类;(4)从特征图上获取一个$k \times k \times 4$维的位置敏感得分图,用来回归;(5)对每个候选区域执行位置敏感得分图,从而获得对应的类别和位置信息。

R-FCN网络考虑了障碍物检测中位置平移对检测精度的敏感性,引入位置敏感得分图,实现了目标的分类和位置的回归,获得了较好的检测表现。

(2)基于回归的检测算法。

基于回归的检测算法之所以被称为One-stage模型,是因为相比基于候选区域的检测算法而言,该类算法省略了候选区域生成步骤,直接将特征提取、目标分类以及目标回归在同一个卷积神经网络中实现,将目标检测过程简化为一种端到端的回归问题。这类算法不再需要区域建议阶段,直接由网络产生目标的类别概率和位置坐标,经过单次检测即可直接得到最终的检测结果,因此具有更快的检测速度。这类算法的代表有:YOLO 系列,SSD,FPN 以及 RetinaNet。

下面以 RetinaNet 为例,作一个简要的介绍。

RetinaNet 网络是在 2018 年由 Lin 等人提出,他们指出样本类别不平衡是单步检测模型的检测精度普遍低于两步检测模型的原因,由于单步检测模型省略了生成候选区域网络的步骤,试图直接对整幅图像进行预测,这便会导致背景类的数量大大增加,从而影响检测精度。针对此问题,他们提出了一种新的损失函数 Focal Loss 来替代传统的交叉熵损失,为了验证该损失函数的有效性,设计了 RetinaNet 网络,其结构如图 2-26 所示。

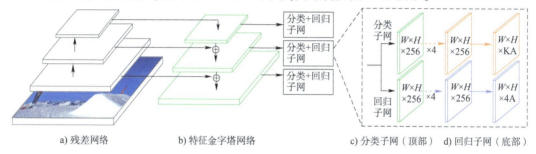

图 2-26 RetinaNet 网络结构示意图

该网络由 4 部分组成,图 2-26a)所示为残差网络 ResNet,其用来对输入图像进行特征提取;图 2-26b)所示为特征金字塔网络 FPN,其用来生成多尺度的特征图;图 2-26c)所示为全卷积的分类子网络,其用来实现目标的分类;图 2-26d)所示为全卷积的回归子网络,其用来实现目标的定位。由此可见,RetinaNet 的网络结构并没有明显改进,其最大的亮点是 Focal Loss 的提出,定义如式(2-10)~式(2-12)所示,以二分类为例,其中,$p \in [0,1]$,是模型预测为正样本的概率;$\alpha \in [0,1]$,称为加权因子,通过设置合适的 α 值来控制正负样本对总损失的平衡;$(1-p_t)^\gamma$ 称为调制因子,其中 $\gamma > 0$,其目的是降低易分样本的权重,使模型专注训练难分的样本;$FL(p_t)$ 为损失函数。

$$p_t = \begin{cases} p, & y = 1 \\ 1-p, & 其他 \end{cases} \tag{2-10}$$

$$\alpha_t = \begin{cases} \alpha, & y = 1 \\ 1-\alpha, & 其他 \end{cases} \tag{2-11}$$

$$FL(p_t) = -\alpha(1-p_t)^\gamma \log(p_t) \tag{2-12}$$

最终,该损失函数在 RetinaNet 网络上进行测试,使模型取得了较高的检测精度,同时由于其结构中使用特征金字塔网络 FPN,使得该模型对小目标的检测同样有较好的效果。

2.3.2 立体视觉

在障碍物检测方面,除了单目视觉外,双目立体视觉是机器视觉的一种重要形式,它是基于视差原理并由多幅图像获取物体三维几何信息的方法。双目立体视觉系统一般由双摄像机从不同角度同时获得被测物的两幅数字图像,并基于视差原理恢复出物体的三维几何信息,重建物体三维轮廓及位置。此外,双目相机拥有成本较低、系统结构简单、不需要额外光源等优势,因此,双目立体视觉系统在机器视觉领域有着广泛的应用前景。

人类感知环境的过程是通过双眼获取环境中同一目标的左右影像并投影给大脑,大脑对所得影像进行分析处理后即可判断物体的远近。立体视觉的基本原理与此类似,即两个相机充当双眼的功能,计算机处理充当大脑的功能,通过计算获得目标的距离信息。立体视觉系统一般包括以下5部分。

(1) 立体图像对获取。

立体视觉系统需要获取同时间、同场景拍摄的左右立体图像对,之后再对左右两幅图像进行处理。一般要根据所研究的对象来选择获取图像的方式,比如在立体显微分析样品中,旋转扫描电镜样品台来获取立体图像对。

(2) 相机标定。

在立体视觉系统中,需要获取图像像素点与目标物体空间点的关系后,才能确定相机的内部参数矩阵和外部参数矩阵。通过图像坐标点和目标物体坐标点得到相机内外参数矩阵。

(3) 立体匹配。

将三维立体场景景物投影到二维图像上时,在不同的视觉角度下,其获得的图像会有差异,通过立体特征匹配获得的差异信息为图像场景的理解提供了很大的帮助。根据图像中区域的灰度等级变化进行特征匹配,目前主要用到的特征匹配方式为点特征、线特征和区域特征。

(4) 立体信息获取。

得到正确的立体匹配特征信息后,从图像中获取物体的立体信息,主要通过一些三角计算,得到场景的立体深度信息。

(5) 优化。

优化是对以上步骤产生的误差进行最小化处理,提高计算准确度。

立体视觉系统需要有两个(或者两个以上)摄像头的支持,获得立体图像对,正如人类的双眼一样。双目系统是一个弥补单目系统缺点的存在,单目系统无法区分处于不同深度但位于成像平面同一位置的物体,不能看出它们实际环境的差异。而双目系统可以在两幅图像中找到对应点,通过三角测量的方法来求得深度。由于不同深度的物体在立体图像对上的位置不一样,分别有自己的成像点,利用对极约束来进行对应成像点的匹配,对极约束规则将两幅图像间匹配特征的二维搜索转变成了沿着极线的一维搜索。例如图像中的一个目标点在一条极线上,它在另一幅图像上的匹配特征点一定在对应的极线上。通常使用标准的立体视觉系统进行匹配,即两个摄像头的参数完全一致,而且位置是平行的,这样就可以保证左右两个成像平面是平行的,从而对应的极线也是平行的。获取图像对后,相机参数是通过相机标定来获得的:内参数旋转矩阵 R,包括相机的焦距,光心坐标,镜头的畸变系数等;以及外参数平移矩阵 T。由于镜头成像的原因,会使得图像在边缘形成扭曲现象。而且由于两个摄像机摆放的位置不合理,也使得成像会发生变化。这些因素会影响图像中的特征匹配,需要进行校正操作,消除透镜的畸变,将立体视觉系统变成理想的标准模型。因此完成相机标定以后,对图像进行立体校正后就可以进行立体匹配提取特征。

图 2-27 为基于立体视觉的障碍物检测流程图,其中输入数据为立体图像对,分别由左右相机获取,并经过了立体校正。然后通过半全局匹配方法,计算立体图像对的匹配特征,进行视差图的计算。在视差图基础上,通过 V 视差方法检测地面。在地面信息和视差图的深度信息的基础上,进行深度分割建模,得到具有深度等几何信息的分段。最后结合地面信

息以及深度分割来进行障碍物检测。

图 2-27 基于立体视觉的障碍物检测流程

立体视觉基于视差原理来恢复周围环境的三维信息,一般由两个相机从不同角度同时获得被测物的两幅数字图像,在得到相机的内外参数下,基于视差原理和三角法原理恢复被测物的三维信息。

图 2-28 所示为平行双目立体视觉系统,以其为例,对于一个空间点 $P(x_c,y_c,z_c)$,在左右相机平面中生成的图像点分别为 $P_1(x_c,y_c)$ 和 $P_2(x_r,y_r)$。由于相机是平行放置,因此,两个相机平面为平行状态,即 $y_r = y_1$。则由三角关系可得点 $P(x_c,y_c,z_c)$ 与点 $P_1(x_c,y_c)$ 和 $P_2(x_r,y_r)$ 之间的关系为:

$$\begin{cases} x_1 = f\dfrac{x_c}{z_c} \\ x_r = f\dfrac{x_c - b}{z_c} \\ y_r = y_1 = f\dfrac{y_c}{z_c} \end{cases} \tag{2-13}$$

式中,b 为基线距离,即左右相机的光心距离。

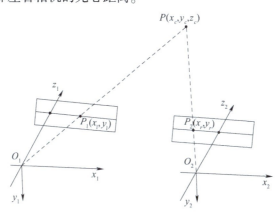

图 2-28 平行双目立体视觉系统

则可得式(2-14):

$$\begin{cases} u_1 - u_0 = fk_x\dfrac{x_c}{z_c} \\ u_2 - u_0 = fk_x\dfrac{x_c - b}{z_c} \\ v_1 - v_0 = v_2 - v_0 = fk_y\dfrac{y_c}{z_c} \end{cases} \tag{2-14}$$

式中，(u_0,v_0)、(u_1,v_1)、(u_2,v_2) 分别为图像中心、左像素点和右像素点的像素坐标；f 为相机焦距；k_x,k_y 为沿着 u 轴和 v 轴每毫米对应的像素点个数。

则由式(2-15)可得 x_c,y_c,z_c：

$$\begin{cases} x_c = \dfrac{b(u_1-u_0)}{u_1-u_2} \\ y_c = \dfrac{bk_x(v_1-v_0)}{v_1-v_2} \\ z_c = \dfrac{bfk_x}{u_1-u_2} \end{cases} \quad (2\text{-}15)$$

式中，$u_1-u_2=d$，d 为视差。

通过上式可知，点 P 三维坐标仅需确定点 P 投影到左右图像上的坐标和两个相机的基线和内部参数即可。

目前，立体匹配方法主要是基于全局的约束方法和基于局部的约束方法。基于局部约束的方法计算量小，可以达到实时计算。但是噪声相对局部的信息所占比重较大，容易对结果产生干扰，例如视差值不连续区域。基于全局的匹配算法通过计算扫描线方向的像素信息，或者全部的图像像素信息，减少了局部不稳定区域的影响，进行整体优化。全局匹配是将像素点的特征匹配问题转变成代价函数的全局最优解问题，主要有以下几类算法：割匹配方法、动态规划匹配方法、置信传播匹配方法以及其他全局匹配方法。基于立体匹配的障碍物检测系统中，对立体图像对进行特征匹配时，可以使用局部匹配，也可以使用全局匹配，由于半全局匹配算法在局部匹配和全局匹配中进行了折中处理，使其在计算速度和精度方面都有很好的兼顾，若采用半全局匹配进行特征匹配，计算流程如图 2-29 所示。

图 2-29　半全局匹配

半全局匹配算法通过将每个像素点的视差组成一个视差图，设置视差的全局代价函数，使该代价函数最小化，求解每个像素的最优视差值。半全局匹配首先对图像进行预处理，包括先采用水平 Sobel 算子对图像进行梯度计算，然后将处理后的图像利用映射函数生成新的图像。预处理新图像后进行代价计算，代价由两部分组成，即对原图像计算的 SAD(Sum of Absolute Differences)代价和对预处理后图像的梯度信息采样而得到的梯度代价。计算完代价后，利用多个方向的信息进行能量累积并使用动态规划能量函数优化，然后对各个方向的代价求和，削弱局部噪声的影响。最后进行匹配正确性检验，包含 3 部分：视差窗口范围内左右匹配像素点的唯一性检测；亚像素插值；匹配像素点的左右一致性检测。

2.4 视觉目标跟踪技术

目标跟踪是计算机视觉中的一个基础研究问题,可以对感兴趣目标进行轨迹记录和模板保存,其典型的应用领域包括安防监控、自动驾驶、人机交互、异常行为分析等。不同的应用场景会对目标跟踪的准确度、速度提出不同程度的要求,在实时性要求高的场景中,目标跟踪算法的运算速度要高于实时视频流的帧率;在离线视频的分析应用中,目标跟踪的准确度需要得到更多关注。目标跟踪技术会随着硬件技术的不断进步、算法性能的不断提升和实际应用的不断扩展而不断发展和完善。

目标跟踪问题复杂多变,很难有一个统一的分类方式。本书按跟踪目标数目的多少,将目标跟踪分为单目标跟踪和多目标跟踪。单目标跟踪只需要跟踪一个目标,跟踪方法的主要目的是在当前帧检测出该目标的观测响应,搜索或预测出目标的最佳位置。困难的情况表现在被跟踪目标发生各种复杂的变化及目标所处环境的变化。多目标跟踪需要同时跟踪多个目标,相对于单目标跟踪问题,其不仅要检测每个目标的观测响应,还要确定观测响应与目标之间的数据关联。对于目标数目的增加或减少,还需要判断是否有新目标的出现或已有目标的消失,多目标跟踪问题除了要解决单目标跟踪中的困难外,还需要处理各目标之间频繁地交互而带来的遮挡问题,这一直是多目标跟踪的一个难点。

2.4.1 目标跟踪技术

2.4.1.1 单目标跟踪基本原理

单目标跟踪只需跟踪一个目标,跟踪算法的主要任务是在当前时刻收集有关目标的观测响应,估计出目标的最佳位置。实际应用中,线性运动目标的跟踪与估计问题比较简单,而且易于实现。图2-30为单目标跟踪基本原理流程图,首先通过检测器检测出图像序列中相应目标,然后提取需要跟踪目标的特征信息,建立目标模型,根据实际情况,按照某一准则实时更新目标模型,最后根据目标模型,由预测算法估计目标在当前视频帧中的状态,从而实现单目标跟踪。

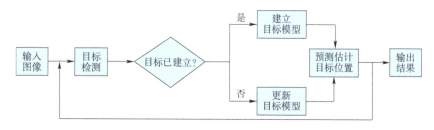

图2-30 单目标跟踪基本原理流程图

2.4.1.2 单目标跟踪关键技术

从图2-30可以看出,单目标跟踪的关键技术是目标检测、目标模型跟踪和目标定位方法。其中目标跟踪的前提是目标检测,当目标出现在跟踪场景中时,系统应立刻检测出目标,给出目标相应的参数,以便在后续帧中对其跟踪。另外,运动目标模型建立的合适与否,也直接影响到目标跟踪的效果,一般地,目标模型都是在检测输出的数据基础上构建起来的,这些数据包括目标外观特征(如颜色、纹理、轮廓等)和目标运动参数(如位置、速度等),由此,目标模型经常被描述为外观模型和运动模型。而目标定位方法一般是根据当前视频帧中的目标位置来估计目标在后续不同视频中的位置。典型的目标定位跟踪算法有均值漂移算法、卡尔曼滤波、粒子滤波和相关滤波,另外还可以将深度学习运用到目标跟踪领域。

(1)均值漂移算法(Mean Shift)。

均值漂移算法通常是一个迭代过程,即先算出当前目标中心点的偏移均值,移动该点到其偏移均值,然后以此为新的起始点继续移动,直到满足一定的终止条件。均值漂移算法计算简单、迭代速度快,但迭代过程中搜索范围大小直接影响算法的准确性和效率。具体步骤如下。

① 在初始帧中选择目标的初始搜索区域,确定区域带宽,然后计算区域内每个采样点处的核函数,并求取目标的概率分布。第 u 个特征值的概率为:

$$\hat{P}_u = C \sum_{i=1}^{n} k \left(\left\| \frac{x_0 - x_i}{h} \right\|^2 \right) \delta [b(x_i) - u] \tag{2-16}$$

式中,x_0、x_i 分别是搜索窗口的中心位置坐标和第 i 个像素的坐标;$k\left(\left\|\frac{x_0-x_i}{h}\right\|^2\right)$ 为核函数;h 表示核函数的带宽;函数 b 和 δ 是用来判断像素 x_i 处的颜色值是否属于特征值 u;C 是一个归一化常数。

② 计算第 t 帧目标搜索窗口中的颜色直方图分布,第 u 个特征值的概率为:

$$\hat{P}_u(y) = C_h \sum_{i=1}^{n_k} k \left(\left\| \frac{y - x_i}{h} \right\|^2 \right) \delta [b(x_i) - u] \tag{2-17}$$

式中,y 表示搜索窗口的中心位置坐标;C_h 是归一化常数。

③ 用 Bhattacharyya 距离来计算目标模型与候选目标之间的相似度:

$$\hat{\rho} = \rho(\hat{P}(y), P) = \sum_{u=1}^{m} \sqrt{\hat{P}_u(y) \hat{P}_u} \tag{2-18}$$

式中,P 为目标模型概率;$\hat{P}(y)$ 为候选目标概率。

④ 求上述相似函数的最大值。

该算法从初始帧搜索窗口的中心位置开始,沿着样本点密度增加的方向移动,得到新的位置,再从新的位置开始向密度增加的方向漂移,这样反复迭代,算法最终搜索到局部密度极大点,即为所求的目标位置。

(2)卡尔曼滤波(Kalman Filter,KF)。

卡尔曼滤波是在测量方差已知的情况下从一系列存在测量噪声的数据中,估计动态系统状态的一种算法,其基本思想是:以最小均方差为最佳估计准则,采用信号与噪声的状态空间模型,利用前一时刻的估计值和当前时刻的观测值来更新状态变量,求出当前时刻的估计值。算法根据建立的状态方程和观测方程对需要处理的信号做出满足最小均方误差的估计。卡尔曼滤波的状态方程和观测方程如下:

$$X_k = A_{k-1} X_k + q_{k-1} \tag{2-19}$$

$$z_k = H_k X_k + r_k \tag{2-20}$$

式中,X_k 为所要估计的 k 时刻的系统状态;A_{k-1} 为系统状态转移矩阵;q_{k-1} 为 $(k-1)$ 时刻的噪声;z_k 为 k 时刻的观测量;H_k 从为观测矩阵;r_k 为 k 时刻的观测噪声。

预测:

$$\begin{cases} X_k^- = A_{k-1}X_{k-1} \\ P_k^- = A_{k-1}P_{k-1}A_{k-1}^T + Q_{k-1} \end{cases} \quad (2\text{-}21)$$

式中,X_k^- 是根据 $(k-1)$ 时刻状态对 k 时刻的状态预测结果;P_k^- 是和系统状态对应的协方差矩阵预测值。

更新:

$$\begin{cases} V_k = z_k - H_k X_k^- \\ S_k = H_k P_k^- H_k^T + R_k \\ K_k = P_k^- H_k^T S_k^- \\ X_k = X_k^- + K_k V_k \\ P_k = (I - K_k H_k) P_k^- \end{cases} \quad (2\text{-}22)$$

式中,V_k 为 k 时刻的信息;S_k 为 k 时刻的测量预测协方差矩阵;K_k 为 k 时刻的最佳卡尔曼增益;P_k 为新的协方差矩阵预测值。

卡尔曼滤波能对线性高斯滤波问题能得到最优解,可以有效地进行线性最优估计,但该方法不能处理非线性和非高斯的问题。针对这个问题,学者们利用非线性技术发展了卡尔曼滤波器,例如扩展卡尔曼滤波(Extended Kalman Filter,EKF)和无损卡尔曼滤波(Unscented Kalman Filter,UKF)。但实际中的系统一般都比较复杂甚至未知,扩展卡尔曼滤波器也难对其系统模型进行近似,于是产生粒子滤波。

(3)粒子滤波(Particle Filter,PF)。

粒子滤波算法是一种通过贝叶斯递推方程在线估计状态空间后验概率密度的滤波方法,其主要目的就是在给定的观测变量基础上,估计出状态变量的后验概率密度,适用于处理任意非线性非高斯问题。

设动态系统 t 时刻的状态为 X_t,观测为 Z_t 以及观测序列 $Z_{1:t} = \{Z_1, \cdots, Z_t\}$,则系统状态 X_t 的后验分布为 $p(X_t | Z_{1:t})$。根据贝叶斯滤波理论,状态后验分布可通过状态预测和观测更新进行迭代计算。

状态预测:

$$p(X_t | Z_{1:t-1}) = \int p(X_t | X_{t-1}) p(X_{t-1} | Z_{1:t-1}) dX_{t-1} \quad (2\text{-}23)$$

观测更新:

$$p(X_t | Z_{1:t}) = \frac{p(Z_t | X_t) p(X | Z_{1:t-1})}{\int p(Z_t | X_t) p(X | Z_{1:t-1}) dX_t} \quad (2\text{-}24)$$

对于非线性、非高斯的动态系统,以上两式是无法解析计算的。粒子滤波将积分运算转化为样本点的求和运算,即后验概率分布 $p(X_t | Z_{1:t})$ 可近似表述为:

$$p(X_t | Z_{1:t-1}) \approx \sum_{j=1}^{N} \omega_{t,j} \delta(X_t - X_{t,j}) \quad (2\text{-}25)$$

式中,N 是粒子的数目;$\omega_{t,j}$ 是时刻 t 第 j 个粒子的权值;$\delta(\cdot)$ 是狄拉克函数。

假如粒子从重要性分布 $q(\boldsymbol{X}_{t,j}|\boldsymbol{Z}_{t-1,j},\boldsymbol{Z}_{1:t})$ 中采样得到,则递归贝叶斯估计过程可看作如下权值更新过程:

$$\omega_{t,j} \propto \omega_{t-1,j} \frac{p(\boldsymbol{Z}_t|\boldsymbol{X}_{t,j})p(\boldsymbol{X}_{t,j}|\boldsymbol{X}_{t-1,j})}{q(\boldsymbol{X}_{t,j}|\boldsymbol{X}_{t-1,j},\boldsymbol{Z}_{1:t})} \tag{2-26}$$

选取先验分布 $p(\boldsymbol{X}_t|\boldsymbol{X}_{t-1})$ 作为重要性采样函数,则权值更新过程可以简化为:

$$\begin{cases} \omega_{t,j} \propto \omega_{t-1,j} p(\boldsymbol{Z}_t|\boldsymbol{X}_{t,j}) \\ \sum_{j=1}^N \omega_{t,j} = 1 \end{cases} \tag{2-27}$$

式中,$p(\boldsymbol{X}_t|\boldsymbol{X}_{t,j})$ 表示第 j 个粒子状态观测概率分布,通常利用第 j 个粒子与目标粒子的颜色或纹理特征直方图的距离来构造。所以,根据后验概率密度分布 $p(\boldsymbol{X}_t|\boldsymbol{Z}_{1:t})$ 可以估计出当前状态 $\hat{\boldsymbol{X}}_t$,即 $\hat{\boldsymbol{X}}_t \approx \sum_{j=1}^N \boldsymbol{X}_{t,j} \omega_{t,j}$。

(4) 相关滤波(Correlation Filter,CF)。

相关滤波即通过构造相关滤波器,搜索最大响应候选区域,该区域与目标相关性最大,作为下一帧目标进行跟踪。

在相关滤波目标跟踪算法中,首先根据目标区域训练回归器,在下一帧目标区域附近进行搜索响应最大位置即为目标位置,即:

$$\boldsymbol{G} = \boldsymbol{F} \odot \boldsymbol{H}^* \tag{2-28}$$

式中,$\boldsymbol{F} = F(f)$ 为目标区域特征傅里叶变换;$\boldsymbol{H} = F(h)$ 为滤波模板傅里叶变换;$\boldsymbol{H}^*$ 表示 $\boldsymbol{H}$ 的共轭转置;$\boldsymbol{G}$ 表示最终响应。

从而得到滤波模板为:

$$\boldsymbol{H}^* = \frac{\boldsymbol{G}}{\boldsymbol{F}} \tag{2-29}$$

构造目标函数使得响应与目标值最小,即:

$$\min_{\boldsymbol{H}^*} \sum_i |\boldsymbol{F}_i \odot \boldsymbol{H}^* - \boldsymbol{G}_i|^2 \tag{2-30}$$

由上式可得封闭解 $\boldsymbol{H}^*$,即:

$$\boldsymbol{H}^* = \frac{\sum_i \boldsymbol{G}_i \odot \boldsymbol{F}_i^*}{\sum_i \boldsymbol{F}_i \odot \boldsymbol{F}_i^*} \tag{2-31}$$

跟踪过程中由上一帧求解目标模板,在下一帧搜索与模板响应最大值作为目标位置输出一次循环。为减少计算量,降低噪声等影响,采用如下模板更新策略:

$$\begin{cases} \boldsymbol{H}^* = \frac{\boldsymbol{A}_i}{\boldsymbol{B}_i} \\ \boldsymbol{A}_i = \eta \boldsymbol{G}_i \odot \boldsymbol{F}_i^* + (1-\eta)\boldsymbol{A}_{i-1} \\ \boldsymbol{B}_i = \eta \boldsymbol{F}_i \odot \boldsymbol{F}_i^* + (1-\eta)\boldsymbol{B}_{i-1} \end{cases} \tag{2-32}$$

式中,$\boldsymbol{A}_i$、$\boldsymbol{B}_i$ 分别对应分子、分母,通过上面的公式迭代求解;η 表示模板更新速率。

(5) 深度学习(Deep Learning,DL)。

将深度学习方法运用到目标跟踪领域中,对提高目标跟踪的精度与鲁棒性具有重要意义。目前深度学习在目标跟踪领域的应用可分为两类:一类是结合相关滤波方法,以深度学习作为特征提取方式,以相关滤波作为跟踪框架的目标跟踪方式;另一类则是完全基于神经网络框架的目标跟踪方法。

①神经网络特征提取方法。

由于 CNN 网络具有极高的目标特征提取与表达能力,因此,将 CNN 框架运用到目标跟踪领域中提取目标特征,对提高目标跟踪精度和鲁棒性具有重要意义。CNN 卷积层对目标的特征在不同层次具有不同的描述能力,卷积层越高,图像特征分辨率越低,相反语义信息越丰富,利用不同卷积层目标特征的不同表达,针对目标状态有机地结合不同卷积层信息,对不同卷积层进行区别权重处理,利用不同目标的描述能力,对目标跟踪的鲁棒性与精确性有很大的提升。利用 CNN 网络卷积 3~5 层提取目标特征,其中高层空间的语义特征搜索目标大致位置,底层空间的细节信息精确定位目标坐标,这种由粗到细的目标定位方法为目标跟踪提出新的思想。

②深度目标跟踪方法。

将深度学习框架运用到目标跟踪领域中,通过构建栈式降噪自编码器(SDAE)训练获得目标特征通用提取框架,目标跟踪时,通过目标图像对网络进行微调,然后分类得到目标位置来完成跟踪过程。另一方面提出的线下网络训练,线上微调的跟踪策略,减少了网络框架对目标样本数的需求,提高了跟踪性能。

2.4.1.3 多目标跟踪基本原理

多目标跟踪技术的目的是将检测器检测出的新响应与已有的目标响应关联,形成跟踪轨迹。不同目标具有不同的运动轨迹,目标的外观特征和运动参数可以估计不同帧中不同目标的状态和位置,从而得到多个目标的跟踪轨迹。

图 2-31 为多目标跟踪基本原理流程图,从图中可以看出首先应由检测器在视频帧中检测出响应,然后提取响应的外观和运动特征,建立目标模型。跟踪门是跟踪区域内的一个子区域,用来监督不同目标轨迹生成的合理程度;数据关联则利用不同帧中响应的相似度,来判定不完全相同的测量响应是否来源于同一个目标,再预测估计算法,求出各目标轨迹的真实状态。在跟踪区域内,如果一个检测出的响应无法与已有的轨迹匹配,则启用跟踪起始步骤对其判别,如果判定为新目标则建立新的目标模型;同样对于一条已有的轨迹,无法与检测出的响应匹配,则启用跟踪终止步骤对其判别,如果判定为目标消失,则删除其轨迹档案。最后启用滤波与预测步骤确定下一帧的跟踪门范围,并开始新的递推迭代。

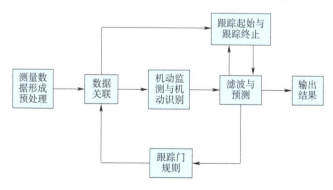

图 2-31 多目标跟踪基本原理流程图

2.4.1.4 多目标跟踪关键技术

多目标跟踪除了需要考虑单目标跟踪面临的问题外,如下的一些问题也需要全盘考虑:目标之间的频繁重叠、目标何时开始与结束、区分具有相似外观的不同目标、目标之间的互相交互。针对在视觉多目标跟踪中的潜在问题,近年来一系列新方法被提出,这些方法主要聚焦在多目标跟踪数据关联算法方面。

数据关联模型是多目标跟踪算法研究的最核心内容,其研究的主要问题是如何把视频帧中离散的检测数据高效串联成连续的序列,从而准确地还原出目标在视频中完整的运动路径。一般说来,传统的目标跟踪关联算法可以分为两类,即基于贝叶斯滤波的多目标跟踪算法和基于组合优化方法的多目标跟踪算法。基于贝叶斯滤波的多目标跟踪算法,通过贝叶斯后验概率估计目标的状态信息,从而定位所有目标的位置。基于组合优化的多目标跟踪算法把目标跟踪问题分解为目标和检测响应之间的匹配问题,其实质是一个离散的带约束组合优化问题。另外在传统单目标跟踪算法的基础上,对于人的跟踪,有研究者提出了简单在线实时跟踪(Simple Online and Real-time Tracking,SORT)算法以及该算法的改进 Deep-SORT,它们都采用了相同的思想,输入数据都是目标检测的结果,通过关联匹配算法计算检测框与跟踪预测框之间的匹配度,实现多目标的跟踪。

(1)基于贝叶斯滤波的数据关联算法。

基于贝叶斯的多目标跟踪方法在多目标跟踪的应用中占据着重要地位,经典的有多假设跟踪算法、联合概率数据关联算法和概率假设密度算法。

①多假设跟踪算法。

多假设跟踪是一种早期非常成功的多目标跟踪方法,最早由 Reid 在 1979 年提出。在跟踪过程中,多假设跟踪为每一个跟踪目标生成一棵对应的数据关联树。其中生成树的每一个分支表示被跟踪目标的一种潜在关联结果。基于生成树模型,多假设跟踪方法可以为多目标跟踪提供一种系统性的解决思路。随着时间的推移,生成树的每一个分支不断增加,不断增加的分支为关联匹配带来更加准确的选择。更重要的是,由于分支代表的每一种跟踪假设都被综合考虑,多假设跟踪方法为挖掘多目标跟踪的高阶关系提供了思路。假设 k 表示视频序中当前帧的编号,M_k 表示第 k 帧中检测响应的个数。对于一个特定的目标,令 i_k 表示目标在当前帧中对应的检测响应,其中 $i_k \in 0,1,\cdots,M_k$。检测响应序列 $i_1,i_2,\cdots,i_k$ 构成目标在视频序列中的一个路径假设。注意当 $i_t = 0$ 时,表示目标在 t 时刻没有对应的检测响应,即目标丢失。由上述假设,可以通过设置二值变量 $z_{i_1,i_2,\cdots,i_k}$ 表示路径假设是否成立。多假设跟踪的目标是在所有路径假设中找到一组没有冲突的路径假设。即集合包含的所有路径假设不会包含相同的检测响应。多假设跟踪最早应用于雷达目标跟踪。对于视觉跟踪问题,受限于计算机处理速度和内存容量,多假设跟踪需要用到专门的剪枝算法。

②联合概率数据关联算法。

联合概率数据关联模型也是一种早期的多目标跟踪算法,其被认为是一种可靠的多目标跟踪数据关联技术,在跟踪领域受到广泛关注。联合概率数据关联模型采用在线处理方式匹配跟踪目标和潜在的观察响应。具体应用中,联合数据关联模型罗列出跟踪目标和观察响应之间的所有组合,通过计算每一种组合的后验边缘分布来选择最优的匹配组合。联合概率数据关联模型需要考虑所有跟踪目标和观察对象之间的组合情况。假设对 $x_t^1,\cdots,x_t^N$

表示 t 时刻 N 个目标的状态信息, $z_t^1, \cdots, z_t^M$ 表示 M 个观测响应变量。其中 x_t^j 对包含目标 j 的所有状态信息,例如位置、速度等。每一个观测响应代表从数据序列中观察到的信息,例如检测器检测到的目标位置。需要注意的是,观察到的信息可能包含噪声。令 $p_t(d_i^j = 1)$ 或 $p_t(d_i^j), (i \in 0, 1, \cdots, M)$ 表示观测响应来源于目标 $j \in 0, 1, \cdots, N$ 的数据关联概率。观测响应集合中 0 表示目标在当前时刻消失,没有观测到的情形。在线性高斯假设下, $p_t(d_i^j)$ 有如下定义:

$$p_t(d_i^j) \propto \begin{cases} (1 - p_D)\beta, i = 0 \\ p_D \cdot \mathbb{N}(z_t^i, \hat{x}_t^j, \Sigma_S), \text{其他} \end{cases} \tag{2-33}$$

式中, $\hat{x}_t^j$ 表示目标 j 在 t 时刻的预测位置; p_D 表示目标检测概率, β 表示误检密度。$\mathbb{N}(\cdot)$ 是正态分布函数。Σ_S 是由卡尔曼滤波器求得的协方差。联合概率数据关联算法在联合数据关联空间 Θ 计算边缘概率 $q_t(d_i^j = 1)$。根据定义,联合数据关联空间 Θ 包含观测响应和目标之间的所有可能组合形式。在所有组合形式中,每一个观测响应至多只能对应一个目标,同理,每一个目标也至多只能和一个观测关联。数据关联空间可以表示如下:

$$\Theta = \{\theta = (d_i^j)_{i \in [M], j \in [N]} \mid d_i^j \in \{0, 1\} \land \sum_{j=1}^N d_i^j \leq 1, \forall i \in [M] \land \sum_{i=1}^M d_i^j = 1, \forall j \in [N]\} \tag{2-34}$$

式中, $\theta \in \Theta \subseteq \mathbb{R}^{N \times (M+1)}$ 是一个二值向量,表示一种可能的关联结果。

令 $\Theta_i^j \subset \Theta$ 表示包含目标 j 和观测响应 i 组合的所有关联结果,即 $\Theta_i^j = \theta \in \Theta \mid d_i^j = 1$,则联合概率数据关联算法的边缘概率可以通过如下公式计算:

$$q_t(d_i^j) = \sum_{\theta \in \Theta_i^j} p(\theta) \tag{2-35}$$

$$p(\theta) = \prod_{\substack{\forall r \in [M] \\ \forall k \in [N]}} (p_t(d_r^k))^{d_r^k} \tag{2-36}$$

通过循环迭代计算边缘概率密度 $q_t(d_i^j)$,从而得到关联结果。当跟踪目标的数量增大时,其跟踪速度显著降低。另外,由于视觉多目标跟踪算法在目标的检测和目标特征的提取过程中也占据大量的时间开销,传统的联合概率数据关联模型无法处理当前视觉场景下的多目标跟踪问题。

③概率假设密度算法。

概率假设密度多目标跟踪是粒子滤波算法在跟踪多个目标时的一种实现技术。从理论上来说,单目标贝叶斯滤波方法可以直接推广到多目标贝叶斯滤波方法。但是从单目标跟踪到多目标跟踪不仅涉及目标数量的简单增加,还需要考虑目标数量的动态变化,以及目标和观察之间数据关联问题。因而,用传统粒子滤波方法无法处理多目标的状态估计问题。为此,有限集统计理论(Finite Set Statistics, FISST)被应用于多目标跟踪的贝叶斯滤波框架中,FISST 通过对多目标跟踪中的目标状态和观察值两个离散的集合进行描述,把多目标跟踪中可能出现的目标消失、目标进入、一个目标衍射出多个目标以及检测中出现漏检和误检等情况统一考虑。$\boldsymbol{X}_k = \{x_{k,1}, x_{k,2}, \cdots, x_{k,M(k)}\}$ 表示 k 时刻 $M(k)$ 个目标的状态集合,令 $\boldsymbol{Z}_k = \{z_{k,1}, z_{k,2}, \cdots, z_{k,N(k)}\}$ 表示 k 时刻 N 个观测集合。则在 k 时刻的多目标贝叶斯后验概率密度函数 $p(\boldsymbol{X}_k \mid \boldsymbol{Z}_{1,k})$ 可以通过如下公式求得:

$$p_{k|k-1}(\boldsymbol{X}_k \mid \boldsymbol{Z}_{1,k}) = \int f_{k|k-1}(\boldsymbol{X}_k \mid \boldsymbol{Z}_{1,k}) p_{k|k-1}(\boldsymbol{X} \mid \boldsymbol{Z}_{1,k-1}) d\boldsymbol{X} \tag{2-37}$$

$$p_k(\boldsymbol{X}_k | \boldsymbol{Z}_{1:k}) = \frac{g_k(\boldsymbol{z}_k | \boldsymbol{x}_k) p_{k|k-1}(\boldsymbol{X}_k | \boldsymbol{Z}_{1:k-1})}{\int g_k(\boldsymbol{z}_k | \boldsymbol{X}) p_{k|k-1}(\boldsymbol{X}_k | \boldsymbol{Z}_{1:k-1}) \mathrm{d}\boldsymbol{X}}$$

式中，$f_{k|k-1}$ 表示多目标状态转移密度函数；$g_k(\boldsymbol{z}_k | \boldsymbol{X}_k)$ 表示多目标似然函数。概率假设密度滤波具有严格的数学理论基础，尤其适合于一些关联过程相对复杂得多目标跟踪问题。

(2) 基于组合优化方法的数据关联算法。

① 基于网络流的多目标跟踪算法。

基于网络流的多目标跟踪方法把目标的移动轨迹理解为从起始节点至终止节点之间的数据流。该算法提出时间较早，主要解决目标检测质量不高，存在大量漏检和误检的情况。一般而言，基于网络流的跟踪算法假设当前视频系列中的所有检测响应是已知的，网络流的构建是基于帧内的检测响应以及它们之间的相关关系。目标的移动轨迹可以表示为数据流从目标出现时刻流向目标消失时刻的过程。由于充分利用了整个视频系列中所有的检测信息，基于网络流的多目标跟踪算法在目标出现漏检和误检的情况下也能有效地辨识目标，形成有效的目标移动轨迹。

② 基于随机场的多目标跟踪算法。

基于随机场的多目标跟踪算法模型是处理计算机视觉问题的有效工具，在图像分割上有着广泛的应用。随机场模型主要研究对象在时间或者空间上的联系。基于随机场的多目标跟踪算法研究检测响应的时间、空间联系，从而恢复目标的移动轨迹。

③ 基于高阶群的多目标跟踪算法。

传统的多目标跟踪算法主要针对两个检测响应之间的相关关系，设计关联方案。然而，在多目标跟踪的实际应用中，多个检测响应之间存在紧密的相关关系。例如，同一目标的外观特征在短时间内不会产生显著变化，在复杂的视觉环境下，目标短暂遮挡导致的丢失也能重新跟踪上。因而对一段时间内目标的外观信息统一建模，这对目标跟踪具有重要的意义。

④ 基于图模型的多目标跟踪算法。

基于图模型的多目标跟踪算法多目标跟踪的数据关联问题通常可以使用图模型描述，图中的节点表示目标检测响应，图中的边表示检测响应之间的相似性关联。基于图模型的多目标跟踪方法通过把图中具有紧密关联的节点串联在一起，形成不同目标的路径来完成目标跟踪任务。根据不同的建模方式，图模型多目标跟踪方法有不同的形式：图的分解、图的分割、图节点的匹配等。

⑤ 基于深度神经网络的多目标跟踪算法。

在多目标跟踪应用领域中，基于深度神经网络的算法也受到广泛关注。然而，多目标跟踪的数据关联问题本质上是一个组合优化问题，利用深度神经网络直接设计数据关联模型面临挑战。当前，基于深度神经网络的多目标跟踪算法可以分为两种类型：a. 第一种类型方法主要研究如何设计卷积神经网络，判别目标的外貌相似性；b. 第二种类型方法设计循环神经网络预测目标的位置和运动特性。

(3) SORT 算法。

SORT 算法把传统的卡尔曼滤波和匈牙利算法结合到一起，能在视频帧序列中很好地进行跨检测结果的关联，而且它的速度比传统的算法快 20 倍左右，可以快速地对目标检测反馈的数据进行处理。

SORT算法匹配跟踪框和检测框的核心思想就是：首先使用IOU计算跟踪框与检测框之间的距离，使用匈牙利算法选择最佳的匹配结果。通过匈牙利算法完成目标检测框与目标跟踪框的匹配后，使用目标检测框代表该目标的跟踪框，从而完成目标跟踪任务。该算法的流程图如图2-32所示。

图2-32　SORT算法流程图

SORT算法的目标跟踪步骤可以分为以下步骤。

①在跟踪开始之前已完成所有目标的目标检测过程。当视频帧的第一帧进入时，使用所有的目标检测框初始化并创建新的跟踪器，设置每个目标的ID。

②当下一帧进入时，先由卡尔曼滤波算法计算出由前面帧跟踪框产生的当前帧目标状态预测和协方差预测。先计算出所有跟踪框与当前时刻所有检测框的IOU，然后通过匈牙利匹配算法获得IOU的最大唯一匹配，再删除匹配值小于IOU阈值的匹配对。

③使用在该帧中匹配的目标检测框来更新卡尔曼跟踪器以计算卡尔曼增益、状态更新和协方差更新。状态更新值被输出作为该帧的跟踪框，并且对于此视频帧中未匹配的目标，需要重新初始化跟踪器。

使用IOU距离可以解决跟踪过程中的短暂遮挡问题，这是由于IOU距离更倾向于检测相交尺寸，在图片有部分遮挡的情况下，IOU变化不是很大。从以上步骤可以看出，目标跟踪和目标检测是两个不同的任务，目标跟踪是将通过算法预测的跟踪框和由目标检测算法生成的检测框进行匹配，然后将匹配到的检测框作为目标的跟踪框。由于在SORT算法中有频繁的ID切换，实际应用中跟踪的价值大大降低。

（4）Deep-SORT算法。

由于SORT算法忽略了被检测物体的表面特征信息与目标运动之间的结合，因此只有在物体状态估计的不确定性较低时才会更加准确，而Deep-SORT算法使用了更加可靠的度量来代替关联度量，通过融合目标运动和表面特征信息这两个相似的测量指标，成为了目前实时多目标跟踪效果较好的多目标跟踪算法之一，具有精度高、执行效率快的优点。

Deep-SORT多目标跟踪算法的执行步骤分析如下。

①获取输入数据，输入数据是每一个视频帧图像上所有待跟踪目标的坐标信息和各个检测框中的深度特征信息，一般通过多目标检测算法来提供。

②在获取输入数据后，将输入数据送入到卡尔曼滤波器中，通过卡尔曼滤波算法预测待跟踪目标在当前视频帧图像中对应预测框的位置与大小。

③对于每一个视频帧图像，由于既采用卡尔曼滤波器对视频帧进行了跟踪框预测，又采用多目标检测算法进行检测框预测，因此会经常出现跟踪预测框和检测预测框重叠的现象，即它们框选的目标是同一个目标。若将二者的预测框信息都输出，将会导致同一个目标被重复输出，降低算法的性能。

为了解决该问题，Deep-SORT算法将两部分信息通过匈牙利匹配算法来进行相关数据之间的关联匹配。通过特定的度量规则,将两部分信息的关联性转化为数据的表现形式,从而构建基于两部分数据信息的数据关联矩阵,最后通过匈牙利算法对其进行预测匹配,即可得出最终的多目标检测跟踪结果。

2.4.1.5 目标跟踪技术难点

在目标跟踪技术的研究中,虽然学者们提出了很多解决方案,但是仍然存在许多问题。总体上看,目标跟踪技术所面临的主要难点可以归纳为对目标跟踪算法的鲁棒性、准确性和实时性这三个方面的要求。

(1)鲁棒性。

目标跟踪技术需要排除视频图像中各种不同的干扰因素,才能实现对目标持续稳定的跟踪。这些干扰因素主要包括:摄像机视角变化及被跟踪目标运动引起外观变化、目标所在环境的变化、目标的部分遮挡和完全遮挡等。目前已有的对跟踪目标进行三维建模的跟踪算法能够较好地解决摄像机视角变化及外观变化引起的跟踪问题,但由于三维建模的跟踪算法一般只适用于刚性物体,这就限制了它在许多实际跟踪系统中的应用。当目标所在环境的光照发生变化时,基于图像灰度特征或颜色特征的目标跟踪算法就会受到影响,而基于目标边缘或纹理特征的方法能较好地克服这种光照变化带来的问题。部分遮挡或严重遮挡一直是目标跟踪算法的难题,目前多摄像机多视角目标建模方法能够在很大程度上改善这一问题,但多摄像机的使用又引起了(如数据处理量大、数据同步延迟等)新的问题。所以鲁棒性要求是衡量所有目标跟踪算法性能的一项重要指标,随着应用领域的增加,会出现更多的鲁棒性问题,因此需要继续深入研究。

(2)准确性。

在目标跟踪算法中,准确性包括目标检测的准确性和目标跟踪的准确性。目标检测是目标跟踪的基础,当目标进入跟踪区域时,需要立即检测目标,对其进行特征描述,这样可以在后续图像帧中对其跟踪。怎样在含有大量噪声的实际复杂场景中分割辨别真实目标并准确检测出真实目标,也是目标跟踪算法的难点之一。目标跟踪的准确性很大一部分依赖于目标分割结果,在此基础上才能在视频中搜索定位目标位置,准确提取目标的特征(包括轮廓、颜色、纹理等)。迄今为止,已有多种不同类型的目标分割算法,但还没有出现一种适合于所有图像的通用目标分割算法。

(3)实时性。

在计算机视觉应用系统中,目标跟踪是个关键环节,大多数的应用系统需要通过目标跟踪来了解目标的状态和目标间的运动关系,从而进行实时的目标行为分析和决策控制,所以目标跟踪必须具有实时性。在有限的硬件和软件配置条件下,处理数据量巨大的视频序列图像,目标跟踪算法通常需要大量的运算时间。一般来说,简单的算法计算复杂度小,相应的运算时间就少,但目标跟踪精度就差;复杂算法跟踪精度高,但实时性差。因此如何达到两者的平衡也是目标跟踪技术中的又一难点。

另外,由于近些年深度学习的加入,目标跟踪的精度越来越高,为提高跟踪精度,学者们不断提出各种解决方案,极大地提高了目标跟踪的精度,但同时加入的约束项更多,计算量更大,导致目标跟踪速度下降。因此如何在满足目标跟踪精度的同时,简化深度学习框架以提高跟踪速度是未来利用深度学习进行目标跟踪的重要发展方向。

2.5 驾驶场景理解与语义分割技术

2.5.1 驾驶场景

在自动驾驶中,任何执行动作都要以理解整个驾驶环境为前提。这里面分为两层:车外环境和车内环境。

对于车外环境,首先是多种传感器的输入,如多摄像头、毫米波雷达以及激光雷达等,通过融合,映射到一个统一的坐标系中,这些图像信息需要进行物体的识别和分类,如车道、路肩、车辆、行人等,利用深度学习,在计算系统中重构出来一个3D环境,这个环境中的各个物体都会被识别并理解。

对于车内环境,是指对车内驾驶员的感知,包括其疲劳程度、驾驶意图等,这将给后续决策控制提供决策基础信息,如疲劳检测系统在检测到驾驶员进入严重的疲劳状态后,自动将驾驶状态从人工操控转为自动驾驶。

规划路径时,需要对整个车外环境中车辆、交通状况和行人等的意图或者在一段时间内的行为进行预测,再根据本车的状态和意图,结合前面的环境感知结果和高精度地图提供的道路信息等,规划出最佳的行驶路径,这个规划需要可以满足驾驶意图,并对周围的车辆友好、安全。

通过积累大量的数据进行足够的训练,基于深度学习的系统可以给出最优规划,在确定路径规划后,自动驾驶系统需要进行本车意图决策,如什么时候进行超车、什么时候转弯、选择什么时机进行变道最优等。自动驾驶系统需要学习人类的驾驶习惯,学会如何在复杂的会车场景下进行操作、保持合理的车距等,在满足安全性的前提下,尽量使自动驾驶的风格与车主驾驶行为相适应,提供更好的用户体验,并优化自己的驾驶效率。很显然,这里增强学习是非常适合的技术。

从理论上讲,可以用计算系统去模拟实际道路的情形,对道路上的各个要素进行准确地建模,并且模拟这些要素的行为,如超车、制动、变道。配合增强学习的技术,就能构建一个自主运行的系统。这个系统本身在不需要耗费一滴汽油的情况下,产生大量的模拟场景,发现自动驾驶原型的各种缺陷。

2.5.2 语义分割技术

相比于目标分类,语义分割是在像素级别上的分类,属于同一类的像素都要被归为一类,因此语义分割是从像素级别来理解图像的。语义分割是一种典型的计算机视觉问题,其涉及将一些原始数据(如平面图像)作为输入,并将它们转换为具有突出显示的感兴趣区域掩模,图像中的每个像素根据其所属的感兴趣对象,被分配类别ID,如图2-33所示。

在上述照片中,属于汽车的像素都被分成一类,属于道路的像素也被分成一类,除此之外还有天空、树木等像素也被各自分为一类。

语义分割是无人驾驶的核心科技之一,受到了当下学术界和工业界等多个行业的重点关注。在语义分割研究早期,受限于计算机算力,TextonForest和基于随机森林分类器等传统方法是最常用的语义分割方法。近年来,随着计算机算力的飞跃式增长,深度学习模型开始与传统语义分割方法相结合,即在利用传统方法分割出目标区域的基础上,进一步采用卷积神经网络等方法学习目标特征并训练分类器,对目标区域进行分类,从而实现目标区域的语义标注。

a) 原始图像 1

b) 语义分割图像 1

c) 原始图像 2

d) 语义分割图像 2

图 2-33 语义分割效果图

卷积神经网络使用卷积层—激活函数—池化层—全连接层的运行结构,输入图像经卷积层,聚拢不同局部区域特征,通过激活函数(如 Sigmoid、Relu、Tanh 等)部分激活,部分抑制,从而强化特征。池化层在不改变目标对象的基础上,使输入图片变小,减少训练参数,最后使用全连接层神经元的前向传播与反向传导损失,计算函数最优点,使输入图像的分类、分割等更加高效。

随着全卷积神经网络(Fully Convolutional Network,FCN)的提出,图像语义分割技术进入新时期,计算机在视觉领域,通过深度学习网络进行全卷积后能够极大提高图像分类效率与识别准度,网络框架与语义分割问题进入深度结合、快速扩展的时代,目前的深度学习语义分割模型基本上都是基于全卷积网络发展而来的。

全卷积网络通过扩展普通卷积网络模型,使其具有更多的参数特征和更好的空间层次。其结构可以分为全卷积和反卷积两部分,全卷积借鉴卷积神经网络模型,输入图像在参数减少与特征强化后,采用反卷积层对最后卷积层的特征图进行上采样,通过转置卷积恢复输入图像尺寸,从而针对每个像素都产生一个预测,使输入图像达到语义级分割。

全卷积网络将卷积神经网络将图像的识别精度,从图像级识别提升为全卷积神经网络中像素级识别。全卷积网络为语义分割的未来发展指明了方向,研究人员以全卷积神经为基础提出 U-Net、SegNet、PSPNet、RefineNet、DeepLab、BiSeNet、Panoptic FPN 图像分割网络结构模型,其特点见表 2-6。

常见的图像分割网络结构模型　　　　表 2-6

年份	事件	结构创新点
2015	Jonathan Long 等提出 FCN	创造性地使用上采样代替全连接层,且接受任意大小的输入图片
2015	Olaf Ronneberger 等提出 U-Net	网络框架采用左右对称的 U 形字母结构,其池化层被上采样层取代,可运行小批量图片,在医疗图像处理中有更大作用

续上表

年份	事件	结构创新点
2015	Badrinaravanan 等提出 SegNet	基于编码器-解码器网络结构,利用上采样方式恢复图像尺寸,去掉全连接层,大大减少了参数,提升了网络运行速度
2017	Zhao 等提出 PSPNet	使用空洞卷积改善 ResNet 结构,并添加了一个金字塔池化模块
2017	Lin 等提出使用链式残差连接的 RefineNet	对解码器结构进行改进,形成 Long-range 残差连接,通过上采样方式融合底层和高层语义特征
2018	Chen 等提出 DeepLab v3 +	V3 + 版本使用改进版的 Xception 作为基础网络,加强了图像边缘分割效果
2018	YU 等提出双向分割网络 BiseNet	包含 Spatial Path 和 Context Path,分别用来解决空间信息缺失和感受野缩小的问题
2019	何恺明等提出全景 FPN	将 FCN 和 Mask R-CNN 相结合,使用丰富的多尺度特征,可同时解决语义分割与实例分割任务

2.5.3 城市道路场景数据集及性能评价指标

城市道路场景相比于其他场景更加复杂,其中的目标数目更多,目标类别也更丰富,因此,语义分割领域往往采用城市道路场景的数据集进行学习和测试,目前常用的数据集见表2-7。

常用的自动驾驶数据集 表2-7

数据集	事件	目标类别数	数据总量	地区	环境
CamVid	2009	32	700	欧洲	白天
KITTI	2013	10	—	德国,美国	白天
Oxford Robotcar	2014	—	20000000	英国	所有天气条件
Cityscapes	2016	34	20000	德国,瑞士,法国	春、夏、秋
SYNTHIA	2016	11	13407	渲染城市	渲染环境
Comma. ai	2016	—	—	美国	—
Mapillary Vistas	2017	66	25000	美洲、欧洲、非洲、亚洲、大洋洲	晴、雨、雪、雾、黄昏、白天、黑夜
Apollo Scape	2018	28	143906	中国	天、雪、雨、雾
BDD100K	2018	10	10000	全球多个城市	各种场景
Udacity's Driving	2018	—	—	—	—

除了城市道路场景数据集,语义分割领域中还经常会用到交通标志数据集,表2-8 为目前最常用的几种交通标志数据集。

常用的交通标志数据集　　　　　　　　　　　　　表 2-8

数　据　集	总　　　结
KUL Belgium Traffic Sign	比利时交通标志数据集
German Traffic Sign	德国交通注释数据集
STSD	超过 20000 张带有 20% 标签的图像,包含 3488 个交通标志
LISA	6610 帧数据,超过 7855 个注释
Tsinghua-Tencent 100K	腾讯与清华合作数据集,100000 张图片,包括 30000 个交通标志

在分割实践中,为了取得良好的效果,使其发挥重大的作用,务必对分割框架的结构属性和实际效能进行合理测评。在进行评估时,需要选用科学严谨、多样化的维度、公平合理的指标来进行比较。下文从执行时间和准确度两个方面对分割网络的性能指标进行阐述。

运行时间或处理速度是一个非常有价值的度量标准,在许多应用领域,实时性是一个十分重要的要求,因此需要用运行时间去衡量分割方法实时性的优劣。但是由于硬件后端实现水平的不同,很难对运行时间进行比较。因此应在相同的条件下,通过运行时间的比较来评判分割方法的分割效率。对于无人驾驶等对实时性要求较高的领域,运行时间是非常重要的评价标准。

当前已经具备用来评价像素语义分割性能优劣的多种指标,通过像素准确率(PA)参数体现像素与类对应关系的准确度,对其求平均值来获取平均准确率(mPA);同时包括交并比类指标,如平均交并比($mIoU$)频率加权交并比($FWIoU$)等。常使用 $mIoU$ 来衡量语义分割模型的性能。像素准确率(PA)的计算以预测类别准确的像素数为对象,通过比值计算获取准确率比例,进而作为体现分割评价指标中正确率的依据。相关公式如下。

$$PA = \frac{\sum_{i=0}^{n} p_{ii}}{\sum_{i=0}^{n}\sum_{j=0}^{n} p_{ij}} \tag{2-38}$$

式中,p_{ii},p_{ij} 代表不同数量含义,其中前者对应准确分类的像素,后者则对应分类错误的像素,通过 j 和 i 体现不同的归属类。

像素与划分类的对应关系不一定是准确的,并通过平均准确率(MPA)指标反馈准确比例,定义如下。

$$MPA = \frac{1}{n+1}\sum_{i=0}^{n} \frac{p_{ij}}{\sum_{j=0}^{n} p_{ij}} \tag{2-39}$$

平均交并比($mIoU$)是模型对每一类预测结果和真实值的交集与并集的比值,求和再平均的结果,定义如下。

$$mIoU = \frac{1}{n+1}\sum_{i=0}^{n} \frac{p_{ij}}{\sum_{j=0}^{n} p_{ij} + \sum_{j=0}^{n} p_{ij} - p_{ij}} \tag{2-40}$$

频率加权交并比($FWIoU$)是对 $mIoU$ 改进后的新评价指标,旨在对每个像素的类别,按照其出现的频率进行加权,定义如下。

$$FmIoU = \frac{1}{\sum_{i=0}^{n}\sum_{j=0}^{n}P_{ij}} \sum_{i=0}^{n} \frac{\sum_{i=0}^{n}P_{ij}P_{ii}}{\sum_{j=0}^{n}P_{ij}+\sum_{j=0}^{n}P_{ji}-P_{ii}} \tag{2-41}$$

其中,mIoU 指标的代表性和简单性非常突出,是目前图像语义分割领域使用频率最高和最常见的准确度评价指标。

近年来,随着自动驾驶等应用不断发展,对模型尺寸、计算成本、分割精度等方面提出了更高的要求。总体来看,利用深度学习来对道路场景进行语义分割技术在不断进步,但是也有一些需要改进和继续研究的方向。

(1)语义分割算法的精度有待进一步提高。无人驾驶的核心在于对周围环境的精细化感知和判断,如在行驶的过程中,周围天气的变化、交通指示灯的变化,以及对来往车辆和行人的判断,这就要求对输入的分割对象有很精确的分割。

(2)实时语义分割技术。现阶段精确率依然是评价语义分割的网络模型的重点指标,但是随着无人驾驶技术的不断成熟,分割效率对其产生的影响越来越大,这就需要在维持高精确率的基础上,尽量缩短响应时间。

(3)弱监督或无监督语义分割技术。弱监督和无监督的语义分割技术目前的分割效果还不明显,如何利用尽量少的标注信息来提高网络模型的精度是未来发展的趋势。

2.6 驾驶员人脸识别与状态监测技术

驾驶员安全驾驶不仅关系到其个人生命与财产安全,还关系到他人的幸福生活,如发生交通事故,将会给企业、国家造成重大经济损失,产生的危害不容小视。人脸识别在驾驶员的驾驶中可以起不良驾驶行为预警的作用,驾驶员若在驾驶中打电话、抽烟、玩手机、疲劳驾驶,人脸识别技术可以及时识别这些不良驾驶行为,并发出报警,提示并予以纠正。基于人脸识别的驾驶员驾驶状态监测技术已经较成熟地运用于各大商用车中,一方面有利于保证驾驶员/乘客的基本安全问题,另一方面,有利于提升商用车的监管效率,为行政监管带来便利,并最终助力智慧城市的发展。

2.6.1 驾驶员人脸识别技术

2.6.1.1 人脸识别问题

人脸识别的目标是找出图像中所有人脸对应的位置,算法的输出是人脸外接矩形在图像中的坐标,可能还包括姿态(如倾斜角度等)信息。虽然人脸的结构是确定的,即均由眉毛、眼睛、鼻子和嘴等部位组成,近似是一个刚体,但由于受姿态和表情的变化、不同人的外观差异、光照、遮挡影响,准确地识别处于各种条件下的人脸是一件相对困难的事情。人脸识别算法要解决以下几个核心问题:

(1)人脸可能出现在图像中的任何一个位置;
(2)人脸可能有不同的大小;
(3)人脸在图像中可能有不同的视角和姿态;
(4)人脸可能部分被遮挡。

评价人脸检测算法好坏的指标是检测率和误报率。我们将检测率定义为：

$$检测率 = \frac{检测出的人脸数}{图像中所有人脸数} \quad (2\text{-}42)$$

误报率定义为：

$$误报率 = \frac{误报个数}{图像中所有非人脸扫描窗口数} \quad (2\text{-}43)$$

算法要在检测率和误报率之间做平衡，理想的情况是高检测率、低误报率。经典的人脸检测算法流程为：用大量的人脸和非人脸样本图像进行训练，得到一个解决2类分类问题的分类器，也称为人脸检测模板。这个分类器接受固定大小的输入图片，判断这个输入图片是否为人脸，即解决是和否的问题。人脸二分类器的原理如图2-34所示。

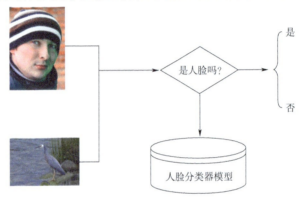

图2-34 人脸二分类器的原理

由于人脸可能出现在图像的任何位置，在检测时用固定大小的窗口对图像从上到下、从左到右扫描，判断窗口里的子图像是否为人脸，这称为滑动窗口技术。为了检测不同大小的人脸，还需要对图像进行放大或者缩小，构造图像金字塔，对每张缩放后的图像都用上述方法进行扫描。由于采用了滑动窗口扫描技术，并且要对图像进行反复缩放后扫描，因此整个检测过程非常耗时。由于一个人脸附件可能会检测出多个候选位置框，还需要将检测结果进行合并去重，这称为非极大值抑制（NMS）。多尺度滑动窗口技术的原理如图2-35所示。

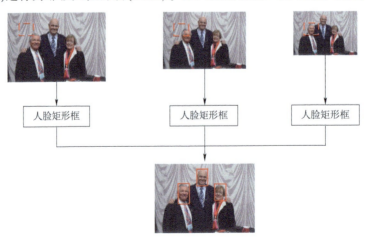

图2-35 多尺度滑动窗口技术的原理

2.6.1.2 基于深度学习的人脸识别技术

传统的人脸识别方法有多种,如主动形状模型(Active Shape Model,ASM)和主动表观模型(Active Appearance Models,AAM);基于局部的方法[如利用局部描述子Gabor、局部二值模式(Local Binary Pattern,LBP)等进行识别];基于全局的方法(包括经典的人脸识别算法,如特征脸方法);线性判别分析法(Linear Discriminant Analysis,LDA)等子空间学习算法以及局部保持投影算法(Locality Preserving Projection,LPP)等流行学习算法。但是,由于受到光照、姿态及表情变化、遮挡、海量数据等因素的影响,传统的人脸识别方法由于自身的局限性,其识别精度受到制约。在深度学习框架下,学习算法直接从原始图像学习判别性的人脸特征。在海量人脸数据支撑下,基于深度学习的人脸识别在速度和精度方面已经远远超过人类。深度学习借助于图形处理器(GPU)组成的运算系统做大数据分析,人脸识别是图像处理及人工智能的一个重要指标,证明深度学习模型有助于推动人工智能发展,将来甚至可能超越人类的智能水平。

深度学习的出现使人脸识别技术取得了突破性进展。人脸识别的最新研究成果表明,深度学习得到的人脸特征表达具有手工特征表达所不具备的重要特性,如它是中度稀疏的、对人脸身份和人脸属性有很强的选择性、对局部遮挡具有良好的鲁棒性。这些特性是通过大数据训练自然得到的,并未对模型加入显式约束或后期处理,这也是深度学习能成功应用在人脸识别中的主要原因。深度学习在人脸识别上有7个方面的典型应用:基于卷积神经网络(CNN)的人脸识别方法,深度非线性人脸形状提取方法,基于深度学习的人脸姿态鲁棒性建模,有约束环境中的全自动人脸识别,基于深度学习的视频监控下的人脸识别,基于深度学习的低分辨率人脸识别及其他基于深度学习的人脸相关信息的识别,如图2-36所示。

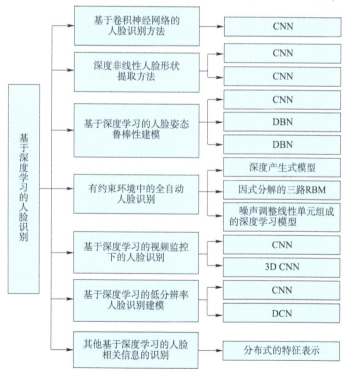

图2-36 基于深度学习的人脸识别算法

2.6.2 驾驶员人脸识别内容

2.6.2.1 驾驶员眨眼频率识别

眨眼频率指单位时间内眨眼的次数。研究表明,驾驶员疲劳引发的事故发生前,驾驶员眨眼频率增加,眼皮覆盖眼睛的百分比增加。利用测量眼睛闭合、眼睛运动或眼睛生理特性来监视驾驶员疲劳是很适宜的方法。具体的检测方式需要通过包含眼睛定位、眼睛特征提取、眼睛状态识别、眨眼频率分析几步进行。

(1)眼睛定位。

眼睛定位是指在输入的人脸图像中快速检测出眼睛的位置。只有在眼睛定位后,才能准确提取出眼睛特征信息用于判断出眼睛的开闭状态,进而判断驾驶员是否疲劳。针对驾驶员疲劳检测系统的特殊要求,目前眼睛检测与定位的方法比较多,其中正面人脸的快速眼睛定位算法主要有结合可变模板边缘提取法、对称变换法、虹膜检测法、积分投影法和区域分割法等。对称性被认为是计算机视觉研究中一种基本性质,通常在物体从背景区域中分割出来后,用来简化物体形状的描述和物体近似。对于人脸而言,眼睛、鼻子、嘴巴等都有较弱的点对称性,利用对称变换可以定位人眼,进而提取脸部特征,在此基础上利用方向对称变换DST,不同方向上的分布情况反映物体的基本形状特征,同时,匹配事先完成的一些先验规则估算尺度因子和人眼可能区域,大大减少了运算量。以上算法中,对称变换是同等对待图像中的所有像素点,计算每个像素点的对称值,实际上,在人脸图像中有一类像素点(包括除眼睛、嘴巴、特征区域外的头发、脸部及部分身体区域等)由于在图像中物体的单一背景区域中,其大面积灰度均匀区域上的像素点在一定的尺度范围内并不具备明显意义上的对称性,就没有必要计算该区域的对称值。以减少计算量为基本出发点,可以加入离散对称变换的方式,减少对均匀像素点的计算,加入对图像灰度不均匀区域的检测步骤,接着定义一个与广义对称变换相似的对称算子来计算点对称,这样可以大大提高检测效率。

(2)眼睛特征提取。

眼睛特征的内容十分丰富,包括上下眼睑、虹膜、瞳孔、内外眼角等。

①虹膜识别。虹膜是眼睛部分乃至整个脸部区域中特征最明显的部分。无论是人脸、视线检测或是虹膜识别技术,虹膜定位算法都是最基础的。虹膜检测主要基于虹膜的两个特征,即灰度特征和几何特征。由于虹膜的灰度与周围巩膜和皮肤的灰度存在很大差异(巩膜比虹膜亮),故可以用灰度投影法来检测。由于虹膜是圆形的特殊结构,可以用圆或是椭圆来拟合。比如Daugman圆形检测算子作为掩模,使用积分、微分操作分别检测二虹膜和瞳孔的圆心和半径。虹膜识别算法如图2-37所示。

②眼角检测。眼睛的内外眼角也是一个重要特征,可以将眼角作为角点来检测。在图像识别中,角点包含被识别目标的重要集合参数信息,其检测结果直接影响后续图像分析及参数计算精度。角点可以被看作两条直线交点,由此可以先拟合两条直线,然后寻找其交点;也可以被看作图像边界上曲率最大的点,由此可以通过链码跟踪后的轮廓点计算曲率来判定角点;角点还可以被看作是图像中梯度值和梯度变化率很高的点,由此可利用方向导数来进行检测。

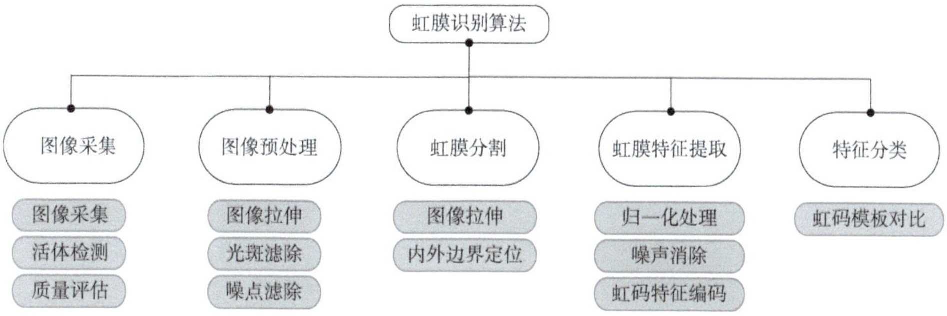

```
                        虹膜识别算法
        ┌──────────┬──────────┼──────────┬──────────┐
     图像采集    图像预处理    虹膜分割   虹膜特征提取   特征分类
     图像采集    图像拉伸     图像拉伸    归一化处理    虹码模板对比
     活体检测    光斑滤除    内外边界定位   噪声消除
     质量评估    噪点滤除               虹码特征编码
```

图 2-37　虹膜识别算法

（3）眼睛状态识别。

眼睛开合状态是进行疲劳检测的重要信息。主流的眼睛状态识别方法包含了边缘复杂度法，该方法首先根据图像二值化，得到眼睛边缘图，其次计算眼睛边缘复杂度，如果眼睛区域复杂度较大，说明眼睛为开眼，否则为闭眼。此外，也可利用模板匹配法，训练众多驾驶员眼睛睁眼与闭眼状态，当检测驾驶员当前眼睛张合状态与睁眼匹配结果大于阈值时，则认为驾驶员睁眼，否则判定为闭眼或轻度闭眼。

（4）眨眼频率分析。

研究分析表明，人每次眨眼时间为 0.1～0.3s，每分钟眨眼频率为 10～15 次，当驾驶员眼睛一次闭眼时间超过 0.5s 时，则可以判定为疲劳，判断出人眼开闭状态后，进一步统计出一段时间内驾驶员的眨眼次数。具体方法如下：在采集到的视频图像中，由于每一帧图像里的眼睛可以分为两种状态，即睁眼（标记为 1）和闭眼（标记为 0），两次眼睛睁开状态中必定有一次闭合状态，故检测一次眨眼可表示为从"1→0→1"的过程，然后设置一定的时间窗口统计在一定时间内该眨眼状态切换的频次统计图，可以看出，相对于正常情况，眨眼频率在疲劳情况下有明显下降（约为 40%）的趋势。

2.6.2.2　驾驶员嘴部活动识别

正常情况下，驾驶员嘴部基本处于闭合状态，但当驾驶员频繁地与他人进行交谈或用手机通话时，其嘴部大部分时间处于普通张开或一张一闭的重复状态。此种情况下驾驶员注意力将会不集中。另外，当驾驶员频繁地打哈欠时，其嘴巴会张开很大，据此可判定其处于疲劳状态。由此，通过对驾驶员嘴巴张闭的识别（图 2-38），可将此作为驾驶员注意力和疲劳的判断条件亦或者增强度驾驶员状态的判断。

对驾驶员嘴部的检测包含以下 4 个方面的内容。

（1）嘴唇分割。

通过一定的检测方式区分嘴唇与面部其他部分，以对嘴唇进行分割，典型的驾驶员嘴部状态识别算法是基于 Fisher 线性变换进行的。众所周知，嘴唇特征是其颜色比其他部分红，如果转为灰度值，其灰度值较其他部分更大。当摄像头识别到红色的嘴唇时，则通过取相应的颜色像素值（RGB 值）来实现，这里为了保证颜色对光照敏感度及人脸旋转不变性，可将识别的颜色像素值进行归一化处理后形成颜色向量。

（2）嘴部定位。

由 Fisher 线性变换分割得到的图像通常包含多个区域，需要通过联通标示分析将它们分别提取出来,标示分割后(二值)图像中各个区域的简单而有效的方法是检查各像素与其相邻像素的连通性。其中典型的算法是八连通成分标示算法,该算法可对几个孤立的区域进行区域标示,进而获取各孤立区域的各种参数,如坐标位置、像素个数等。接着利用相关几何约束可以对这些孤立的区域进行判断,最终得到嘴部区域。

图 2-38　驾驶员嘴部活动检测

(3) 嘴部特征提取。

针对驾驶员嘴部状态研究,可知其状态主要有 3 种:驾驶员说话时普通张嘴,驾驶员打哈欠时大张嘴,驾驶员不说话时嘴部闭合。由此,我们需要设置一定的嘴部特征提取算法进行嘴巴特征检测。为了得到嘴部区域几何特征,必须在嘴部区域内准确地得到嘴部图像及相应的特征点,左右嘴角点 A 和 B、上嘴唇中心点最上点 C、上嘴唇中心点最下点 D、下嘴唇中心点最上点 E、下嘴唇中心最下点 F。根据嘴部定位结果,经过图像像素颜色值的 Fisher 线性变换和连通成分标示分析可以得到完整的嘴唇轮廓,为嘴唇特征点的定位打下良好基础。根据人脸嘴唇特征点的结合分布特性,并通过水平投影确定左、右嘴角,再作垂直于左右嘴角的直线,在直线的方向上进一步搜索,可得到上嘴唇中心最上点、上嘴唇中心最下点、下嘴唇中心最上点、下嘴唇中心最下点。

(4) 嘴部状态识别。

在嘴部状态识别算法中,基于神经网络 BP 的方式最为常用,其原理是将获得的由驾驶员嘴部几何特征值组成的特征向量输入到 BP 网络中,根据网络输出,得到驾驶员嘴部的 3 种状态。其中 BP 网络分为三层结构,输入层有 3 个神经元,分别代表驾驶员嘴部区域的不同几何特征,隐层选用 14 个神经元,其传递函数为 Sigmoid 函数,输出层有 3 个神经元,分别代表驾驶员嘴部三种不同的状态,即普通张嘴,闭嘴以及大张嘴。

2.6.2.3　驾驶员头部姿态识别

正常驾驶时,驾驶员将不断变换头部姿态以完成视觉搜索的驾驶任务。同时,驾驶室内的光照条件复杂多变,驾驶员抓耳、接电话、喝水等动作常造成脸部区域的部分遮挡。头部姿态估计通常是指利用计算机视觉和模式识别的方法,在数字图像中判断驾驶员头部朝向问题。更严格地说,头部姿态估计是在一个空间坐标系内识别头部的姿态参数,即头部位置参数和方向度参数。描述头部方向度的参数有 3 个:水平转动的偏航角(Yaw)、垂直转动仰俯角(Pitch)以及左右转动的旋转角(Roll)。一般而言,一个正常成年人的头部四周运动范围为:左右偏角为 $-40.9°\sim 63.3°$,垂直偏角为 $-60.4°\sim 69.6°$,水平偏角为 $-79.8°\sim 75.3°$。

在很大程度上,头部姿态反映了一个人的眼睛视线方向或注意力方向。当人眼被遮挡时,通过头部姿态估计,可以大致辨别被观察者的注视方向;当人眼未被遮挡时,头部姿态将成为精确预测被观察者注视方向的必要条件。对驾驶员头部姿态的识别需要通过以下 3 个步骤进行。

(1)头部位置的图像获取。

微软发明的 Kinect 设备装备了 RGB 彩色摄像头、红外摄像头以及深度探测器。任何照明条线下,其都可以利用 CMOS 红外探测器来感知空间。它可以收集到视野里每一个点的信息,并生成一张深度图像以代表环境的信息。Kinect 的 COMS 红外探测器可以实时探测环境中物体的深度。而 Kinect 中间的 CCD 摄像头可以用来获取人或物体的二维 RGB 彩色图像。

(2)人脸特征点提取。

当头部发生转动时,头部与图像平面间的夹角发生改变,图像平面上关键点间的相对距离随之发生变化。为了提高准确率,在 RGB 图像中定位人脸关键点以后,需为 5 个特征点编号(图 2-39),1 为左眼,2 为右眼,3 为鼻尖,4 为左嘴角,5 为右嘴角。按照一定顺序,计算任意 2 点间的距离,以及任意不共线的 3 点组成三角形的面积(当 3 点共线时,标记三角形面积为 0)。提取每张彩色图片特征点之间的距离和三角形的面积作为输入特征来训练模型。通过方向梯度直方图(HOG)特征与级联回归树算法训练的模型进行人脸检测与定位,得到图像中人脸特征点的像素坐标,经过双目相机标定后,可认为左右图像各对应特征点的 v 坐标值在同一极线上。由于标定时,标定板的精度较低,会产生微小的偏差。因此,取左右图像中特征点的 v 坐标平均值作为计算的 3D 特征点坐标值。

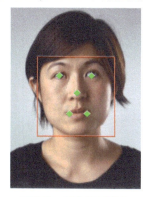

图 2-39　图像特征提取

(3)头部姿态估计。

在获取人脸特征点的 3D 位置信息后,可进行头部姿态估计。基于人脸的对称性及特征点的 3D 位置,估计头部姿态的欧拉角,具体流程如图 2-40 所示。以参考相机坐标系建立世界坐标系 $O-XYZ$,在人头部建立人脸本征坐标系,如图 2-41 所示。以人脊柱顶部作为坐标原点,取平行于两眼角连线方向且过坐标原点的直线为 a 轴,取正脸姿态时,过原点且垂直水平面方向为 b 轴;取垂直于 a、b 轴且过原点的垂线为 c 轴。其中,α、β、γ 分别为头部姿态的偏航角、翻滚角和俯仰角。

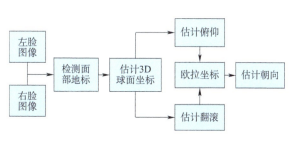

图 2-40　3D 头部姿态的估计流程

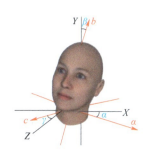

图 2-41　人脸的本征坐标系

偏航角为 a 轴与世界坐标系 O-XY 平面的夹角,可通过人脸对称点的连线在 O-XZ 平面的投影与 X 轴的夹角计算。翻滚角为 b 轴与世界坐标系 O-YZ 平面的夹角,可通过人脸对称点的连线在 O-XY 平面的投影与轴的夹角计算。俯仰角为 c 轴与世界坐标系 O-XZ 平面的夹角,选取不同高度的人脸特征点进行连线并在 O-YZ 平面投影,计算上下两点在 Y 轴和 Z 轴上的坐标差 Δy、Δz,就能得到俯仰角的变化量 $\Delta \gamma$。

2.6.3 驾驶员状态监测技术

驾驶员状态监测的研究主要是通过传感器监测驾驶员的眼部、头部、面部、手部和脚部的动作,借助生理、心理、车辆操纵数据、车辆状态参数等,利用图像处理、信号处理技术,采用传感器信息融合方法进行驾驶状态监测和驾驶行为分析,如图 2-42 所示。在监测驾驶员状态方面,主要可以分为疲劳监测、注意力集中程度等方面。

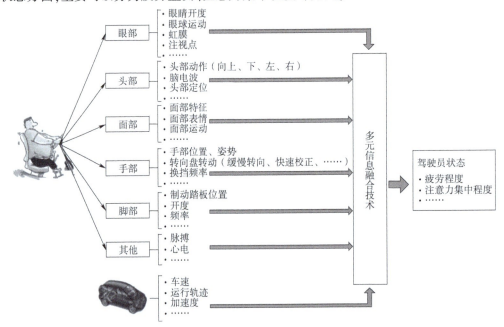

图 2-42 驾驶员状态监测结构示意图

2.6.3.1 驾驶员疲劳监测

驾驶员在车辆行驶过程中是否为疲劳驾驶可以由眼睛的状态反映。当驾驶员精神饱满时,眼皮张开程度及眨眼频率都有统计的正常值;当驾驶员精神萎靡不振时,眼皮张开程度明显变小,眨眼频率也明显降低。所以,利用驾驶员眼睛的状态信息来判断驾驶员疲劳状况是一种可行的方法。

整车上电后且车速大于一定值,系统开始检测驾驶员头部、头部姿态、眼部状态,并根据检测结果,判断驾驶员疲劳状态,如图 2-43 所示,相应的检测判断机制如下:若系统未检测到头部或眼睛,则认为驾驶员不在车内,发出相应疲劳检测不可用状态,若系统检测到头部或眼睛,则根据眼睛状态检测结果,即闭眼状态计算一定时间内眼睛张合度;通过设置先验阈值信息 $Threshold1(Th1)$、$Threshold2(Th2)$、$Threshold3(Th3)$ 判断驾驶员是否疲劳。

(1) 若该时间段内眼睛张合度 < 阈值 $Th1$(可标定),则认为驾驶员处于清醒状态;

(2)若该时间段内眼睛 $Th1$ < 张合度 < 阈值 $Th2$（可标定），并持续一定时间 $t1$，则认为驾驶员处于轻度疲劳；

(3)若该时间段内眼睛 $Th2$ < 张合度 < 阈值 $Th3$（可标定），并持续一定时间 $t2$，则认为驾驶员处于中度疲劳；

(4)若该时间段内眼睛张合度 > 阈值 $Th3$（可标定），并持续一定时间 $t3$，则认为驾驶员处于重度疲劳。

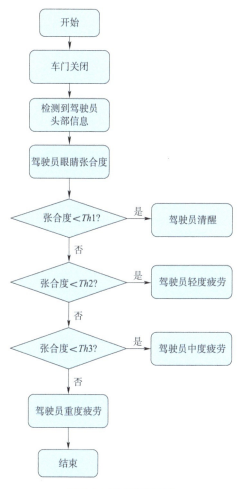

图 2-43　疲劳检测原理

2.6.3.2　驾驶员注意力监测

注意力分散状态指驾驶员在驾驶车辆的过程中对驾驶任务投入精力的降低，主要包括两种形式：一种是驾驶视线的分散状态，主要体现在驾驶员在实际驾驶过程中目光长时间偏离行驶方向，例如在驾驶过程中，旁观道路两侧情况，进行音响、导航仪等车载装置的操作，接听电话等；另一种是驾驶精神的分散状态，主要指驾驶员驾驶意识降低，导致驾驶反应下降，例如驾驶员发呆、思维分散、酒后驾车、感冒、疲劳等导致驾驶员身体状态变化所引起的驾驶意识和反应能力下降等。

注意力分散监测通过头部转向角度，分析驾驶员视线角度，从而判断驾驶员是否处于注意力分散状态。其重要的部分是根据当前驾驶工况提前定义安全区,当驾驶员头部转向角度超越安全区后,认为驾驶员注意力分散,发出相应的分散信号。整车上电后,系统开始检测驾驶员头部、头部姿态、眼部状态,并根据检测结果,判断驾驶员注意力分散状态,相应的检测判断机制如下(图2-44):

(1) 若未检测到头部,则发出注意力分散未知信号;

(2) 若驾驶员注意力超越非安全视线区域,并持续一定时间 $t1$,则发出驾驶员注意力分散状态;

(3) 若驾驶员注意力回到安全视线区域,并持续一定时间 $t2$,则发出驾驶员注意力未分散状态。

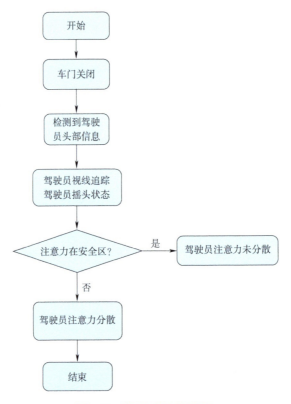

图 2-44　注意力分散检测原理

这里需要注意的是,在高速驾驶、低速驾驶或弯道驾驶工况下,安全区和非安全区的定义会有所不同。以驾驶员横向朝向范围定义两种区域,即侧视区和正常脸部朝向范围,且分高低速分别说明两者定义范围区别。高速时,侧视范围变宽,驾驶员正常脸部朝向范围变窄,驾驶员偏转头部集中度更高;低速或转弯时,测试范围变窄,驾驶员正常脸部朝向范围变宽,驾驶员可以更多地观测横向驾驶范围内物体。

2.6.3.3　国内外驾驶员状态监测系统

(1) 梅赛德斯—奔驰公司 Attention Assist 驾驶监测系统。

Attention Assist 是德系汽车中驾驶员疲劳状态监测系统的代表,属于间接监测,如图2-45所示,它依据驾驶员驾驶行为、基于车辆状态参数监测驾驶员状态,例如车速、发动机转速、横摆角速度、侧向加速度、转向盘角速度和角加速度等及各信号的后处理参数,综合考虑以上因素,分析、计算得到驾驶员状态监测结果;Attention Assist 除覆盖正常行驶工况外,还考虑外部干扰对疲劳监测的影响,例如侧风、路面凸起和斜坡等不均匀工况,使其适用范围更广、精度更高。Attention Assist 有效车速区间 80~180 km/h,在监测到驾驶员疲劳时会主动报警并在仪表盘上显示提示信息,其已于 2011 年应用在梅赛德斯—奔驰 B 级车上。此外,Attention Assist 顺利通过欧盟新车安全评鉴协会(Euro-pean New Car Assessment Program,Euro NCAP)评审,证明该系统也适用于其他车型,例如奔驰 C 级、E 级、M 级车型。

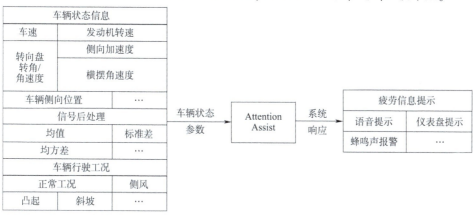

图 2-45　Attention Assist 工作原理

(2)沃尔沃公司驾驶员安全警告系统(DAC)。

DAC(Driver Alert Control)除了监测驾驶员疲劳状态外,还能监测驾驶员注意力是否分散。DAC 硬件包括摄像头、各种车辆状态传感器、车辆轨迹传感器和控制器,控制器综合分析驾驶员头部位置和角度、眼睛运动、车辆与车道的相对位置、转向盘操纵数据等,以判断当前的驾驶状态,并与内置于控制器中记录器里驾驶员正常的驾驶状态对比,判断驾驶员是否处于疲劳或注意力分散状态;如果是,则发出声音信号提醒驾驶员,并在仪表盘上显示提示信息。DAC 还可以与其他驾驶辅助系统(如车道保持、自适应巡航、碰撞预警等)集成,除警报提醒外,还能主动对车辆运动进行有效干预。当车速高于 65km/h 时,DAC 激活;当车速低于 60km/h 时,DAC 休眠。驾驶员安全警告系统工作原理如图 2-46 所示。

图 2-46　驾驶员安全警告系统工作原理

(3)清华大学疲劳驾驶预警系统。

清华大学成波教授团队自 2000 年初开始从事驾驶行为相关研究,先后完成国家 863 项目"驾驶人状态及行为监测预警技术与装置"和国家自然科学基金资助项目等科研课题,并通过清华大学苏州学院孵化的清研微视公司来实现科研成果的产品化。清研微视公司开发的疲劳驾驶预警系统依据驾驶员面部信息判断驾驶员是否处于疲劳状态和注意力分散等欠安全状态,属于直接监测。如果驾驶员处于疲劳或注意力分散状态,其将会发送警报提醒。除此项功能外,该疲劳驾驶预警系统还能监测驾驶员是否脱开转向盘和其他危险驾驶行为,例如行车过程中吸烟、接听电话等,图 2-47 所示为清研微视公司开发的疲劳驾驶预警系统具备的功能。该系统应用于众泰 M11、M12 和陕汽重型货车。

a)高清CAMERA　b)智能硬件　c)自动红外补光　d)转向盘数据　e)语音报警　f)在线预警

g)远程预警　h)面部朝向检测　i)打手机检测　j)吸烟检测　k)眼球跟踪　l)眼/墨镜过滤

图 2-47　清研微视公司的疲劳驾驶预警系统功能

第 3 章
基于超声波与毫米波雷达的智能网联汽车环境感知技术

超声波与毫米波雷达是两种在自动驾驶汽车上应用最广泛的传感器,它们主要负责探测车辆周边的各种障碍物。相比于激光雷达的高昂成本,超声波与毫米波雷达的市场价格较低,并且可以直接输出目标级数据,减轻了车端的运算负载,对环境的适应性也较强,雨雪和光照对传感器性能的影响较小。

3.1 基于超声波雷达的障碍物探测与泊车位识别方法

超声波雷达除了用于探测车辆周边的近距离障碍物外,还可以用于车位边界的识别,被广泛应用于自动泊车系统中。

3.1.1 泊车位类型

常见的泊车位可分为平行车位、垂直车位和斜车位三种。根据车位两侧是否有障碍物,还可以细分为双边界泊车、单边界泊车和无边界泊车。上述几种泊车位的示意图见表3-1。

泊车位示意图 表3-1

车位类型	边界类型	示 意 图
平行车位	双边界	
	单边界	
	无边界	
垂直车位	双边界	

续上表

车位类型	边界类型	示 意 图
垂直车位	单边界	
	无边界	
斜车位	双边界	
	单边界	
	无边界	

3.1.2 泊车位识别原理

泊车位识别中使用的超声波传感器安装在车辆侧面,车辆在行驶过程中实时检测与侧方障碍物的距离,通过与侧方障碍物距离的跳变来判断车位边缘。车位边缘判断的基本原理是:如果当前时刻的距离值大于前一时刻的距离值,且差值的绝对值大于设定的上边缘检测阈值,则判断上边缘检测成功,并记录下车辆所在的位置,车辆继续前进。如果当前时刻的距离值小于前一时刻的距离值,且差值的绝对值大于设定的下边缘检测阈值,则判断下边缘检测成功,并记录下车辆所在的位置。图 3-1 为左右均有障碍物情况下的平行泊车位示意图。

泊车位识别过程中,本车缓慢向前行驶,超声波传感器持续探测本车与车辆 2 之间的距离 y_1。当本车经过车辆 2 之后,传感器测得的距离会发生突变,记录此时的距离为 y_2,本车前进的距离为 L_1。本车继续向前行驶,当经过车辆 3 时,传感器测得的距离会发生突变,记录此时的距离为 y_3,本车前进的距离为 L_2。此时可计算出泊车位的宽度 w_p 和深度 d_p,如式(3-1)和式(3-2)所示。

$$w_p = L_2 - L_1 \tag{3-1}$$

$$d_p = y_2 - \frac{y_1 + y_3}{2} \tag{3-2}$$

垂直泊车位的识别原理和平行泊车位相似,都是通过检测超声波传感器发生跳变的值和位置,计算出车位的宽度和深度,并将其与约束条件进行对比,满足约束条件则为垂直泊车位。

利用超声波传感器识别检测斜车位,与识别平行和垂直泊车位的原理不同。由于障碍物停泊在车位中与本车并不垂直,超声波直接识别到的泊车位尺寸并非实际值。因此,需要利用泊车位的斜率 k_p 来进一步判断所测泊车位的大小。图3-2 为斜车位检测的示意图。

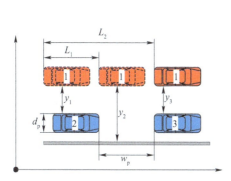

图3-1　两侧有障碍物的平行泊车位检测示意图

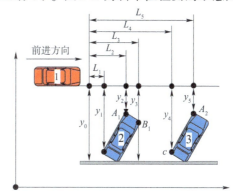

图3-2　斜车位检测示意图

泊车位识别过程中,本车缓慢向前行驶。当传感器未检测到障碍物时,记录此时的距离为 y_0。当传感器刚检测到车辆2时,超声波探测到的距离跳变至 y_1,本车前进 L_1。随着本车的前进,探测到的距离会有缓慢减小,直到传感器检测到车辆2的 A_1 点时距离达到最小值 y_2,本车前进 L_2。随后距离逐渐变大,经过 B_1 点后跳变至 y_3,记录此时本车前进的距离为 L_3。传感器经过车位 c 点时距离变小至 y_4,本车前进的距离为 L_4。之后,测得的距离逐渐变小,到 A_2 点时达到最小值 y_5,本车前进的距离为 L_5。泊车位的斜率 k_p 可由式计算得到。一般要求 $\tan 25° \leq k_p \leq \tan 65°$,$w_p \geq 2.8\mathrm{m}$,$d_p \geq 6\mathrm{m}$。

$$k_p = \left(\frac{y_1 - y_2}{L_2 - L_1} + \frac{y_4 - y_5}{L_5 - L_4} \right) \div 2 \tag{3-3}$$

3.1.3　泊车位识别误差

泊车位识别时,超声波传感器周期性发射超声波,其波束呈扇形,传播方向与本车行驶方向垂直。因此,超声波传感器的安装偏向角 α、与障碍物的横向间距 d_s 和本车行驶速度 v_s 都对泊车位识别的精度有影响,如图3-3 所示。

超声波传感器的安装偏向角会影响对障碍物探测的时机和回波的反射性能,由此导致对车位边缘探测不准。超声波传感器发射的波形在三维空间呈锥形,水平俯视则类似扇形。在超声波传感器选型及性能确定的情况下,不同横向间距下,超声波覆盖的车位边缘范围也不同,由此导致探测距离出现跳变的时刻也不同,进而对车位空间的识别出现偏差。由于传感器发射超声波的周期固定,当本车以不同车速行驶时,一个探测周期内,本车前进的距离不同。当车速较快时,传感器在上/下边缘附近来不及发射或接收超声波。当车速较慢时,传感器在上/下边缘附近收到多个回波,从而导致车位边缘识别不准。

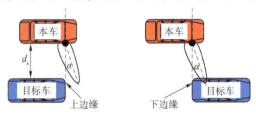

图 3-3　车位识别误差示意图

当本车以不同横向间距和车速进行泊车位识别时,边缘识别的误差如图 3-4 所示。可以发现,随着横向间距和车速的增加,边缘误差也会增大,近似于线性关系。

为了补偿泊车位识别的误差,需要在超声波传感器安装偏向角确定的情况下,建立误差补偿模型。在实际测试过程中,发现当偏向角为 6°时,下边缘识别的误差均值及标准差均处于较优水平。在此基础上,选择不同横向间距和车速进行大量实验,回归得到误差补偿模型,如式(3-4)所示。

$$y = 0.180d_s + 52.126\alpha + 6.564v_s - 12.243 \tag{3-4}$$

经过补偿后的泊车位识别的误差如图 3-5 所示。误差平均值为 0.5mm,90% 的概率在 ±100mm 之间,98.3% 的概率在 ±200mm 之间。虽然经过补偿后边缘误差均值大幅下降,使得泊车位识别的准确度得到提升,但仍有少量误差较大的数据。

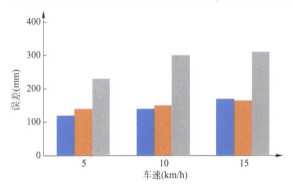

图 3-4　不同间距、车速下边缘误差均值

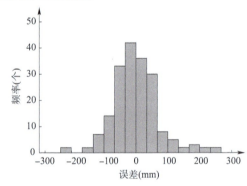

图 3-5　补偿后的边缘误差

注:平均值 = 0.5;标准差 = 65.227;$N = 180$。

3.1.4　融合视觉的泊车位识别技术

基于超声波雷达的泊车位识别技术对环境有一定的要求,需要在空车位两侧停放整齐的汽车或者其他障碍物,如图 3-6 所示,其检测精度不高,但成本低,检测方法简单,所以在自动泊车系统中应用广泛。

仅使用超声波雷达探测泊车位时,由于存在雷达张角,探测精度较低。因此,在超声波雷达的基础上增加视觉传感器,通过数据融合提高泊车位探测精度。常见的传感器配置方案为:在车身左右同样高度各安装 2 个长距离超声波雷达,用于探测车位纵深长度;在车身前后车牌上方、左右后视镜下方各安装1个鱼眼摄像头,用于识别车位周围车辆的轮毂;在后车轮处装有里程计,用于读取本车行驶的距离,如图3-7所示。

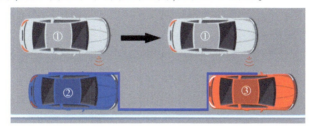

图3-6 超声波雷达识别车位示意图

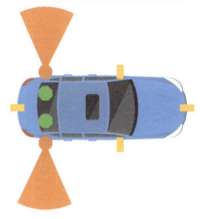

图3-7 融合视觉的车位识别传感器方案

在泊车位识别过程中,实时融合超声波传感器、视觉信息传感器和里程计的特征数据,获取停车位周围的空间几何参数,并将其导入停车位空间模型。模糊推理模块以停车位空间模型提取的车位特征参数为输入,输出车位类型辨识结果。

3.1.4.1 汽车车身姿态模型的建立

如图3-8所示,假设目标车位两侧各有一辆汽车,分别称为Ⅰ车和Ⅱ车。根据Ⅰ车、Ⅱ车与本车的相对位置关系,通过超声波传感器和视觉传感器对本车右侧空间进行单向连续扫描,提取Ⅰ车和Ⅱ车的车身姿态特征数据,进而建立车位空间模型。

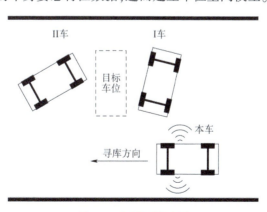

图3-8 车位识别示意图

图 3-9 是目标车位周围两种典型的不规则停放的汽车车身姿态,主要空间参数包括汽车车身的边缘点 A、B 和 C,车身姿态角 α。感知系统扫描获取的车身姿态数据将被导入坐标系,用数学语言描述车身姿态模型。在扫描目标车位周围的汽车车身姿态过程中,本车一直沿 x 轴方向前进,探测方向由右向左,超声波传感器探测方向平行于 y 轴,即在坐标系中,y 轴是超声波传感器探测到的距离值,x 轴是所对应里程计显示的里程值。车身姿态角 α 表示车辆纵向轴线与 x 轴之间的夹角,取值范围为 $0 \sim \pi$。

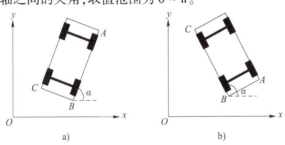

图 3-9 不规则停放的汽车车身姿态

信息融合的层次模型共有三种类型,分别为信息层、特征层、决策层。此处信息融合的层次模型为特征融合,将多传感器采集到的数据进行相关的特征提取,然后分析和处理提取的信息。通过融合超声波信息、里程计信息、视觉传感器识别轮毂(有或无),提取车身姿态角 α。

车身姿态角 α 计算公式为:

$$\alpha = \begin{cases} \arctan \dfrac{|D_A - D_B|}{L_B - L_A}, judge = 1 \\ \dfrac{\pi}{2} + \arctan \dfrac{|D_A - D_B|}{L_B - L_A}, judge = 0 \end{cases} \tag{3-5}$$

点 A 的坐标为 (L_A, D_A),点 B 的坐标为 (L_B, D_B),点 C 的坐标为 (L_C, D_C),其中,L_A、L_B 与 L_C 分别为探测到 A、B 和 C 时的里程值,D_A、D_B 与 D_C 分别为探测到 A、B 和 C 时的超声波雷达的距离值。式(3-5)中,车身姿态角 α 计算方式有两种,第一种计算方式的原理如图 3-9a)所示,$judge = 1$ 代表视觉传感器在 A 和 B 间识别到两个车轮轮毂,判断此处为汽车车身侧面;第二种计算方式的原理如图 3-9b)所示,$judge = 0$ 代表视觉传感器没有在 A 和 B 间识别到两个车轮轮毂,判断此处不是汽车车身侧面。

3.1.4.2 停车位空间模型参数的计算

以上述车身姿态模型为基础,建立如图 3-10 所示的停车位空间模型。停车位空间模型主要用于提取停车位参数,采用特征层融合模型来获取。

首先,如图 3-10a)所示,利用上述的车身姿态模型,获取 Ⅰ 车边缘点 A_1、B_1、C_1 和姿态角 α_1,Ⅱ 车车身边缘点 A_2、B_2 和姿态角 α_2,且 $D_{min} \leq D_{B1} \leq D_{max}$,$D_{min} \leq D_{B2} \leq D_{max}$,$D_{min}$ 为最小安全距离,一般不小于 0.5m,D_{max} 为最大探测距离,一般不大于本车的车长。

然后,提取停车位空间水平宽度 L_wide,即 C_1 和 A_2 对应的里程值之差,计算式为:

$$L\_wide = L_{C_1} - L_{A_2} \tag{3-6}$$

式中,L_{C_1} 为 C_1 对应的里程值;L_{A_2} 为点 A_2 对应的里程值。

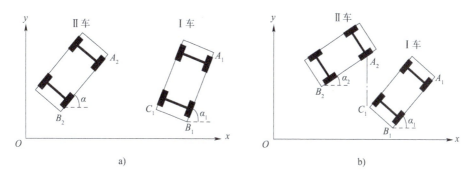

图 3-10 停车位空间模型

最后,融合超声波信息、里程计信息、Ⅰ车车身姿态角 α_1、Ⅱ车车身姿态角 α_2,获取Ⅰ车和Ⅱ车之间的最短空间距离 L_distance。

Ⅰ车到Ⅱ车的空间最短距离为Ⅰ车左边缘点 C_1 到Ⅱ车线段 A_2B_2 的最短距离,由点到直线的距离:

$$L_{Ⅰ-Ⅱ} = \frac{|L_{C_1}\tan\alpha_2 - D_{C_1} + D_{A_2} - L_{A_2}\tan\alpha_2|}{\sqrt{1+(\tan\alpha_2)^2}} \tag{3-7}$$

式中,D_{C_1} 为 C_1 对应的超声波测距值;D_{A_2} 为点 A_2 对应的超声波测距值。

同理,可得Ⅱ车到Ⅰ车的空间最短距离:

$$L_{Ⅱ-Ⅰ} = \frac{|L_{A_2}\tan\alpha_2 - D_{A_2} + D_{C_1} - L_{C_1}\tan\alpha_1|}{\sqrt{1+(\tan\alpha_1)^2}} \tag{3-8}$$

取:

$$L\_distance = \min\{L_{Ⅰ-Ⅱ}, L_{Ⅱ-Ⅰ}\} \tag{3-9}$$

式中,L_wide 和 L_distance 的单位为 m。

如图 3-10b)所示,当 A_2 因Ⅰ车遮挡而并非Ⅱ车车身边缘点,即 L_wide = 0 时,基于安全原则,认为该停车位无法提取空间模型。

3.1.4.3 输入输出变量的模糊化

从上述停车位空间模型提取的四个参数为输入,分别为Ⅰ车的车身姿态角 α_1、Ⅱ车的车身姿态角 α_2、车位水平宽度 L_wide、Ⅰ车与Ⅱ车之间的最短距离 L_distance,并以驾驶员的经验判断作为基准规则,通 Mamdani 型模糊推理方法,实现对停车位类型的识别,最终输出车位类型。基于泊车入库路径的几何约束,车位类型可分为三类:水平车位、垂直车位、斜车位。

输入变量 α_1 与 α_2 的模糊子集分为 3 级:{正小,正中,正大},简记为{PS,PM,PL},论域为[0,π];L_wide 的模糊子集分为 3 级:{正短,正中,正长},简记为{PS,PM,PL},论域为[0,+∞];L_distance 的模糊子集分为 2 级:{正短,正长},简记为{PS,PL},论域为[0,+∞]。输出变量停车位类型的模糊子集分为 4 级:{不是车位,水平车位,垂直车位,斜车位},简记为{not,para,vertical,oblique},论域为[0,+∞]。输入输出变量的隶属函数均采用常用的梯形,如图 3-11 所示,其中 W_car 为本车的车宽,L_car 为本车的车长。

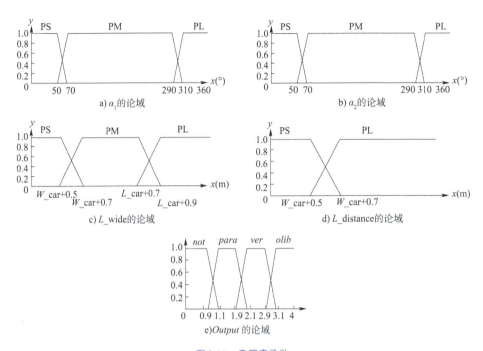

图 3-11 隶属度函数

3.1.4.4 模糊规则库的选取

模糊规则库的形式为:if$(\alpha_1)_i$ and $(\alpha_2)_i$ and $(L\_wide)_i$ and $(L\_distance)_i$ then $(Type)_i$,$i=1,2,\cdots,M$,M 为模糊规则总数。在系统模型建立完成后,根据输入输出的隶属度函数关系,结合驾驶员的先验知识,最终确定表 3-2 所示的 54 个模糊规则。

模 糊 规 则 库   表3-2

编 号	输入参数				输出变量
	α_1	α_2	L_wide	$L\_distance$	
1	PS	PS	PS	PS	not
2	PS	PS	PS	PL	not
3	PS	PS	PM	PS	not
4	PS	PS	PM	PL	not
5	PS	PS	PL	PS	para
6	PS	PS	PL	PL	not
7	PS	PM	PS	PS	not
8	PS	PM	PS	PL	oblique
9	PS	PM	PM	PS	vertical
10	PS	PM	PM	PL	vertical
11	PS	PM	PL	PS	not
12	PS	PM	PL	PL	vertical
13	PS	PL	PS	PS	not

续上表

编 号	输入参数				输出变量
	α_1	α_2	L_wide	$L\_distance$	
14	PS	PL	PS	PL	not
15	PS	PL	PM	PS	not
16	PS	PL	PM	PL	not
17	PS	PL	PL	PS	para
18	PS	PL	PL	PL	not
19	PM	PS	PS	PS	not
20	PM	PS	PS	PL	oblique
21	PM	PS	PM	PS	vertical
22	PM	PS	PM	PL	vertical
23	PM	PS	PL	PS	para
24	PM	PS	PL	PL	para
25	PM	PM	PS	PS	not
26	PM	PM	PS	PL	oblique
27	PM	PM	PM	PS	vertical
28	PM	PM	PM	PL	vertical
29	PM	PM	PL	PS	not
30	PM	PM	PL	PL	vertical
31	PM	PL	PS	PS	not
32	PM	PL	PS	PL	oblique
33	PM	PL	PM	PS	vertical
34	PM	PL	PM	PL	vertical
35	PM	PL	PL	PS	para
36	PM	PL	PL	PL	para
37	PL	PS	PS	PS	not
38	PL	PS	PS	PL	not
39	PL	PS	PM	PS	not
40	PL	PS	PM	PL	not
41	PL	PS	PL	PS	para
42	PL	PS	PL	PL	para
43	PL	PM	PS	PS	not
44	PL	PM	PS	PL	oblique
45	PL	PM	PM	PS	vertical

续上表

编号	输入参数				输出变量
	$α_1$	$α_2$	L_wide	$L\_distance$	
46	PL	PM	PM	PL	vertical
47	PL	PM	PL	PS	not
48	PL	PM	PL	PL	para
49	PL	PL	PS	PS	not
50	PL	PL	PS	PL	not
51	PL	PL	PM	PS	not
52	PL	PL	PM	PL	not
53	PL	PL	PL	PS	para
54	PL	PL	PL	PL	para

以上模糊规则的建立，主要基于以下原则：(1) 当 $L\_wide \geq L\_car + 0.8(m)$ 时，满足平行车位泊车路径规划的必要条件；(2) 当 $L\_wide \geq L\_car + 0.6(m)$ 时，满足垂直车位泊车路径规划的必要条件；(3) 当 $L\_distance \geq W\_car + 0.6(m)$ 时，满足斜车泊车路径规划的必要条件。

3.1.4.5 模糊值的去模糊化

去模糊化是将推论得到的模糊值转换为明确的控制讯号，作为系统的输入值。去模糊化是模糊推理机中重要的一步，也称解模糊化。解模糊化的方法有很多种，此处可用重心法解模糊：取模糊隶属度函数曲线与横坐标轴围成面积的重心为代表点，计算输出范围内一系列连续点的重心。

3.1.5 自动泊车系统的测试

为了验证自动泊车系统的可靠性，需要对其进行大量的测试。目前主要有两种测试方法。分别是实车道路测试和基于场景的虚拟仿真测试。实车道路测试要求被测对象在现实的道路上进行测试，如图 3-12 所示。虽然该方法的测试环境最接近真实使用环境，但其测试周期漫长，测试成本高。

a) 垂直泊车实车道路测试

b) 平行泊车实车道路测试

图 3-12　自动泊车系统实车道路测试

基于场景的虚拟仿真测试在仿真软件中对自动泊车系统进行测试,测试场景来源于测试用例生成算法生成的测试用例库。测试用例生成算法可以在较短的时间内,以极低的成本得到大量的测试用例,如图 3-13 所示。

a) 垂直泊车测试用例

b) 平行泊车测试用例

图 3-13 自动泊车系统虚拟仿真测试

这些测试用例既可以用于自动驾驶算法的虚拟仿真测试,也可以与自动驾驶测试台架结合来进行硬件在环测试。测试用例生成算法也可以生成指定类型的测试用例,对现有的测试进行补充或加快测试进程。例如,提高危险场景生成的概率可以加速测试过程,生成小概率测试用例可以提高测试的覆盖程度。目前常用的测试用例生成算法主要有成对测试用例生成器(Pairwise Independent Combinatorial Testing,PICT)、自动高效测试用例生成器(Automatic Efficient Test Generator,AETG)和考虑复杂度的测试用例生成算法(Combinatorial Testing Based on Complexity,CTBC)。

自动泊车系统在测试中的评价指标主要包括车位搜索能力、泊车入库能力、安全性和舒适性等(表 3-3),这些指标来自于不同的测试标准和文献。分别设定各个指标的上下限,当完成情况超过上限时,得分为 100 分,当完成情况不满足下限时,得分为 0 分,最终将指标得分的均值作为系统各方面性能的得分,其中,每项性能总分为 100 分。如果泊车过程中发生了碰撞,所有指标的得分都为 0 分。

自动泊车系统评价指标　　　　表3-3

类　　型	名　　称	含　义	来　　源
车位搜索能力	车位识别成功率	判断车位是否满足泊车条件,得到车位类型的成功率	Q/BJEV 04.00D16.8—2018
	车位搜索时间	从启动系统到完成车位识别所需的时间,单位为 s	—
泊车入库能力	泊车空间	泊车时,车辆运动平面上下边界的间距,单位为 m	ISO 16787—2017
	姿态角	泊车完毕时,车辆纵轴线与车位中线的夹角,单位为°	ISO 16787—2017
	位置偏差	泊车完毕时,车辆中心与车位中心的距离,单位为 m	ISO 16787—2017
安全性	最小间距	泊车过程中,被测车辆与其他物体的最短距离,单位为 m	—

续上表

类 型	名 称	含 义	来 源
舒适性	泊车时长	泊车入库过程持续时间,单位为 s	—
	纵向加速度	泊车过程中最大纵向加速度,单位为 m/s²	—
	揉库次数	泊车过程中档位调整次数	i-VISTA SM-ADAS-IPAR-A0—2019

基于场景的虚拟仿真测试可以进行自动化测试,如图 3-14 所示,首先由测试用例生成算法生成场景的测试用例集,再将测试用例自动转化为自动驾驶仿真软件中的仿真场景,然后运行仿真得到仿真结果,最后依据自动泊车系统评价指标对仿真结果进行打分,利用自动驾驶仿真软件的 API 接口可自动遍历整个测试用例集。

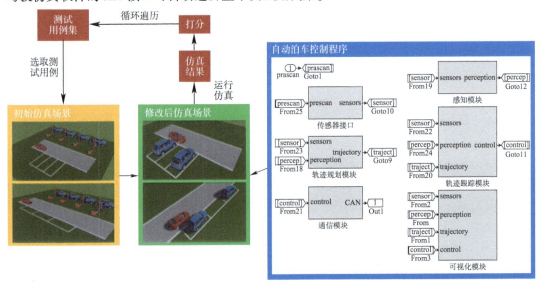

图 3-14　自动泊车系统自动化测试流程

3.2　基于毫米波雷达的目标检测技术

在实际行驶过程中,受到车辆颠簸、雷达系统不稳定、道路中其他干扰物干扰的影响,毫米波雷达可能出现误检测、丢失目标的情况。因此,需要对毫米波雷达的信号进行处理,筛选出有效目标,并对目标进行跟踪。

在 ACC、AEB 等使用工况下,需要根据目标与本车的横向距离,对毫米波雷达探测到的目标进行筛选,只保留与本车同车道中的目标信号。然后,还需要使用 Kalman 滤波等方法对目标的运动状态进行预测,对预测值和毫米波雷达探测到的值进行一致性检查。最后,采用有效目标生命周期法更新各个目标的状态,判断目标是否丢失、出现或持续跟踪。

3.2.1　同车道目标筛选

为了排除相邻车道中车、护栏等目标对智能网联汽车的干扰,首先需要根据目标与本车的横向距离,对毫米波雷达信号进行初步筛选。在图 3-15 所示的场景中,x 方向为本车的前进方向,垂直于本车前进方向的方向设为 y 方向。

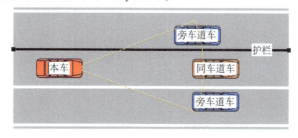

图 3-15 毫米波雷达筛选同车道目标

在实际行驶过程中,毫米波雷达主要关注同车道的目标,可以根据目标与本车的横向距离 y 筛选出所需的目标,如式(3-10)所示。

$$|y| \leq y_0 \tag{3-10}$$

式中,y_0 是筛选目标是否在本车道中的横向距离阈值。

当目标满足式(3-10)时,该目标即与本车位于相同车道。当有多个目标都位于本车所在车道中时,选取离本车纵向距离最近的目标作为有效目标,即与本车 x 方向距离最小的目标。

在筛选有效目标时,横向距离阈值 y_0 的选取需要注意以下两点:(1)当本车与目标车的 x 方向距离较小时,若选取较大的 y_0,则可能会囊括相邻车道的目标、护栏等;(2)当本车与目标车的 x 方向距离较大时,本车可能并不位于车道中心线处,本车与有效目标的 y 方向距离较大,选取较小的 y_0 可能会导致漏选。由于我国一般车道的宽度大约为 3.75m,综合考虑,y_0 可以选为 2m。

3.2.2 目标运动状态预测

由于雷达探测横向距离的稳定性较低,初步筛选出来的目标不一定是真正的有效目标,还需要进一步进行目标有效性检测,检测流程如图 3-16 所示。

假设第 n 个周期时目标的运行状态为 $\boldsymbol{x}_n = [d_{n,e}, v_{n,e}, a_{n,e}]$,其中 $d_{n,e}, v_{n,e}, a_{n,e}$ 分别为第 n 个周期时本车与目标的相对距离、相对速度和相对加速度。基于当前周期的目标运行状态,利用 Kalman 滤波算法预测出下一周期目标的运动状态,如式(3-11)所示。

$$\begin{bmatrix} d_{(n+1)|n} \\ v_{(n+1)|n} \\ a_{(n+1)|n} \end{bmatrix} = \begin{bmatrix} 1 & t & t^2/2 \\ 0 & 1 & t \\ 0 & 0 & 1 \end{bmatrix} \begin{bmatrix} d_{n,e} \\ v_{n,e} \\ a_{n,e} \end{bmatrix} \tag{3-11}$$

式中,t 为毫米波雷达一个周期的时间;$d_{(n+1)|n}, v_{(n+1)|n}, a_{(n+1)|n}$ 为预测的第 $(n+1)$ 个周期时本车与目标的相对距离、相对速度和相对加速度。

将式(3-11)预测出的运动状态与毫米波雷达实际探测到的运动状态进行对比,判断两者是否具有一致性,如式(3-12)所示。

$$\begin{cases} |d_{n+1} - d_{(n+1)|n}| \leq |d_0| \\ |v_{n+1} - v_{(n+1)|n}| \leq |v_0| \\ |a_{n+1} - a_{(n+1)|n}| \leq |a_0| \end{cases} \tag{3-12}$$

式中,d_{n+1},v_{n+1},a_{n+1} 为毫米波雷达探测的第 $(n+1)$ 个周期时本车与目标的相对距离、相对速度和相对加速度;d_0,v_0,a_0 为最大允许的相对距离误差、相对速度误差和相对加速度误差,一般情况下,可令 $d_0=6,v_0=4,a_0=0.5$。

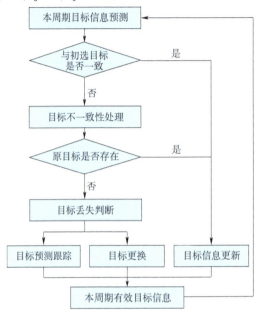

图 3-16　毫米波雷达目标有效性检测流程

3.2.3　目标生命周期更新

利用式(3-12),可以对目标的一致性进行判断,当探测到的运动状态不满足条件时,就判断其不满足一致性要求。为了进一步明确目标运动状态的变化,需要采用有效目标生命周期的方法,该方法用于描述目标形成、持续、跟踪和消亡的整个生命周期。

为了确定目标的生命周期,设定了以下参数:FindTimes(一个目标被连续初选中的次数);WrongTimes(初选的目标运行状态连续不满足一致性的次数);LostTimes(连续丢失有效目标的次数)。当这些参数满足阈值时,目标的生命周期即发生变化,见表 3-4。

目标生命周期更新　　　　　　　　　　　　　　　表 3-4

阶　段	参数状态	物理意义
形成	FindTimes > 5	某探测目标连续被初选中 5 次以上
持续	WrongTimes = 0; 或 LostTimes = 0 且 WrongTimes < T_W	初选目标信息与预测的有效目标信息一致;或原有效目标出于探测目标中,但与初选目标连续不一致
跟踪	WrongTimes < T_W 且 LostTimes < T_L	原有效目标不处于探测目标中
消亡	WrongTimes > T_W 或 LostTimes > T_L	有效目标预测信息与初选目标信息连续数次不一致或原有效目标连续数次丢失

表 3-4 中 T_W,T_L 分别为 WrongTimes 和 LostTimes 的判断阈值,该阈值的选取受多方面因素的影响。当原有效目标仍为实际有效目标,但受到了干扰影响或短暂丢失时,较小的 T_W,

T_L无法有效排除干扰和丢失的影响;当原有效目标已经不存在或并非有效目标时,较大的T_W、T_L会造成有效目标更新的延迟。综上所述,T_W、T_L的选取如式(3-13)所示。

$$T_i = 10 + \frac{FindTimes}{10} \quad (3\text{-}13)$$

式中,i = W 或 L,T_W、T_L的最大值不能超过20。

目标生命周期中的各个状态的含义见表3-5。

表3-5 目标生命周期含义

阶 段	目标决策	阶 段	目标决策
形成	使用新有效目标信息	跟踪	使用预测的有效目标信息来进行保持
持续	进行原有效目标信息的更新	消亡	终止使用原有效目标信息

3.2.4 毫米波雷达的优缺点

毫米波雷达利用被测目标对电磁波的反射来发现并测量目标的位置,探测距离一般在150~250m之间,有些高性能毫米波雷达探测距离甚至能达到300m,可以满足汽车在高速运动时探测较大范围的需求。但是,由于毫米波雷达发送的电磁波波长为1~10mm,介于厘米波和光波之间,相对其他传感器(如视觉传感器、激光雷达传感器),毫米波雷达具有速度精度较高、角分辨率相对较低等特点,且中距雷达、长距雷达短距模式的角度覆盖范围相对更大,导致其角分辨率进一步下降,很难实现厘米级定位。

在实际使用过程中,外部环境中大量的杂波经常会造成毫米波雷达虚警信号出现。与长距毫米波雷达相比,在功率相同的条件下,中距毫米波雷达因其检测角度大,分辨率相对低,虚警和杂波问题相对严重。

当毫米波雷达探测到金属护栏、汽车保险杠等涂有金属漆的物体时,金属漆中包含的金属颗粒对毫米波雷达发射的电磁波进行折射、反射,产生了大量杂波干扰,从而导致毫米波雷达接收的同一目标在多个方位产生回波,错误判定该目标为多个目标,如图3-17所示。

 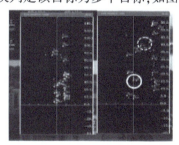

图3-17 金属漆造成的虚警信号

除此之外,车辆在行驶过程中会发生颠簸,其俯仰角会发生变化,导致前向毫米波雷达将来自路面的回波作为目标输出,如图3-18所示。

由于毫米波雷达在垂向和横向的角分辨率较低,无法很好区分可以越过的物体(如井盖)或可以从下方穿过的物体(如路牌)。为了避免车辆的误动作,如在高速公路上由于路牌而制动,毫米波雷达往往会屏蔽从探测开始就保持静止的物体,因为无法判断该物体是基础设施还是交通参与者,这就导致毫米波雷达对静态目标的识别较困难。图3-19所示为 2018 年初发生在洛杉矶 405 高速公路上的一起自动驾驶事故,事故中一辆配备半自动驾驶功能的特斯拉 Model S 轿车以 60 英里的时速行驶时追尾前方一辆正在等待红灯的消防货车。

 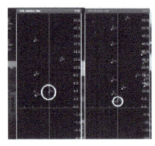

图 3-18　路面回波造成的虚警信号

图 3-19　特斯拉 Model S 事故

由于毫米波雷达发射的电磁波波长较长,与红外、激光等光学测距传感器相比,毫米波雷达穿透雾、烟、灰尘的能力更强,具备全天候、全天时工作的能力,并且不受被测目标形状、颜色等因素的干扰。但是,毫米波雷达的感知受目标对电磁波反射敏感度的影响,例如有些橡胶类静态物反射性不好,造成识别困难的情况。

常规毫米波雷达输出的数据为目标级数据,即被测目标所在的位置、速度和加速度,对目标类型、长宽高、形状的识别精度较低,更无法识别交通标志标牌、交通信号灯和道路标线。

毫米波雷达的探测区域呈扇形,即使部分角雷达能够实现 180°的探测区间,仍存在盲点区域,需要与其他传感器配合或使用多个毫米波雷达才能实现车身周身 360°范围的探测。

2021 年 5 月 25 日,特斯拉宣布其自动驾驶系统 Autopilot 将逐渐取消毫米波雷达,过渡到基于摄像头的 Tesla Vision 系统。从 2021 年 5 月起,北美制造的 Model 3 和 Model Y 将不再配备毫米波雷达,这些车型将通过特斯拉的摄像头视觉和深度神经网络来支撑 Autopilot、FSD 完全自动驾驶和某些主动安全功能。

特斯拉训练了一个高度精确的循环神经网络(Recurrent Neural Network,RNN),如图 3-20 所示,通过 15 帧/s、基于时间序列的视频来预测障碍物的速度和加速度。RNN 基于环状神经网络传递和处理信息,通过"内部记忆"来处理任意时序的输入序列,以准确预测接下来即将发生的事情。已知当前车辆周围的行人、车辆和其他障碍物的移动路径,RNN 就可以预测接下来的移动轨迹,包括位置、速度和加速度。

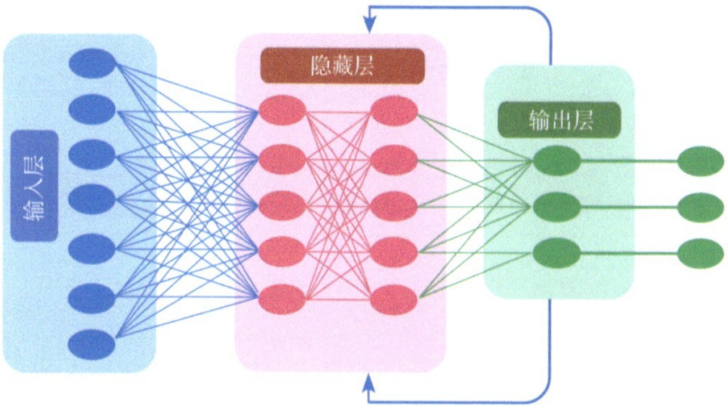

图 3-20 特斯拉 RNN 网络框架

由于非金属对毫米波的反射较差，导致毫米波雷达和视觉传感器对非金属物体的感知往往不一致，两种传感器难以进行融合。而图像数据中具有更丰富的纹理信息，因此特斯拉放弃了对毫米波雷达和摄像头两种传感器进行融合的方案，投入更多的精力改善视觉感知技术。

Elon Musk 认为："特斯拉的传感器本质是比特流。摄像头比特/s 的信息量要比雷达和激光雷达高几个数量级。雷达必须有意义地增加比特流的信号/噪声，以使其值得集成。随着视觉处理能力的提高，摄像头的性能将会远远甩开当下的雷达。"

3.2.5　4D 毫米波雷达的应用

4D 毫米波雷达能够同时探测 Azimuth（水平夹角）、Elevation（高程）、Range（距离）和 Speed（本车速度矢量），相对传统雷达，其具备探测俯仰角的能力，可以输出点云数据，如图 3-21 所示。4D 毫米波雷达的优势是角分辨率高，尤其是高程角分辨率，可以达到两度，而为了实现高分辨率，多通道带来的代价就是高功耗。

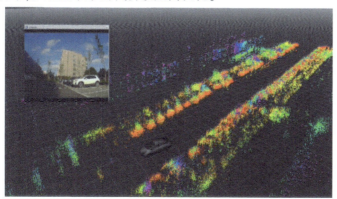

图 3-21　4D 毫米波雷达点云数据

目前很多自动驾驶汽车主要依靠传统毫米波雷达进行静止目标检测，而由于当前的毫米波雷达不具备测高能力，难以判断静止物体是在地面还是在空中，无法细化制动场景，容易出现误检测，导致 AEB 误制动或漏制动，造成高速自动驾驶事故。

4D 毫米波雷达的主要感知参数见表 3-6，4D 毫米波雷达在原有的距离、方位、速度的感知基础上增加了对目标高度维数据的探测，能够实现"3D + 速度"四个维度的信息感知。

4D 毫米波雷达感知参数　　　　　　　　　　　　　　　　　　　　　　表 3-6

项　　目	原始检测数据	检测能力提升	新增检测数据
目标信息	目标 ID、纵向距离、纵向速度、纵向加速度、幅度、波束标志、置信度、遮挡判断、航向角度	横向距离、横向速度、横向加速度、跟踪状态、障碍物概率、生命周期	方位角、俯仰角、目标状态、目标类型、多径概率
运动状态	运动、对向靠近、对向停止	横穿	静止、横穿停止
目标类型	大车、小车	摩托车、行人	井盖、路牌、护栏

除了上述的检测能力外,4D 毫米波雷达又被称为"成像雷达","成像"是指其具备超高的分辨率,可以有效解析目标的轮廓、类别、行为。这意味着 4D 毫米波雷达系统可以适应更多复杂场景,包括识别较小的物体,被遮挡的部分物体以及静止物体和横向移动障碍物的检测等(表 3-7)。

4D 毫米波雷达适应场景　　　　　　　　　　　　　　　　　　　　　　表 3-7

序号	场　　景	触发类型
1	井盖、减速带等无需制动的地面低小障碍物	误制动
2	交通标识牌、龙门架、立交桥等无需制动的空中障碍物	误制动
3	高底盘车辆、三角锥桶等路面上较大障碍物	漏制动

随着 4D 毫米波雷达探测精度的提高,未来在自动驾驶系统将会出现以下几点应用。

(1)辅助定位。4D 毫米波雷达能够输出点云数据,多个 4D 毫米波雷达的结合能够实现对两侧车位的探测,从而为自动泊车功能的实现奠定基础。此外,4D 毫米波雷达可提供精度更高的道路边缘信息,为高速行车与变道提供更精确的辅助定位信息;对静止目标尤其是拥堵条件下目标探测精度更高,可以有效避免追尾等安全事故。

(2)目标识别。自动驾驶中最难的场景之一是对于行人的识别能力,而当前的识别往往依赖于摄像头。基于 4D 毫米波雷达的高分辨特征,其能够识别行人摆臂、车轮转动等微动特征,利用更高分辨率的时频分析方法,提取目标的微多普勒信息,通过机器学习等目标分类方法,进行目标的微多普勒识别。

(3)高精定位。4D 毫米波雷达能够输出密集的点云数据,且毫米波雷达不受雨、雪、雾等环境因素的影响,对户外的适应性较强,因此利用 4D 毫米波雷达可以进行简单的定位建图,称之为 RSLAM。如果系统本身搭载了诸如激光雷达或高清摄像头,则毫米波雷达的建图能力可以很好地作为该两者的辅助传感器。

第4章
基于激光雷达的智能网联汽车环境感知技术

激光雷达作为一种主动探测感知系统,通过计算激光从发射到感知到物体的飞行时间来测量与物体的距离,而不同材质对于激光束的反射强度也不同,根据这一特点,激光雷达最早应用于测绘系统和大气探测系统,用来获得对地球表面和形状的空间信息以及对大气环境进行监测。随着技术的发展,利用激光雷达能够获得高精度的点云数据,进而得到高精度、实时的三维环境模型,这使得激光雷达技术在铁路、公路、地形测绘等领域的应用越来越广。

激光雷达技术在地面无人车辆中的应用也加快了无人驾驶和智能交通的发展,目前已成为不可或缺的关键技术,尤其在自动驾驶汽车的环境感知系统中,激光雷达几乎成了标配。因此,本章将介绍基于激光雷达的智能网联汽车环境感知技术。

4.1 激光雷达点云的滤波、分割与聚类算法

4.1.1 点云的滤波算法

在获取激光雷达的点云数据时,由于设备本身的精度、操作者的经验以及环境因素等多方面的影响,加上电磁波衍射特性、被测物体表面性质变化以及数据拼接配准操作过程的影响,点云数据中不可避免地会出现一些噪声点,属于随机误差。除此之外,由于受到外界干扰(如视线遮挡、障碍物等因素)的影响,点云数据中往往存在一些距离测量中心较远的离散点,即离群点。

点云的滤波处理作为点云处理的第一步,对点云后续的处理有着极其重要的作用。只有在滤波处理中将噪声点、离群点、空洞、数据压缩等按照后续要求进行处理,才能更好地进行点云的配准、特征提取、曲面重建、可视化等后续应用处理操作。另外,点云数据集中处的每个点都表达一定的信息量,区域点越密集,其代表有用的信息量越大。孤立的离群点信息量较小,其表达的信息量可以忽略不计。

因此,需要对上述点云出现的噪声点和离群点进行处理,即滤波处理,而滤波的作用是利用数据的低频特性剔除离群数据,并进行数据平滑或者提取特定频段特征。

常用的点云滤波算法有:直通滤波、条件滤波、高斯滤波、双边滤波、体素滤波、统计滤波、半径滤波等。从功能层面可以分为3类:直通和条件滤波用于预处理的最前端提取出感兴趣区域;体素滤波用于对密集点云进行采样减少数据量;其他滤波器用于平滑点云,同时去除离散点。

直通滤波的原理是在点云的指定维度上设置一个阈值范围,将这个维度上的数据分为在阈值范围内与不在阈值范围内,从而选择过滤与否,能够快速过滤掉自定义区间范围内的点云数据。直通滤波的特点是根据人工设定的先验范围约束或者借助外部约束,直观缩小关注的空间范围,减少后续计算量。

在实际应用中,由于激光扫描采集的距离较远,根据功能需求的不同可能只关注一定区域内的数据,比如低速物流车的运营场景,可能在 X 方向只关心前后 60m,Y 方向只关心左右 20m 的范围。此时就可以利用直通滤波器提取出感兴趣区域,较快剔除部分点云,达到第一步粗处理的目的。

条件滤波的原理是通过设定滤波条件进行滤波,类似于分段函数,判断点云是否在规则的范围中,如果不在则将其舍弃。上述直通滤波器就是一种较简单的条件滤波器。图 4-1 所示是采用直通滤波或者条件滤波提取的感兴趣区域。

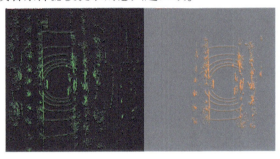

图 4-1　采用条件滤波前(左)与条件滤波后(右)点云图像对比

高斯滤波是采用加权平均方式的一种非线性滤波器,在指定域内的权重是根据欧式距离的高斯分布,通过权重加权平均的方式得到当前点滤波后的点。高斯滤波的特点是利用标准差去噪,适用于呈正态分布的数据,其平滑效果较好,但是边缘角点也会被较大地平滑。

双边滤波的原理是通过取邻近采样点的加权平均来修正当前采样点的位置,在高斯滤波器只考虑空间域点位置的基础上,增加维度上的权重,在一定程度上弥补了高斯滤波的缺点。双边滤波的特点是既能有效地对空间三维模型表面进行降噪,又可以保持点云数据中的几何特征信息,避免三维点云数据被过度光滑,但是只适用于有序点云。

体素滤波对输入的点云数据创建一个三维体素栅格,然后在每个体素内,用体素中所有点的重心来近似表达体素中的其他点,这样该体素内所有点就用一个重心点表示。体素滤波的特点是可以达到向下采样的同时不破坏点云本身几何结构的功能。图 4-2 所示是体素网格下采样前后的行人点云对比,从图中可以看出点云会变得更稀疏。该滤波方法主要是针对线束比较高的激光雷达或者多个雷达数据叠加,平滑点云间隔的情况使用。

图 4-2　采用体素滤波前(左)与体素滤波后(右)点云图像对比

统计滤波的原理是对每个点的邻域进行一个统计分析,并修剪掉不符合一定标准的点。稀疏离群点移除方法是在输入数据中,对点到临近点距离分布的计算,计算每个点到其最近的 k 个点的平均距离(假设得到的结果是一个高斯分布,其形状是由均值和标准差决定),那么平均距离在标准范围之外的点,可以被定义为离群点并从数据中去除。统计滤波的特点主要是根据密度去除离群点,对密度差异较大的离群点去除效果较好。图 4-3 所示是统计滤波前后的点云对比。

图 4-3　采用统计滤波前(左)与统计滤波后(右)点云图像对比

半径滤波的原理与统计滤波器类似,只是操作更加直观,根据空间点半径范围临近点数量来滤波。滤波时,在点云数据中以某点为中心画一个圆并计算落在该圆中点的数量,当数量大于给定值时,则保留该点;当数量小于给定值时,则剔除该点。此算法运行速度快,依序迭代留下的点一定是最密集的,但是圆的半径和圆内点的数目都需要人工指定。

上述滤波方法主要是通过局部计算的方式来获得一个响应值,然后根据响应值调整点云,比如位置调整,保留或删除某点。当一种滤波无法完整达到预处理要求时,可以通过组合多个滤波来达到更复杂的功能。比如在实际应用中将车辆运动轨迹和路沿检测作为感兴趣区域的先验知识进行直通滤波;接着根据激光雷达的线束数量调整统计滤波参数以过滤离群点;由于使用了两颗激光雷达做数据拼接,最后通过体素降采样平滑点的间隔。

4.1.2　点云的分割算法

点云分割是点云数据处理中极其重要的一步,点云分割的目的是提取点云中的不同物体,以突出重点,达到单独处理某个目标物体的目的,并为后续的曲面重建、特征提取等提供重要信息。

当然,点云分割有以下几个难点:点云数据冗余、嘈杂稀疏并且无序;点密度不均匀;点云数据的表面形状任意;在点云数据结构的表示上缺乏明确统一的数据结构。为了克服上述问题,前人提出了多种点云分割方法,主要分为两大类:(1)传统的点云分割;(2)基于深度学习的语义分割。

4.1.2.1　传统的点云分割算法

常用的点云分割算法有 5 类:基于边缘的分割算法、基于区域的分割算法、基于属性的分割算法、基于模型的分割算法以及基于图像的分割算法等。

边缘是描述点云物体形状的基本特征,基于边缘的分割算法的原理是检测点云一些区域的边界来获取分割区域,定位出边缘点的强度变化。算法的特点是分割速度较快,但是难以保证准确度,因为边缘对于噪声和不均匀或稀疏的点云非常敏感。因此该算法应用不是很广。

基于区域的分割算法使用邻域信息将具有相似属性的附近点云归类,以获得分割区域,并区分出不同区域间的差异性。与边缘分割算法相比,该算法抗噪声能力强,但由于无法得到确定的分割边缘,易产生过分分割或分割不足的现象。

基于属性的分割算法利用点云的特征属性进行聚类,每个点对应一个特征向量,每个特征向量包含若干个属性不同的特征值,如纹理、法向量、颜色信息、欧氏距离、点密度等。该算法比较稳定,但是高度依赖于派生属性的质量。

在现实的点云数据中,往往对场景中的物体有一定先验知识,比如:桌面墙面多半是大平面,桌上的罐子应该是圆柱体,长方体的盒子可能是牛奶盒等。然而,对于复杂场景中的物体,其几何外形可以归结于简单的几何形状,这就为分割带来了巨大的便利,因为简单几何形状是可以用方程来描述,或者说可以用有限的原始几何形态数学模型(平面、圆柱体、圆锥体、球体等)来描述复杂的物体,而方程则代表的物体的拓扑抽象。

这里介绍一种经典且流行的平面模型的分割算法:随机抽样一致算法(Random Sample Consensus, Ransac)。该算法利用平面数学模型作为先验知识进行分割,将具有相同数学表达式的点云数据归入同一区域,它可以从一组包含"居外点"的观测数据集中,通过迭代方式估计数学模型几何参数。该算法并不是真正意义上的分割,它只能分割出平面上的点云,但是将该方法与其他分割方法结合后,可以将地面、墙壁等平面过滤,这样可以更好地进行分割。

基于图像的分割算法利用点云数据构造图结构,每个点云在图中对应一个顶点,两个顶点之间的边连接相邻两个点云数据。每条边被分配权重,分割过程保证不同分割区域之间相似性最小,同一分割区域相似性最大。再将分割问题转化为概率推理模型(条件随机场模型或马尔可夫随机场模型)。

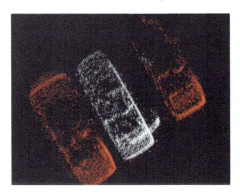

图4-4 采用最小割算法处理后的点云图像
(白色为前景点,红色为背景点)

最小割算法是基于图像的分割算法中的一种,其目的是将点以最小的损失分割开,算法的主要思想是将点云分为两组:前景点和背景点,其重点有两个:(1)获得点云间的图;(2)获得点云连接边的权重。对于权值,第一种是点云各点的边,是由点之间的欧式距离构造,距离越远,平滑成本越低;第二种权值要提前设定中心点的坐标,并且该点在前景目标中,还有设置目标范围的半径。该算法适用于多个物体水平排列的点云图像,它只能在水平方向将目标物体分割出来。

图4-4所示为最小割算法处理后的点云结果。

4.1.2.2 基于深度学习的点云语义分割算法

深度学习是当前模式识别、计算机视觉和数据分析中最有影响力和发展最快的前沿技术之一。顾名思义,深度学习使用两个及两个以上的隐藏层,从训练数据中提取更高维的特征,而传统的人工特征是使用特定领域的知识设计出来的。在应用3D数据前,深度学习已成为2D计算机视觉和图像处理中各种任务的有效力量,如图像识别、目标检测和语义分割等。自2015年以来,随着基于多视图的思想和基于体素的3D卷积神经网络思想方法的出现,深度学习方法在3D分析领域引起了更多的关注,尤其是应用于点云数据的分割处理方面,由此引申出基于深度学习的点云语义分割(Point Cloud Semantic Segmentation,PCSS)。

最初为栅格图像设计的标准卷积无法直接应用于点云语义分割,因为与2D图像数据比较而言,点云数据是无序的、非结构化的、不规则的或非栅格的。因此,为了解决该问题,对原始点云进行变换变得必不可少。根据输入到神经网络的点云数据格式,可以将基于深度学习的点云语义分割方法分为三类:基于多视图的方法、基于体素的方法和基于点的方法。

早期将深度学习应用于3D的目的是降维。简而言之,先将3D点云数据表示为多视图的2D图像,然后基于2D卷积神经网络(CNN)进行处理。随后,分类结果可以恢复为3D。在3D分析中,提出了极具影响力的多视图深度学习这一概念。基于多视图的方法,能够很好地解决点云数据的结构化问题,但是该类方法存在两个严重的不足:(1)由于2D多视图图像只是3D场景的近似值,因此会导致许多局限性和几何结构损失;(2)对于大型、复杂的场景,难以为多视图的投影选择足够合适视点。

将体素与3D卷积神经网络结合是基于深度学习的点云语义分割中另一种早期方法。3D点云的体素化很好解决了原始点云的无序和非结构化问题,类似2D神经网络中的像素,体素化的数据可以通过3D卷积进行进一步处理。但基于体素的体系结构仍然存在严重缺陷:与点云相比,体素结构分辨率低,导致点云数据表示存在损失;体素结构形式会占用大量存储空间,导致对计算能力和内存需求大大提高。

基于点的方法是一个开创性的深度学习框架(PointNet),其直接在点上执行。与点云网络不同,该方法中没有卷积运算,而是使用对称函数解决点云的顺序问题,具体如式(4-1)与式(4-2)所示:

$$g:\underbrace{R^K\times\cdots\times R^K}_{n}\to R \qquad(4\text{-}1)$$

式中,R^K 表示无序点云;n 表示无序的点云数量;g 表示对称方法,一般是最大池化;R 表示对称后的点云。

$$f(x_1,\cdots,x_n)=\gamma(g(h(x_1),\cdots,h(x_n))) \qquad(4\text{-}2)$$

式中,h 表示特征提取函数;γ 表示高维特征提取函数;f 表示特征提取后的特征值。

在基于点的方法中,PointNet是点云语义分割研究的基准,该框架没有相邻点表示的局部特征的缺点,越来越多的新网络在各种基准数据集上都优于PointNet,如PointNet++、SPLATNet、PointConv等。

4.1.2.3 点云分割算法总结

传统点云分割算法主要基于从几何约束和统计规则出发制定的严格的人工设计特征。它的主要过程是将原始3D点分组为非重叠区域,这些区域对应于一个场景中的特定结构或对象。由于这种分割过程不需要有监督的先验知识,因此所得到的结果没有很强的语义信息。

基于深度学习的点语义分割方法的研究仍在进行中。基于3D深度学习框架的新思想和方法也不断涌现。当前这些基于深度学习的方法已经极大提高了点云分割的准确性。

4.1.3 点云的聚类算法

无论是障碍物还是路面,点云数据依然是离散的点。点云聚类是指将除地面外不同物体的离散点云分别聚集起来,形成多个点集,使每一个点集代表一个障碍物以及它们的大小与轮廓。需要注意的是,点云聚类是在点云分割的基础上进行的,否则在进行点云聚类时,会因为地面的点云,将所有点云连接起来变成一个点集。

点云的聚类算法也有很多,不过在工程应用中经典的算法有两种:K-means 聚类算法和 DBSCAN 聚类算法。

K-means 算法又名 k 均值算法,K 表示的是聚类为 k 个簇,means 代表取每一个聚类中数据值的均值作为该簇的中心,或者称为质心,即用每一个类的质心对该簇进行描述。该算法先从样本集中随机选取 k 个样本作为簇中心,并计算所有样本与这 k 个"簇中心"的距离,对于每一个样本,将其划分到与其距离最近的"簇中心"所在的簇中,对于新的簇,计算各簇的新"簇中心"。

K-means 算法属于无监督学习,无须准备训练集,且原理简单,实现较容易,结果可解释性较好。但是,K-means 算法选择不恰当的 k 值时可能会导致不佳的聚类结果,因此需要进行特征检查来决定数据集的聚类数目;大规模数据集上收敛较慢,并可能收敛到局部最小值;对异常点、离群点以及噪声相对敏感,因此在使用该方法时可以先进行简单地去噪处理以降低计算量。

DBSCAN 算法全称为 Density-Based Spatial Clustering of Applications with Node,即基于密度的聚类。该算法假设聚类结构能通过样本分布的紧密程度确定,从样本密度的角度来考察样本之间的可连续性(同一类别的样本,它们之间是紧密相连的,也就是说,在该类别任意样本周围不远处一定有同类别的样本存在),并基于可连接样本不断扩展聚类簇以获得最终的聚类结果。

DBSCAN 算法首先需要两个参数:扫描半径 E 和最小包含样本点数($MinPts$),任选一个未被访问(unvisited)的点开始,找出与其距离在 E 内(包括 E)的所有附近点。如果附近点的数量大于 $MinPts$,则当前点与其附近点形成一个簇,并且出发点被标记为已访问(visited)。然后递归,以相同的方法处理该簇内所有未被标记为已访问(visited)的点,从而对簇进行扩展。如果附近点的数量小于 $MinPts$,则该点暂时被标记作为噪声点;如果簇充分地被扩展,即簇内的所有点被标记为已访问,则用同样的算法处理未被访问的点。

K-means 之类的聚类算法一般只适用于凸数据集,而 DBSCAN 算法可以对任意形状的稠密数据集进行聚类,而且可以在聚类的同时发现异常点,对数据集中的异常点不敏感。但是,如果在样本集的密度不均匀、聚类间距差相差很大时,聚类质量较差,这时一般不使用 DBSCAN 聚类算法;如果样本集较大时,聚类收敛时间较长,此时可以对搜索最近邻时建立的 Kd-Tree 或者球树进行规模限制来改进,以加速计算;相对于传统的 K-means 之类的聚类算法,DBSCAN 聚类算法的调参稍复杂,主要需要对距离阈值 ϵ 和邻域样本数阈值 $MinPts$ 进行联合调参,不同的参数组合对聚类效果有较大影响。

图 4-5 所示为 K-means 算法或 DBSCAN 算法处理前后的点云结果,由于点云数据不多,所以采用两种算法聚类的效果基本无差别。

图 4-5　采用两种聚类算法处理前(左)与处理后(右)的点云聚类结果

4.2　激光雷达的目标检测与识别技术

4.2.1　基于传统方法的激光雷达目标检测与识别技术

基于传统方法的激光雷达三维点云目标检测技术已经比较成熟,传统方法针对特定任务和场景,通过人工设计的特征,作出特定假设,最终得到的效果较稳定。传统方法的点云目标识别流程较复杂,涉及较多算法,从点云接收到输出目标的整个流程涉及多个环节与算法。

本节将介绍一个基于传统方法的激光雷达目标检测项目及其流程,基于 PCL 点云处理库,并应用 C++语言编程实现城市街道的目标或障碍物检测。该流程依次是点云数据的导入、点云的滤波(下采样)、点云的平面分割、点云的聚类与建立包围盒等,具体流程如图 4-6 所示。

图 4-6　传统方法的三维点云目标检测流程图

以 64 线激光雷达点云数据为例,每一帧点云约有 12 万个点,每个点有 4 个数据即四维信息:点的空间坐标 x、y、z 以及反射强度值或 RGB 值。

在观察点云数据时,不再是一个平面信息,而是立体的。为了更好地观察立体信息,需要对原始点云数据进行旋转、缩放等操作,这时候就需要专门的三维空间查看视图,即调用 PCL 库内置的 Viewer 函数生成点云显示窗口来显示点云并且设置视图窗口的背景颜色(一般为黑色),然后初始化视图的角度和位置,最终在视图中定义出点云的原始坐标系。图 4-7 是 64 线 Velodyne 激光雷达一帧点云数据的 PCL 显示图。

不同线束激光雷达产生的点云数据密度不同,雷达线束越多,产生的点云数据越密集,单帧的数据量越多,例如 64 线激光雷达,按 10Hz 的频率运行,每秒钟产生的数据量为 2880000。如果数据量过多,对计算资源的要求也越高,因此需要对数据进行滤波,也可以称为下采样,在不损失环境信息的前提下,去除不感兴趣的区域点云,只留下感兴趣区域的点云。因此,这里主要是过滤掉非感兴趣区域的点云(如道路两旁的树木等),为后面的聚类算法更加有效地生成目标,同时一定程度上降低算法耗时。

由于处理的是城市街道点云数据,因此采用体素滤波算法对原始点云进行滤波处理较合适。调用 PCL 点云库的体素滤波算法,然后设置该算法的几组关键参数[如体素滤波大小(立方体的边长)以及滤波范围(以汽车坐标系为标准)],大量研究数据表明,滤波大小取值一般在 0.1~1m 之间,而滤波范围取值需要根据特定的点云来设置。

图 4-8 是使用体素滤波算法对原始点云进行处理后的点云视图,与图 4-7 相比,点云数量由原来的 12 万减少至 1.8 万,即滤波后的点云数量是滤波前的 15%。从图中可以看出除了点变稀疏之外,点云所在的区域也大大减小,只显示了我们感兴趣的区域,例如实际环境中的本车道数据。

图 4-7　Velodyne64 线激光雷达一帧点云数据的 PCL 显示图　　　　图 4-8　使用体素滤波算法后的点云视图

如果点云中存在一个平面,平面上的点到这个平面的距离在一个较小的范围内,利用这一特性,我们可以从点云中提取出打在地面上的点。可以采用随机抽样一致性(RANSAC)算法从一堆点中找到一个平面或者一条直线。

通过调用 PCL 点云库的数据分割 SACSegmentation 函数,将上述滤波后的点云作为分割函数的输入,设置算法的两个关键参数(平面拟合迭代次数和平面拟合距离阈值),可以将地平面和目标障碍物区分开来。一般而言,平面拟合迭代次数取值在 5~300,距离阈值取值在 0.05~1.0m,具体还需要根据点云数量及其稀疏程度配合调节和设置。

图 4-9 为分割后的点云视图,其中绿色点云为地平面,红色的为目标或障碍物。

平面分割将点云分成地平面与目标物两大类别,而聚类则是将点云分成一个个目标集合。最简单的聚类算法采用欧式距离,即将距离相近的一些点划归为一类,也可以对一类中的点数进行控制,如果一个类别中点数过少,我们可以认为它是噪声;如果一个类别中点数过多,我们认为它是两个障碍物点云的重叠。

若想在众多的点云数据中找到距离相近的点,则需要对每一帧数据中的点云进行遍历,这十分耗费计算资源。为了加快计算速度,可以采用 PCL 点云库内置的 kd Tree 算法进行点云的近邻搜索。使用该算法时需要设置两个重要参数(聚类距离阈值、聚类最小与最大点云数),一般的距离阈值在 0~1m 之间,聚类最大点云数不超过输入点云总数,而聚类最小点云数需要根据具体的点云分布情况设定。

建立包围盒即包围框,分为二维框与三维框两类。这里生成三维立体框,即给每个类别加入矩形立体框,为后续规划和控制算法提供支持,矩形框所处区域即为不可碰撞区域。

加矩形框的方式比较简单,分别找到聚类后一类中所有点最大和最小的坐标值,以这两个点为对角作矩形即可。可以使用 PCL 点云库中的 getMinMax3D 函数。

图 4-10 为聚类并同时加三维立体框的点云视图,其中红色立体框将一个个聚类得到的目标物点云包围起来,这样即完成了一帧点云的目标检测。如果将激光雷达的点云数据按照激光雷达扫描时间连续导入该传统的目标检测流程算法中,则可以实时对点云进行检测处理。

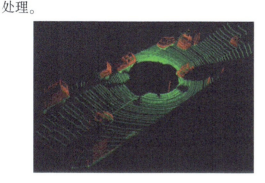

图 4-9　使用分割算法后的点云视图

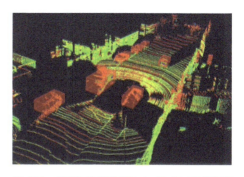

图 4-10　使用聚类算法和 BououdingBox 函数后的点云视图

传统方法的最大难点在于各种算法中关键参数的调节与优化:需要手工设定算法中的各种参数,且难以调节;参数对最终的检测效果影响巨大,如果调节不当容易引起算法发散。传统方法的最大不足是容易造成误检和漏检;即使使用其他处理算法,但每种算法均有局限性;难以克服点云的稀疏性问题;一般是连续处理一帧帧的点云数据,忽略了帧与帧之间的目标跟踪及关联,以至于丢失了一个时间维度的信息。

4.2.2　基于深度学习方法的激光雷达目标检测与识别技术

深度学习如今是计算机视觉中最强大的数据处理工具之一,并且成为了分类、分割和检测等任务的首选技术和方法。深度学习的方法主要应用于具有结构化网格的数据,而点云是非结构化的。因此使用深度学习方法处理点云时必定要面对点云数据的两大挑战:

（1）点云具有近密远疏的特性;

（2）点云具有无序性,即点云的存储顺序是无序的,如图 4-11 所示。这样的数据给检测网络增加了难度,检测网络无法简单地对同一帧点云的不同矩阵表示产生相同输出。

图 4-11　点云的无序性

在深度学习中,为了解决点云数据的以上两个问题,必须先对点云进行处理,以适应深度学习网络,对点云数据处理具有不同方法,故基于深度学习方法的 3D 点云目标检测主要分为以下 4 类:基于点的方法;基于投影的方法;基于体素的方法;基于异构数据融合的方法。

4.2.2.1 基于点的方法

基于点的方法即直接将原始点云数据输入到神经网络进行特征学习。使用这种深度学习方法的开创性模型是 PointNet。该模型是在 2017 年由斯坦福大学的研究人员提出并设计,为一个端到端的,直接针对不规则点云数据进行特征学习的网络模型。

由于点云数据的无序性而无法直接对原始点云使用卷积等操作。Pointnet 提出对称函数来解决点的无序性问题,设计了能够进行分类和分割任务的网络结构。图 4-12 是 PointNet 网络模型结构图,主要包含了点云的对齐与转换、多层感知机学习、最大池化得到全局特征三个主要创新点。

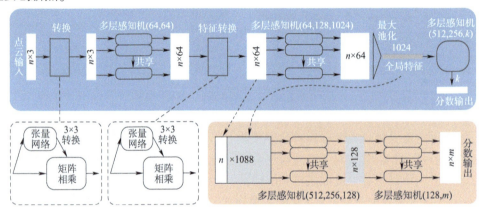

图 4-12 PointNet 网络模型结构图

在对齐与转换网络(T-Net)中,转换矩阵用来进行数据对齐,保证模型对于空间变换的不变性,即将不同旋转平移的原始点云和点云特征进行规范化。多层感知机(MLP)使用 n 个共享的 MLP,用于处理 n 个点特征,并对每个点进行特征升维与提取。将最大池化(Max Pool)作为对称函数来对每个点升维后的特征进行融合,得到全局的 1024 维特征,解决了点云数据的无序性问题。最后根据任务的不同,利用一个 MLP 实现分类,并结合局部信息,利用多个 MLP 实现分割。

作为直接处理三维点云的开拓者,PointNet 网络模型大大减少了数据处理过程中造成的信息缺失,也为处理点云数据提供了一种新思路,为后来的研究指明了方向。在这之后,大量的科研工作都是在基于该网络基础上改进得来,并应用在多个领域。但是该网络模型最大的缺点是得到的是全局特征,并没有得到点云的局部特征信息,如小目标点云少,难以检测造成漏检。基于该模型,很多研究者针对上述缺点也做了不少改进,比如经典的 PointNet++ 模型对点云数据的局部特征进行提取,并增加特征提取层数来得到更深层特征,但局部结构特征信息利用不足、点云分割效率不高。

4.2.2.2 基于投影的方法

基于投影的方法即将点云投影到二维平面上得到图像,利用卷积网络对投影的图像进行处理。基于投影方法分为三类:投影到前视图;投影到俯视图(鸟瞰图);将投影的前视图与俯视图融合。

将点云投影到二维平面得到前视图,然后作为神经网络的输入。FVNet 是将点云投影到前视图的创始性模型,该模型是在 2019 年提出的 3D 点云目标检测框架中引入了提议生成网络,从生成的图中预测 3D 区域提议,并进一步从整个点云中提取出感兴趣的目标。最后提出了另一个网络,用于从感兴趣目标点中提取点特征,并在规范坐标中回归最终的 3D 边框参数。图 4-13 是该模型的网络模型结构图,它包括两步:生成 3D 区域提议和估计 3D 边框参数。

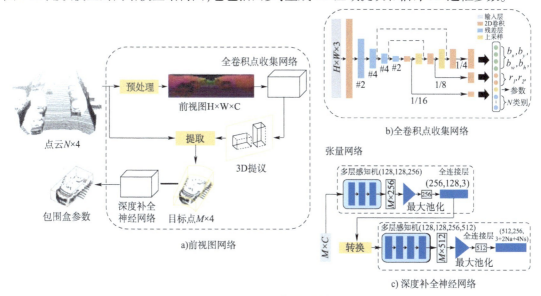

图 4-13　FVNet 网络模型结构图

(1)生成 3D 区域提议的生成网络 PG-Net:从生成的图中预测 3D 区域提议,并进一步从整个点云中提取感兴趣的目标。

(2)估计 3D 边框参数的估计网络 PE-Net:用于从感兴趣目标点中提取点特征,并在规范坐标中回归最终的 3D 边框参数。

将点云投影到二维平面得到俯视图,然后作为神经网络的输入。BirdNet 是将点云投影到俯视图的创始性模型,是在 2018 年提出的 3D 点云目标检测框架,分为三步:(1)将点云数据投影到 2D 鸟瞰图(Bird's Eye View,BEV)并进行单元编码;(2)通过用于处理图像的卷积神经网络来估计 2D 目标的位置及航向;(3)计算面向 3D 目标的检测。

图 4-14 是 BirdNet 的网络模型结构图。LiDAR BEV 模块将点云数据(x,y,z,i)生成俯视图视并编码成高度、强度和密度信息的三通道图像;区域提议网络(RPN)模块,提取感兴趣区域;地面估计模块(Ground Estimation)估计地图的位置,规范化点云坐标,进而得到规范化后的 BEV 图像。

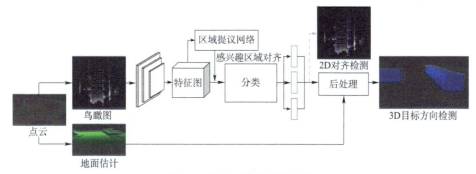

图 4-14　BirdNet 网络模型结构图

将点云投影得到的前视图、投影得到的俯视图以及 RGB 图像融合,作为神经网络的输入。MV3D 是在 2017 年提出的 3D 点云目标检测框架,其主要流程分为四步:(1)提取特征;(2)从点云俯视图特征中计算候选区域;(3)把候选区域分别与第 1 步得到的特征进行整合;(4)把整合后的数据经过网络进行融合。

该模型既减少计算量,又不至于丧失过多的信息,随后生成 3D 候选区域,把特征和候选区域融合后,输出最终的目标检测框。

图 4-15 是 MV3D 的网络模型结构图。

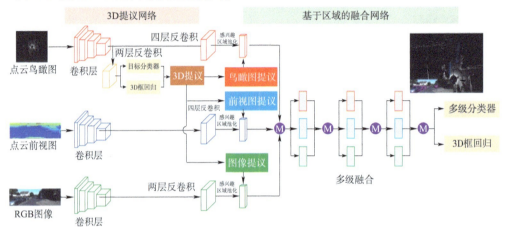

图 4-15　MV3D 网络模型结构图

(1)提取特征。

①提取点云俯视图特征:俯视图由高度、强度、密度组成,投影到分辨率为 0.1 的二维网格中。

②提取前视图特征:前视图给俯视图提供了额外的信息。当点云非常稀疏时,投影得到的 2D 图也会极其稀疏。因此可以将它投影到一个圆柱面,生成一个稠密的前视图。

③提取图像特征:使用经典的 VGG16 网络。

(2)从点云俯视图特征中计算候选区域。

①物体投射到俯视图时,保持了物体的物理尺寸,从而具有较小的尺寸方差,这在前视图与图像平面的情况下是不具备的。

②在俯视图中,物体占据不同的空间,从而避免遮挡问题。

③在道路场景中,由于目标通常位于地面平面上,并在垂直位置的方差较小,可以为获得准确的 3D BoundingBox 提供良好基础。

(3)把候选区域分别与提取特征进行整合。

①将俯视图候选区域投影到前视图和图像中。

②经过 ROI pooling,整合成同一维度。

(4)融合。

分别使用前融合、后融合与深度融合的方法把整合后的数据经过网络进行融合。

基于投影的方法对三维点云进行单视图或多视图投影,生成二维网格,缩小了点云的维度,即将点云的目标检测转换成图像的目标检测,提高了计算速度,降低了计算成本。但是也存在一些明显的缺陷。

①投影到前视图:造成空间信息的丢失及大量信息的遮挡。

②投影到俯视图:不可避免地丢失空间信息,相对于 FV 视图,其具有较低的遮挡。

③各种视图融合:有效减轻了信息遮挡问题,但是将多个视图特征融合为一个有区别的全局表示较关键。

4.2.2.3 基于体素的方法

基于点的方法是将不规则的点云空间用规则的形状进行划分,通过体素这种空间结构对点云进行分割。体素是体积像素的简称,用来表示三维空间的最小单位,图 4-16 是点云的体素表达示意图。类似于二维空间的最小单位——像素,体素并不是通过具体数值(坐标)来表示在三维空间中的位置,而是根据其他体素的位置来推断其位置。

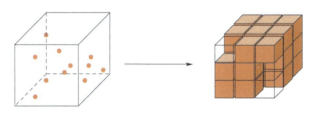

图 4-16 三维点云的体素化

使用这种深度学习方法的开创性模型是 VoxelNet。该模型是于 2017 年被提出的,是对 PointNet 以及 PointNet + + 这两项工作的拓展与改进,它将点云划分为等间距的 3D 体素,并通过新引入的体素特征编码(Voxel Feature Encoding,VFE)层将每个体素内的一组点转换为统一的特征表示。通过这种方式,点云被编码为描述性体积表示,然后将其连接到区域建议网络(RPN)以生成检测。

顾名思义,VoxelNet 就是将 3D 点云数据看作一个个的体素(立方体块)后进行处理。总体来说,VoxelNet 的网络结构分为三部分,分别为特征学习网络、中部卷积层和区域提议网络,图 4-17 是 VoxelNet 的网络模型结构图。

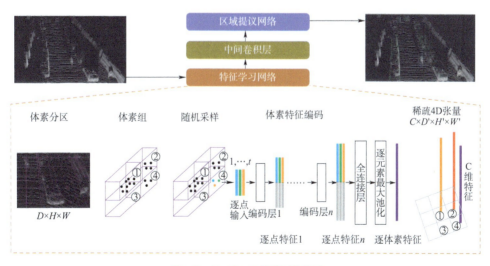

图 4-17 VoxelNet 网络模型结构图

1)特征学习网络

特征学习网络是 VoxelNet 中最重要的一个网络,也是最具创新的一个网络。具体可细分为四个模块:

(1)体素分区(Voxel Partition)模块:将空间划分为一个个堆叠的、相同大小的体素。

(2)体素组(Grouping)模块:将 3D 点云数据放进一个个体素中,实现分组。

(3)随机采样(Random Sampling)模块:对 3D 点云随机采样,减少计算资源的消耗与检测偏差。

(4)体素特征编码(Stacked Voxel Feature Encoding)模块:这是最重要的一步,在这一步提出了 VFE 层,如图 4-18 所示。

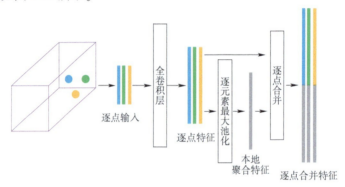

图 4-18 特征编码(VFE)网络模型结构图

2)中间卷积层

点云数据通过特征学习网络后,可以被表示成一个稀疏的 4D 张量,维度记作(C,D,H,W)。其中 C 为 Voxel-wise Feature 的向量维度,其余三个分别为空间的深度、高度和宽度(单位为体素数量)。因为张量是四维的,因此使用 3D 卷积来构建中间卷积层以扩大感受野,增加更多的信息描述。

3)区域提议网络(RPN 层)

RPN 层在 2D 物体检测中层出不穷,早在 Faster-RCNN 中就被提出来了。RPN 层主要用来根据学习到的特征,结合 Anchor,在原图中找到物体所在检测框和对应的类别。

一般而言,RPN 层有两个分支,一个用来输出类别的概率分布(通常叫作 Score Map),一个用来输出 Anchor 到真实框的变化过程(通常叫作 Regression Map)。

在该网络中提出的 RPN 层结构如图 4-19 所示。该网络以中间卷积层的输出特征图为输入,分别经过三次下采样(每次采样的步长为 2),获得三个不同维度的特征图,接着将这三个特征图缩放至同一维度后进行拼接,最后拼接的特征被映射成两个输出特征图。

VoxelNet 利用体素格式将点云进行划分,相比投影的方法,其没有丢失任何信息,识别效果比传统人工提取特征的方法也有明显的提高。但是其最大的缺点是使用了三维卷积,计算量巨大,计算时间较长(超过了 220ms,其中卷积层耗时约 170ms),难以满足实时性要求。

基于该模型,很多研究者针对上述缺点也做了一些改进。

①PixorNet:解决了运算速度过慢的问题,在算法中取消了在体素中提取特征的步骤,用

布尔变量和反射强度表示每一个体素,每个体素用两个数值表示,这样就减少了特征提取过程中的计算量;

②Second 网络:对三维卷积进行改进,利用稀疏卷积进行替代,在一定程度上减少了计算量。

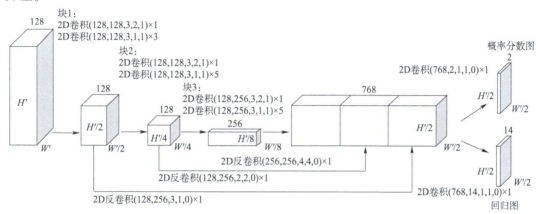

图 4-19　RPN 层网络模型结构图

4.2.2.4　基于异构数据融合的方法

基于异构数据融合的方法以点云数据和图片为输入,各自提取特征后进行融合。使用这种深度学习方法的开创性模型是 PointFusion。该模型结合了 PointNet 和 ResNet 网络,以 3D 点云数据与 RGB 图像为输入,分别提取点云和图像的特征后进行特征融合(每个点特征,点全局特征和图特征融合),再送入 MLP,得到每个点相对于边框中心点的偏移,选取得分高的点作为最后的预测结果。图 4-20 是 PointFusion 的网络模型结构图。

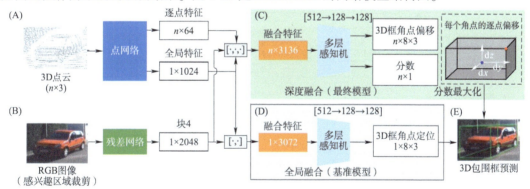

图 4-20　PointFusion 网络模型结构图

(1)(A)网络。
①输入:3D 点云;
②点网络(PointNet):提取点云特征;
③输出:64 维点云局部特征与 1024 维点云全局特征。
(2)(B)网络。
①输入:2D RGB 图像;
②残差网络(ResNet):提取 2D 图像特征;

③输出:2048 维图像特征。

(3)(C)深度融合(Dense Fusion)模块。

①输入:每个点的特征和全局特征;

②特征融合;

③输出:预测每一个角点相对边框中心的偏移值及置信度,最后选取得分最高的点为预测结果。

(4)(D)全局融合(Global Fusion)模块。

不使用每个点的特征,只使用全局特征,最后直接回归出 3D 边框的八个顶点坐标。

(5)(E)3D 包围框(3D BoundingBox)预测。

PointFusion 模型是无损空间信息与 RGB 信息完美融合的代表,在点云基础上利用 RGB-D 数据中颜色和深度信息的补充性质,取得了非常好的表现,也有很好的实时推理能力。

该模型不足之处如下:①不使用每个点的特征,只使用全局特征,导致局部特征利用不足;②对点云与图像一一对应要求很高,并且雷达与相机配准也不稳定。

4.2.3 总结与展望

无论使用哪种深度学习的方法,其研究思路都大体相似。图 4-21 是基于深度学习方法的三维点云目标检测的研究思路流程图。

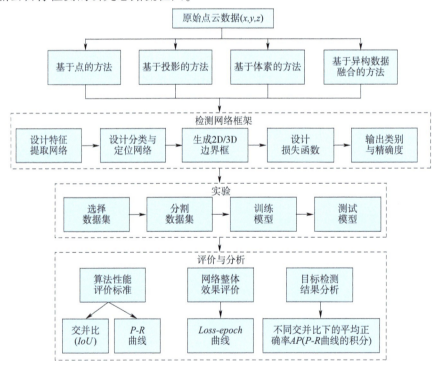

图 4-21 基于深度学习方法的三维点云目标检测研究思路流程图

对四种基于深度学习方法的 3D 点云目标检测方法性能进行对比:

(1)在普通、中等与困难三个级别的检测精度上,基于点的方法要高于其他三种方法,基于体素、基于投影次之,最差的是融合的方法。

(2)在检测实时性上,检测速度最快的是基于投影的方法,检测速度最慢的是基于点的方法。

研究挑战与机遇如下:

(1)点云数据的稀疏性与特征提取:使用标准卷积方法处理稀疏性已被证明在计算上效率低下;可探究和采用新的思路或方法,如使用深度分离卷积、递归特征金字塔网络、引入自然语言处理的方法——注意力机制等。

(2)点云数据的表达:压缩为2D或保留或体素,目前还没有新的表达方式。

(3)点云的遮挡和截断:遮挡是影响精度的因素之一,基于融合的解决方案优势明显,但是应用于点云方面的研究工作非常少,依然比较浅,主要是多传感器配准和同步难度大。

总之,探究新的深度学习体系结构、提取和融合丰富特征的新方法、探索新的数据表达是近期所面临的一些挑战与机遇。

4.3 激光雷达的同步定位与建图技术

同步定位与建图(Simultaneous Localization and Mapping,SLAM)技术,是指将机器人或无人车辆置于未知的环境中,从一个未知位置开始移动,对周围环境进行增量式地图创建,同时利用创建的地图进行自主定位和导航。无人车SLAM技术综合了传感器技术、模式识别和自动控制等,是人工智能的一个重要方向。

根据获取环境信息的传感器类别,SLAM技术主要分为基于激光雷达的SLAM技术和基于视觉的SLAM技术。前者可以通过三维激光雷达采集到大量具有准确角度和距离信息的点云,准确反映环境的几何信息,并且相比于后者,其建立的地图直观,测距精度高且不容易受到光照和视角变化的影响,被普遍应用于室外大型环境中。

目前对于SLAM的研究已有三十多年的历史,历经了古典时代、算法分析时代、鲁棒性时代。算法框架已经基本完善,如图4-22所示。算法框架一般包括数据采集与处理、数据关联、闭环检测以及后端优化等流程。

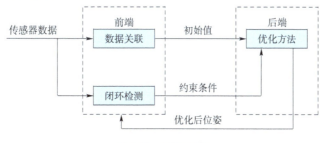

图4-22 SLAM框架

4.3.1 激光雷达的同步定位技术

常见的移动机器人领域的同步定位有位姿跟踪和全局定位两种。位姿跟踪是指根据上一时刻的位姿进行递推计算机器人当前位姿,要求初始位姿必须已知。全局定位是指机器人被放在任何环境的任意位置,不必已知初始位姿,根据传感器信息获取机器人在全局坐标系中的位置。

无人车 SLAM 系统中的车姿估计其实就是实现对无人车的精确定位,部分文献也称之为位姿估计,或者直接称之为无人车定位。其主要是指确定无人车相对环境的位置以及无人车在局部坐标系和全局坐标系下的位置和姿态,有时也包括速度信息。全局坐标系是指以无人车初始位置或人为规定的某一具体位置为原点,建立的无人车所处环境的先验地图坐标系,局部坐标系是指在无人车行驶过程中,建立的以车身中心为原点的坐标系。

在无人车同步定位方面,基于激光雷达的同步定位技术算法主要有四种,分别是扫描匹配算法、马尔可夫定位算法、基于点云匹配的位姿估计算法与激光里程计 SLAM 算法。

4.3.1.1 扫描匹配算法

扫描匹配算法是一种位姿跟踪定位方法。根据是否依赖扫描的初始估计,分为半自动扫描匹配和自动扫描匹配。半自动扫描匹配在位姿初始估计的基础上进行迭代以使匹配更准确,但缺点是当初始估计不准或没有初始值时,可能会导致匹配失败;自动匹配方法直接求解扫描的位姿,通常匹配的结果精度不高。常用的扫描匹配方法有:迭代最近点(Iterative Closest Points, ICP)算法、随机抽样一致(Random Sample Consensus, RANSAC)算法等。

(1)迭代最近点算法。

ICP 算法通过迭代的方式找出两个点集的空间位置变化关系,使对应点对的均方差最小化,实质是一种基于最小二乘法的最优匹配。这种采用最近邻寻找对应点的传统 ICP 方法,存在位姿中旋转估计收敛慢的缺点。后来的研究者不断将其改进,其中在 IDC(Iterative Dual Correspondence) 和 MBICP(Metric-Based ICP) 两种改进方法中分别引入新的点匹配策略进行改进。PLICP(ICP Based on Point-to-Line metric) 算法利用点到线段匹配的方法改善了迭代效率,但鲁棒性变差,且更容易受到初始位姿误差的影响。

之后有研究者提出了极坐标点匹配规则(ICP Based on Polar Point Matching, PMICP),该规则综合考虑了旋转和平移的影响,并通过实验数据验证了该方法相对于传统 ICP 算法及其改进算法的快速性、准确性及鲁棒性,可以确保局部地图紧密一致,但是该方法不能避免匹配误差的累积,所以不能保证全局地图一致,而且 PMICP 算法依赖于扫描间相对位姿的初始估计,仅适用于单步定位,也未考虑环境中的动态变化。因此研究者又提出了从扫描数据中提取特征完成匹配,即基于几何统计特征的自动扫描匹配方法(Automatic Scan Matching based on Geometric Statistic Features, GSF-ASM),该方法不需要位姿的初始估计,而是在迭代过程中逐渐找到好的对应点,并逐步校正位姿估计。此外,通过分割段特征和扫描点特征的匹配过程,过滤掉环境变化的区域,更适应动态变换的环境。

(2)随机抽样一致算法。

随机抽样一致算法通过在一组数据中反复选择随机子集的方法,利用迭代方式估计数学模型的参数,能够有效应对环境中的粗大误差。随机抽样一致算法是一种不确定算法,对参数的选择非常敏感,而且其只是有一定的概率得到合理解,因此为了提高精度,需要以增加迭代次数为代价。基于多模型的随机抽样一致算法是一种改进算法,该算法将模型分为静态环境模型和动态目标模型等,用于在高动态环境中估计车辆的位置。

由于自动扫描的低精度特点,无人车一般采用半自动扫描匹配算法,使用来自激光传感器的相邻时刻数据或者连续时刻的数据进行帧间数据匹配,计算两次扫描间车辆位置的变化,以递增的相对起点估计自身位置。扫描匹配时将基于当前里程及位姿的观测信息与环境地图进行匹配,进而初步校正无人车位姿,有时位姿的初估计也会来自于陀螺仪或者 GPS。

4.3.1.2 马尔可夫定位算法

马尔可夫定位(Markov Localization,ML)将定位问题视为一个离散的马尔可夫过程,是一种成功的全局定位方法。基于马尔可夫假设,即假设机器人观测独立和运动独立,计算无人车在所在全局环境的概率分布。马尔可夫过程中的每一个状态对应于无人车的每一个离散化位姿,优点是能够处理多模和非高斯的概率分布,有效解决位姿跟踪和全局定位问题。马尔可夫定位通用性较强,可用于任何环境的定位,但是其效率较差。

根据地图表示方法的不同,马尔可夫定位方法可分为拓扑马尔可夫定位(Topological Markov Localization,TML)和栅格马尔可夫定位(Grid Markov Localization,GML)。马尔可夫定位方法最早应用在基于拓扑地图的定位中。栅格马尔可夫定位将连续的机器人位姿空间离散化为均匀的栅格,在栅格上完成数值积分。但由于计算量与状态空间的尺寸和分辨率相关,这种方法计算量太大。使用八叉树获得状态空间的变分辨率表示,使计算量和需要使用的内存空间缩减,解决了来自固定分辨率的限制。

有研究者提出一种窗口约束马尔可夫定位方法,该方法通过在窗口范围内进行马尔可夫定位,减少更新的状态空间范围,窗口的位置在初始时刻参考地图中建立的路标估计,并随车辆运动信息在地图中移动。该方法能够减少定位过程中的计算量,除初始时刻外,不依赖于 GPS 进行短期外推定位。

马尔可夫是一种基于概率的全局状态估计方法,通过传感器对环境的测量和自身运动对无人车状态进行递归的估计,获得最接近无人车真实位置的状态。此外,马尔可夫定位可解决在定位初期因初始位置未知和环境相似而造成的多峰值分布问题,并能从定位失败中恢复。从运动控制的方面,马尔可夫定位结果直接确定了无人车与环境的相对位置关系,如距离,这也是大多数无人车系统的重要输入信息。

4.3.1.3 基于点云匹配的位姿估计算法

基于点云匹配的位姿估计算法本质是采用经典的 ICP 点云匹配算法,但是由于 ICP 算法对初值的要求高而容易导致失败,因此结合扩展高斯图像匹配方法,将扩展高斯图像匹配方法得到的初值作为 ICP 算法的初值,以此得到无人车位置的粗估计。然后在粗估计附近采用高斯分布撒点,实现粒子更新,得到无人车的真实位姿。该方法是以经典的 RBPF-SLAM 为基础进行改进的,提高了算法的可靠性和效率。

4.3.1.4 激光里程计 SLAM 算法

激光里程计 SLAM 算法(Lidar Odometry and Mapping in Real time,LOAM)在 2014 年被提出。在车辆定位阶段,前端流程包括特征提取、特征匹配、特征滤除、特征筛选、特征关联和运动估计等,在得到校正后的车辆位姿数据后,会与先验驾驶地图进行匹配,以此得出无人车的位姿。该定位方法类似于里程计定位方法,创新点在于匹配的对象由邻近扫描替换成了已有的地图点云。对邻近点云进行了主成分分析(Principal Component Analysis,PCA),平面参数由统计数据替代原始数据,在速度和精度方面都提高了效率。

在 LOAM 的基础上,以降低局部估计精度为代价,提出了轻量级的 LeGO-LOAM,其通过对点云分割去噪,只保留环境的部分关键点云,并且使用图优化来实现基于特征点集的闭环检测,是目前较为完善的 SLAM 系统。

2018 年,融合视觉、激光雷达与 IMU 的多传感器融合 3D SLAM 方法(即 LVIO 方法)被提出。此方法克服了各个传感器的不足之处,可以实现低漂移,在光照、旋转、结构退化的环境下鲁棒性极好。

4.3.2 激光雷达的建图技术

建图即地图创建,是指依靠移动机器人或无人车,利用自身携带的传感器,在移动过程中,根据自身传感器不断采集的位姿和环境信息数据,建立环境地图的过程。首先机器人或无人车根据传感器传回的实时数据信息建立局部地图,然后将局部地图并入全局地图。每次得到的局部地图既包含全局地图已有的信息,也包含全局地图没有的新环境信息。在地图创建过程中,不仅实现了对环境地图的估计,还实现了对本身位姿的估计,也再次说明了定位与建图相辅相成的过程。根据不同的地图更新方式,不同的地图创建方法有其各自的优缺点及其需要解决的主要问题。

在激光 SLAM 领域中,3D 建图主要是 LOAM 方案及其改进,如 LOAM、V-LOAM、VELO 与 LVIO 等。

4.3.2.1 LOAM

LOAM 方案利用 3D 激光雷达采集数据,进行基于特征点的扫描匹配,利用非线性优化方法进行运动估计,激光里程计的输出与地图进行匹配,包括直线匹配和平面匹配,但无回环检测模块,点面特征还不够可靠。LOAM 方案的框架如图 4-23 所示。

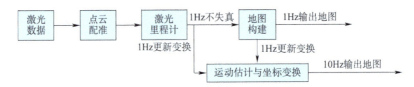

图 4-23 LOAM 方案框架

4.3.2.2 V-LOAM

视觉结合 3D 激光雷达实时建图的 V-LOAM 方案如图 4-24 所示。该方案利用视觉里程计,以高频率估计位姿变换,激光里程计以低频率优化运动估计,并校准漂移。在公开的 KITTI 数据集上,V-LOAM 算法精度排名第一,而且当传感器高速运动并受到明显的光照变化时,该方法的鲁棒性较好。

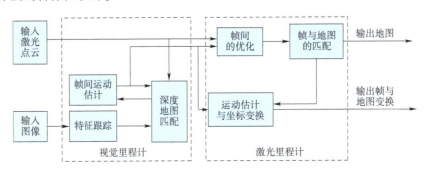

图 4-24 V-LOAM 方案框架

4.3.2.3 VELO

增强视觉结合激光雷达的 VELO 新方案,通过紧耦合的稀疏视觉与激光数据进行前端扫描匹配,利用位姿图的稀疏性进一步优化位姿误差。VELO 具有低漂移性,同时当激光雷达或相机数据被遮挡时,其能够可靠运行。

4.3.2.4 LVIO

用于自我运动估计和建图的数据处理方案 LVIO 如图 4-25 所示。该方案连接 3D 激光扫描仪、相机和 IMU,按顺序多层运行三个模块以产生实时自我运动估计,粗到精数据处理产生高速率估计,并在长距离中构建低漂移的地图。

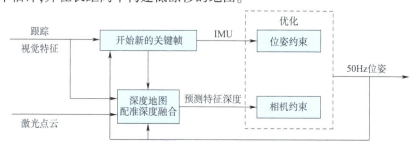

图 4-25 LVIO 方案框架

几种 3D 激光 SLAM 方案对比如下(表 4-1)。

3D 激光 SLAM 方案对比 表 4-1

年 份	方 案	传 感 器	优 缺 点
2014	LOAM	3D 激光	实时性好; 匀速运动假设; 无闭环检测
2015	V-LOAM	3D 激光、视觉	精度高,算法鲁棒性好; 漂移匀速假设; 无闭环检测
2016	VELO	3D 激光、视觉	有闭环检测模块; 低漂移; 无运动畸变假设
2018	LVIO	3D 激光、视觉	低漂移; 光照、旋转、结构退化环境下鲁棒性极好

4.3.3 激光 SLAM 的发展趋势

当前,激光 SLAM 发展趋势主要表现有三个方面:结合深度学习、多传感器融合、提高算法鲁棒性与实时性。

4.3.3.1 深度学习的 SLAM

近年来,深度学习在计算机视觉领域蓬勃发展,在图像特征匹配领域,其比传统人工设计的算法有大幅提升。研究者尝试在视觉与激光融合 SLAM 中使用深度学习改善里程计和回环检测性能,加强 SLAM 系统对环境语义的理解。

（1）备受关注的 DeepVO 的视觉里程计方法，对原始图像序列使用 CNN 学习特征，并使用递归神经网络（RNN）学习图像间动力学内在联系。这种基于双卷积神经网络的结构能高效提取相邻帧间的有效信息，与传统特征提取方法需要大量的几何计算不同。

（2）使用无监督学习方法得到图像深度与位姿信息，同时分割出图像中的动态物体。该方法将深度图与位姿信息投影到图像上，通过比较真实图像与投影图像，得到误差，进而得到代表动态图像的特征点。

（3）将闭环检测模块与深度学习结合，构建一种深度哈希网络，对激光点云样本进行 hash 编码，并计算样本相似度，实现相似样本的快速检索。

而 SLAM 中后端模块是状态估计问题，有明确的数学模型做支撑，因此，深度学习端到端地贯穿整个 SLAM 系统，这将会有极大的挑战。此外，融合多传感器，配合深度学习领域中物体检测、识别和解析算法，进行语义 SLAM 及实时三维重建是未来 SLAM 的重要方向。

4.3.3.2 多传感器融合的 SLAM

面对复杂的周围环境，多传感器融合的 SLAM 是必然趋势。视觉提供高精度的里程计以及信息量丰富的地图信息，激光雷达为视觉特征提供准确的深度信息。

（1）开发的紧耦合的 EKF 估计器用于融合多传感器信息的 MAV 系统。

（2）融合了 IMU 的多智能体视觉 SLAM 框架 CCM-SLAM，在该框架中，各智能体将检测到的有限数量关键帧发送到服务器，由服务器进行地图构建。该框架可以适用于各种分布式机器人，有效降低单一智能体成本与通信负担，在通信带宽受限的场景中应用。

目前，经典的 SLAM 研究已经比较成熟，视觉 SLAM、激光 SLAM 以及二者的融合正在日趋完善。

4.3.3.3 鲁棒性与实时性的 SLAM

SLAM 算法的鲁棒性与实时性有待进一步提高。

（1）在提高 SLAM 算法的鲁棒性方面，需要考虑里程计的标定、激光雷达的外参与时间戳标定、激光雷达运动畸变的去除等数据处理过程，同时针对退化环境、全局定位、动态环境定位等问题还有待完善。

①设计 SLAM 系统时，激光雷达与惯性传感器之间直接在线进行外参标定和时间标定；

②在动态环境下激光 SLAM；

③研究用于自我运动估计并构建地图的数据处理方法，提高对于各个传感器故障、剧烈光照变化和结构退化以及高速旋转与平移运动有较好的鲁棒性。

（2）在提高 SLAM 算法的实时性方面。

①使用两种不同频率的模块并行运算，保证低计算复杂度的同时，实现实时的低漂移里程计；

②多模块传感器融合，提高系统的实时性和长期适用性；

③高效的局部地图和分层的优化后端，允许实时建图期间优化配准等。

第5章 基于多传感器数据融合的智能网联汽车环境感知技术

5.1 多传感器数据融合方法概述

"自动泊车、公路巡航控制和自动紧急制动等自动驾驶汽车功能在很大程度上是依靠传感器来实现的。重要的不仅仅是传感器的数量和种类,它们的使用方式也同样重要。目前,大多数路面上行驶车辆内的 ADAS 都是独立工作的,这意味着它们彼此之间几乎不交换信息。只有把多个传感器信息融合起来,才是实现自动驾驶的关键。"

现在路面上的很多汽车,内部都配备有基于摄像头、雷达、超声波或 LIDAR 等不同传感器的先进驾驶员辅助系统(ADAS)。后视摄像头、环视系统、雷达和前方摄像头都有它们各自的用途。通过将这些独立的系统添加到车辆当中,可以为驾驶员提供更多信息,并且实现更加丰富的功能。

工作在可见光谱范围内的摄像头 CMOS 芯片在浓雾、下雨、刺眼阳光和光照不足的情况下难以获取清晰的图像,而雷达缺少目前成像传感器所具有的高分辨率……,可以在每种传感器中找到诸如此类的优缺点。因此仅仅通过多次使用相同种类传感器的方法无法克服每种传感器的缺点。反之,我们需要将来自不同种类传感器的信息组合在一起。

多传感器信息融合(Multi-sensor Information Fusion,MSIF)是在现代计算机技术的基础上,使用一定的算法,将来自多个传感器或多源的信息数据,进行自动分析和综合,完成对目标的状态感知的一种信息处理过程,其消除多传感器信息之间可能存在的冗余和矛盾,加以互补,降低不确定性,获得被测对象的一致性解释与描述,从而提高系统在决策和规划层的正确性和快速性。

按照信息融合的不同层次,可以分为数据级融合、特征级融合以及决策级融合。

(1)数据级融合(图 5-1)。是对传感器采集到的原始数据(传感器测报未经预处理的数据)进行融合。针对传感器采集的数据,依赖于传感器类型,进行同类数据的融合。由于数据级融合处理的数据只能是相同类别传感器采集的数据,所以数据级融合不能处理异构数据。

(2)特征级融合(图 5-2)。指对传感器采集的数据进行处理,提取数据包含的特征,用来体现检测目标物理量的属性(目标的边缘、方向、速度等),然后对这些特征信息进行分析处理。其优点在于实现了可观的信息压缩,有利于进行实时处理,并且由于其提取的特征直接与决策分析有关,因而融合结果能最大限度地给出决策分析所需的特征信息。如在图像数据的融合中,可以采用边沿的特征信息来代替全部数据信息。

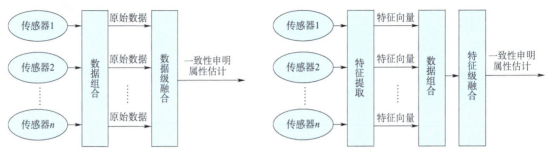

图 5-1　数据级融合　　　　　　　　图 5-2　特征级融合

(3) 决策级融合(图 5-3)。指的是根据特征级融合得到的数据特征,进行一定的判别、分类、判断,以及简单的逻辑运算,然后根据应用需求,通过关联处理,进行决策层融合判决,最终获得推断结果。决策级数据融合是最高级的融合,是面向应用的融合。

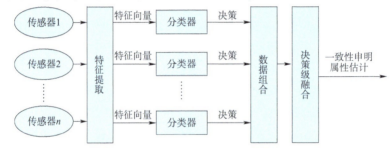

图 5-3　决策级融合

根据数据处理方法的不同,信息融合系统的体系结构可分为 3 种:分布式、集中式和混合式。

(1) 分布式(图 5-4)。先对各独立传感器获得的原始数据进行局部处理,然后再将结果送入信息融合中心,进行智能优化组合来获得最终结果。分布式对通信带宽的需求低、计算速度快、可靠性和延续性好,但跟踪的精度却远没有集中式高;分布式的融合结构又可以分为带反馈的分布式融合结构和不带反馈的分布式融合结构。

(2) 集中式(图 5-5)。集中式将各传感器获得的原始数据直接送至中央处理器进行融合处理,实现实时融合,其数据处理的精度高,算法灵活,缺点是对处理器的要求高,可靠性较低,数据量大,故难于实现。

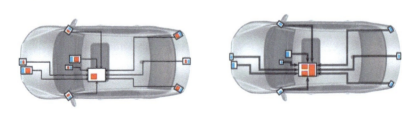

图 5-4　分布式数据融合结构　　　　　　图 5-5　集中式数据融合结构

(3) 混合式(图 5-6)。混合式多传感器信息融合框架中,部分传感器采用集中式融合方式,剩余传感器采用分布式融合方式。混合式融合框架具有较强的适应能力,兼顾了集中式融合和分布式的优点,稳定性强。混合式融合方式的结构比前两种融合方式的结构复杂,加大了通信和计算上的代价。

信息融合的最终目标是基于各传感器获得的分离观测信息,通过对信息多级别、多方面组合,导出更多有用信息。这不仅是利用了多个传感器相互协同操作的优势,而且也综合处理了其他信息源的数据以提高整个传感器系统的智能化。

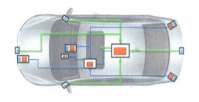

图 5-6　混合式数据融合结构

随着传感器应用技术、数据处理技术、计算机软硬件技术和工业化控制技术的发展成熟,多传感器信息融合技术已形成一门热门新兴学科和技术。我国对多传感器信息融合技术的研究在工程上已应用于信息的定位和识别等。随着科学的进步,多传感器信息融合技术将成为一门智能化、精细化,应用于数据信息图像等综合处理和研究的专门技术。

对于多传感器系统而言,信息具有多样性和复杂性,因此对信息融合算法的基本要求是具有鲁棒性和并行处理能力。其他要求还有算法的运算速度和精度;与前续预处理系统和后续信息识别系统的接口性能;与不同技术和方法的协调能力;对信息样本的要求等。一般情况下,基于非线性的数学方法,如果具有容错性、自适应性、联想记忆和并行处理能力,则都可以用来作为融合方法。

多传感器融合算法(图 5-7)基本上可以分为以下几类:估计算法、人工智能技术、参数方法、识别算法。估计算法如加权平均算法、卡尔曼滤波算法、最小二乘法、极大似然估计法等,人工智能技术如专家系统、神经网络、模糊集合理论等,参数方法如贝叶斯理论、D-S 证据理论、产生式规则等,识别算法如参数模板法、聚类分析法、学习量子法、Kohonen 特征图等。

5.1.1　估计算法

5.1.1.1　自适应加权融合估计算法

信号级融合方法最简单直观的方法是加权平均法,将一组传感器提供的冗余信息进行加权平均,结果作为融合值。该方法是一种直接对数据源进行操作的方法。

设有 n 个传感器对某一对象进行测量,如图 5-8 所示,对于不同传感器都有各自不同的加权因子,我们的思想是在总均方误差最小这一最优条件下,根据各传感器所得到的测量值以自适应的方式寻找各传感器所对应的最优加权因子,使融合后的 X 值达到优。

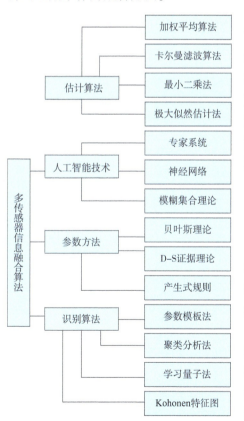

图 5-7　多传感器信息融合算法

设 n 个传感器的方差分别为 $\sigma_1^2, \sigma_2^2, \cdots, \sigma_n^2$;所要估计的真值为 X,各传感器的测量值分别为 $X_1, X_2, \cdots, X_n$,它们彼此互相独立,并且是 X 的无偏估计;各传感器的加权因子分别为

$W_1, W_2, \cdots, W_n$，则融合后的 $\hat{X}$ 值和加权因子满足以下两式：

$$\hat{X} = \sum_{p=1}^{n} W_p X_p \tag{5-1}$$

$$\sum_{p=1}^{n} W_p = 1 \tag{5-2}$$

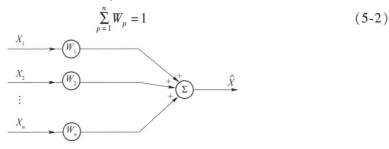

图 5-8 加权平均法计算图

总均方误差为：

$$\sigma^2 = E[(X - X_p)^2]$$

$$= E\left[\sum_{p=1}^{n} W_p^2 (X - X_p)^2 + 2\sum_{p=1, q=1}^{n} W_p W_q (X - X_p)(X - X_q)\right] \tag{5-3}$$

因为 $X_1, X_2, \cdots, X_n$ 彼此互相独立，并且是 X 的无偏估计所以 $E[(X - X_p)(X - X_q)] = 0$，$p \neq q, p = 1, 2, \cdots, n, q = 1, 2, \cdots, n$，故：

$$\sigma^2 = E\left[\sum_{p=1}^{n} W_p^2 (X - X_p)^2\right] = \sum_{p=1}^{n} W_p^2 \sigma_p^2 \tag{5-4}$$

从上式可以看出，总均方差 σ^2 是关于加权因子的多元二次函数，因此 σ^2 必然存在最小值。该最小值是加权因子 $W_1, W_2, \cdots, W_n$ 满足约束条件的多元函数的极值。根据多元函数求极值的理论，可以求出均方误差最小时所对应的加权因子为：

$$W_p^* = \frac{1}{\sigma_p^2 \sum_{i=1}^{n} \frac{1}{\sigma_i^2}} (p = 1, 2, \cdots, n) \tag{5-5}$$

此时的最小均方误差为：

$$\sigma_{\min^2} = \frac{1}{\sum_{p=1}^{n} \frac{1}{\sigma_p^2}} \tag{5-6}$$

5.1.1.2 卡尔曼滤波算法

卡尔曼滤波算法主要用于融合低层次实时动态多传感器冗余数据。该方法用测量模型的统计特性递推，决定统计意义下的最优融合和数据估计。如果系统具有线性动力学模型，且系统与传感器的误差符合高斯白噪声模型，则卡尔曼滤波将为融合数据提供唯一统计意义下的最优估计。

卡尔曼滤波的递推特性使系统处理无需大量的数据存储和计算。但是采用单一的卡尔曼滤波器对多传感器组合系统进行数据统计时，存在很多严重问题，如：①在组合信息大量冗余情况下，计算量将以滤波器维数的三次方剧增，实时性难以满足；②传感器子系统的增加使故障概率增加，在某一系统出现故障而没有来得及被检测出时，故障会污染整个系统，使可靠性降低。

卡尔曼滤波器的操作包括两个阶段：预测与更新。在预测阶段，滤波器使用上一状态的估计结果，做出对当前状态的估计。在更新阶段，滤波器利用当前状态的观测值优化在预测阶段获得的预估值，以获得一个当前阶段更精确的新估计值。

卡尔曼滤波在传感器融合中应用十分广泛，如激光雷达与雷达的融合，算法如图5-9所示。

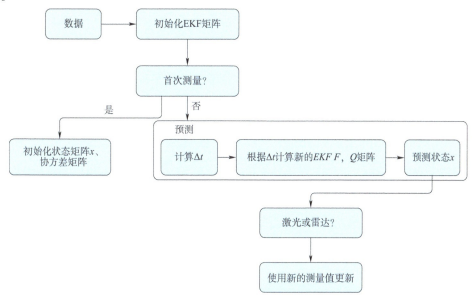

图 5-9　使用 EKF 融合激光雷达与雷达

首次测量——卡尔曼滤波器将接收目标相对于汽车位置的初始测量值。这些测量值来自雷达或激光雷达传感器。

初始化状态和协方差矩阵——卡尔曼滤波器将基于第一次测量值来初始化目标的位置。Δt 时间后，汽车将收到另一个传感器测量值。

预测——算法将预测 Δt 时间后的目标位置。预测车辆位置的一种方式是假设车辆的速度是恒定的，Δt 时间后目标将移动 $v\Delta t$ 距离。在本扩展卡尔曼滤波项目中，假设速度是恒定的。

更新——滤波器将预测的位置与传感器测量值进行比较。将预测的位置和测量的位置合并以给出更新的位置。卡尔曼滤波器将根据每个值的不确定性，将更多的权重放在预测位置或测量位置上。

如果当前观察数据来自雷达传感器，使用雷达的 H 和 R 矩阵来设置扩展卡尔曼滤波器，而且必须计算新的雅可比矩阵 H_j，使用非线性函数来变化坐标系，并调用测量更新。

如果当前观察数据来自激光雷达，我们使用激光雷达的 H 和 R 矩阵来设置卡尔曼滤波器，然后调用测量更新。

Δt 时间后，汽车又收到另一个传感器测量值。算法将开始执行下一个预测和更新步骤。

5.1.1.3　最小二乘法

最小二乘法又称最小平方法，是一种数学优化技术。它通过最小化误差的平方和寻找数据的最佳函数匹配。利用最小二乘法可以简便地求得未知数据，并使得这些求得的数据

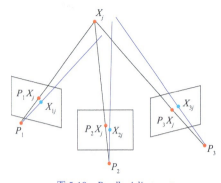

图 5-10 Bundle Adjustment
X_j-空间位置 3D 点；P_j-相机中心位姿

与实际数据之间误差的平方和为最小。最小二乘法主要应用于两个方面：①拟合曲线；②求解未知量，使得误差值最小。

很多问题最终归结为一个最小二乘问题，如 SLAM 算法中的 Bundle Adjustment（图 5-10），位姿图优化等。求解最小二乘的方法有很多，高斯—牛顿法就是其中之一。

5.1.1.4 极大似然估计

极大似然估计是建立在极大似然原理基础上的一个统计方法，是概率论在统计学中的应用。极大似然估计提供了一种给定观察数据来评估模型参数的方法，即模型已定，参数未知。通过若干次试验，观察其结果，利用试验结果得到某个参数值能够使样本出现的概率为最大，则称为极大似然估计。

5.1.2 人工智能技术

5.1.2.1 专家系统

专家系统是一个智能计算机程序系统，其内部含有大量的某个领域专家水平知识与经验，能够利用人类专家的知识和解决问题的方法来处理该领域问题。也就是说，专家系统是一个具有大量专门知识与经验的程序系统，它应用人工智能技术和计算机技术，根据某领域一个或多个专家提供的知识和经验，进行推理和判断，模拟人类专家的决策过程，以便解决那些需要人类专家处理的复杂问题，简而言之，专家系统是一种模拟人类专家解决领域问题的计算机程序系统。

5.1.2.2 神经网络

神经网络具有很强的容错性以及自学习、自组织及自适应能力，能够模拟复杂的非线性映射。神经网络的这些特性和强大的非线性处理能力，恰好满足多传感器数据融合技术处理的要求。在多传感器系统中，各信息源所提供的环境信息都具有一定程度的不确定性，对这些不确定信息的融合过程实际上是一个不确定性推理过程。神经网络根据当前系统接受的样本相似性确定分类标准，这种确定方法主要表现在网络的权值分布上，同时可以采用学习算法来获取知识，得到不确定性推理机制。利用神经网络的信号处理能力和自动推理功能，即实现了多传感器数据融合。人工神经网络如图 5-11 所示。

深度学习是机器学习和人工智能研究的最新趋势，作为一个十余年来快速发展的崭新领域，越来越受到研究者的关注。卷积神经网络（CNN）模型是深度学习模型中最重要的一种经典结构，近年其性能在深度学习任务上逐步提高。由于可以自动学习样本数据的特征表示，卷积神经网络已经广泛应用于图像分类、目标检测、语义分割以及自然语言处理等领域。

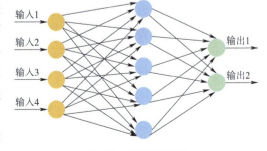

图 5-11 人工神经网络

5.1.2.3 模糊集合理论

模糊逻辑是多值逻辑,通过指定一个 0~1 的实数表示真实度(相当于隐含算子的前提),允许将多个传感器信息融合过程中的不确定性直接表示在推理过程中。如果采用某种系统化的方法对融合过程中的不确定性进行推理建模,则可以产生一致性模糊推理。

与概率统计方法相比,逻辑推理存在许多优点,它在一定程度上克服了概率论所面临的问题,对信息的表示和处理更接近人类的思维方式,一般比较适合于在高层次上的应用(如决策)。但是逻辑推理本身还不够成熟和系统化。此外,由于逻辑推理对信息的描述存在很多的主观因素,所以信息的表示和处理缺乏客观性。

模糊集合理论对数据融合的实际价值在于它外延到模糊逻辑,模糊逻辑是一种多值逻辑,隶属度可视为一个数据真值的不精确表示。在 MSF 过程中,存在的不确定性可以直接用模糊逻辑表示,然后使用多值逻辑推理,根据模糊集合理论的各种演算,对各种命题进行合并,进而实现数据融合。

模糊控制是一类应用模糊集合理论的控制方法,它没有像经典控制理论那样把实际情况加以简化,从而建立起数学模型,而是通过人的经验和决策进行相应的模糊逻辑推理,并且用具有模糊性的语言来描述整个时变的控制过程。对于移动机器人避障,用经典控制理论建立起的数学模型将会非常粗糙,而模糊控制则把经典控制中被简化的部分加以考虑。

对于移动机器人或自动驾驶汽车避障的模糊控制而言,其关键问题是要建立合适的模糊控制器,模糊控制器主要完成障碍物距离值的模糊化、避障模糊关系的运算、模糊决策以及避障决策结果的非模糊化处理(精确化)等重要过程,以此来智能控制移动机器人的避障行为。利用模糊控制理论还可将专家知识或操作人员经验形成的语言规则直接转化为自动控制策略。通常使用模糊规则查询表,用语言知识模型来设计和修正控制算法。

5.1.3 参数方法

5.1.3.1 贝叶斯理论

贝叶斯推断是一种统计学方法,用来估计统计量的某种性质。它是贝叶斯定理的应用。英国数学家托马斯贝叶斯在 1793 年发表的一篇论文中,首先提出了这个定理。

在传感器融合中,将每一个传感器作为一个贝叶斯估计,把各单独物体的关联概率分布合成一个联合的后验概率分布函数,通过使联合分布函数的似然函数最小,提供多传感器信息的最终融合值,融合信息与环境的先验模型以提供整个环境的特征描述。

5.1.3.2 D-S 证据理论

该方法是贝叶斯推理的扩充,包含 3 个基本要点:基本概率赋值函数、信任函数和似然函数。D-S 方法的推理结构是自上而下的,分为 3 级:第一级为目标合成,其作用是把来自独立传感器的观测结果合成为一个总输出结果(ID);第二级为推断,其作用是获得传感器的观测结果并进行推断,将传感器观测结果扩展成目标报告,这种推理的基础是:一定的传感器报告以某种可信度在逻辑上会产生可信的某些目标报告;第三级为更新,各传感器一般都存在随机误差,因此在时间上充分独立地来自同一传感器的一组连续报告比任何单一报告更加可靠。所以在推理和多传感器合成之前,要先组合(更新)传感器的观测数据。

5.1.3.3 产生式规则

采用符号表示目标特征和相应传感器信息之间的联系,与每个规则相联系的置信因子表示它的不确定性程度。当在同一个逻辑推理过程中,2 个或多个规则形成一个联合规则时,可以产生融合。应用产生式规则进行融合的主要问题是每个规则置信因子的定义与系统中其他规则的置信因子相关,如果系统中引入新的传感器,需要加入相应的附加规则。

5.1.4 识别算法

5.1.4.1 参数模板法

在模式识别中,一个最基本的方法就是模板匹配法,它是一种统计识别方法。为了在图像中检测出已知形状的目标物,我们使用这个目标物的形状模板(或窗口)与图像匹配,在约定的某种准则下检测出目标物图像,通常称其为模板匹配法。它能检测出图像中上线条、曲线、图案等。它的应用包括目标模板与侦察图像相匹配、文字识别和语音识别等。

5.1.4.2 聚类分析法

由于系统获取的图像不清楚,并且难以定位和检测物体,或分类算法有可能丢失对象,在这种情况下,它们无法对系统进行分类并报告。可能是由不连续的数据、非常少的数据点或低分辨率图像导致的。聚类算法专门用于从数据点发现结构。它描述了分类的方法和分类的问题,如回归。聚类方法通常通过对分层和基于质心的方法进行建模来组织。所有方法都利用数据中的固有结构,将数据完美地组织成最大共性的组。K-means 是一种常见的聚类算法。

K-means 是一个著名的聚类算法。该聚类算法存储它用于定义集群的 k 个质心。如果一个点比任何其他质心更接近该集群的质心,那么这个点被说成是在一个特定的集群中。根据当前分配数据点到集群和当前质心将数据点分配给集群,选择质心之间进行交替。

5.1.4.3 Kohonen 特征图

Kohonen 网络是自组织竞争型神经网络的一种,该网络为无监督学习网络,能够识别环境特征并自动聚类。Kohonen 神经网络是芬兰赫尔辛基大学教授 Teuvo Kohonen 提出的,该网络通过自组织特征映射调整网络权值,使神经网络收敛于一种表示形态,在这一形态中,一个神经元只对某种输入模式特别匹配或特别敏感。Kohonen 网络的学习是无监督的自组织学习过程,神经元通过无监督竞争学习,使不同的神经元对不同的输入模式敏感,从而特定的神经元在模式识别中可以充当某一输入模式的检测器。网络训练后神经元被划分为不同区域,各区域对输入模型具有不同的响应特征。

Kohonen 神经网络算法工作机理为:网络学习过程中,当样本输入网络时,竞争层上的神经元计算输入样本与竞争层神经元权值之间的欧几里得距离,距离最小的神经元为获胜神经元。调整获胜神经元和相邻神经元权值,使获胜神经元及周边权值靠近该输入样本。通过反复训练,最终各神经元的连接权值具有一定的分布,该分布把数据之间的相似性组织到代表各类的神经元上,使同类神经元具有相近的权系数,不同类的神经元权系数差别明显。需要注意的是,在学习的过程中,权值修改学习速率和神经元领域均在不断减少,从而使同类神经元逐渐集中。

5.2 毫米波雷达与相机的数据融合技术

毫米波雷达是工作在毫米波波段,工作频率在 30 ~ 100GHz,波长在 1 ~ 10mm 之间的电磁波，通过向障碍物发射电磁波并接收回波来精确探测目标的方向和距离。

当目标向雷达天线靠近时，反射信号频率将高于发射机频率；反之，当目标远离天线时，反射信号频率将低于发射机率。由多普勒效应形成的频率变化叫作多普勒频移，它与相对速度 V 成正比，与振动的频率成反比。如此，通过检测该频率差，可以测得目标相对于雷达的移动速度，也就是目标与雷达的相对速度。根据发射脉冲和接收的时间差，可以测出目标的距离。

由于单一的视觉相机传感器检测识别精度不够高，稳定性也比较差，检测纵向距离范围也比较近，且相机容易受到光线、天气等因素的影响，尤其在晚上和雨天。而毫米波抗杂波干扰能力强，有一定的绕射能力，穿透能力越强，对烟雾灰尘具有更好的穿透性、受光照和天气因素影响较小，稳定性比较高，并且测距精度也比较高，距离也比较远，具有全天候的工作能力。但是目前毫米波雷达分辨比较低，对金属比较敏感，进而识别性能比较差，并且不能识别目标的特征信息，所以单一的传感器无法解决所有问题。通过毫米波雷达与相机的融合，可以发挥各自传感器的优势，因此毫米波雷达与相机的融合必然是一种趋势。激光雷达虽然能探测到 3D 信息，准确率更高，但是容易受到雨天、雾霾天气环境的约束，成本非常高，还容易损坏，平均寿命为 2~3 年，因此车厂也更青睐毫米波雷达。

总体来讲，摄像头方案成本低，可以识别不同的物体，在物体高度与宽度测量精度、车道线识别、行人识别准确度等方面有优势，是实现车道偏离预警、交通标志识别等功能不可缺少的传感器，但作用距离和测距精度不如毫米波雷达，并且容易受光照、天气等因素的影响。毫米波雷达受光照和天气因素影响较小，测距精度高，但难以识别车道线、交通标志等元素。另外，毫米波雷达通过多普勒偏移的原理能够实现更高精度的目标速度探测。

毫米波雷达与相机数据融合的关键点在于两者之间的同步，即时间上的同步和空间上的同步，时间上的同步可以通过时间戳来解决，空间上的同步可以通过标定来解决。

下面介绍相机与毫米波雷达联合标定的方法。

建立精确的毫米波雷达坐标系、三维世界坐标系、摄像机坐标系、图像坐标系和像素坐标系之间的坐标转换关系，是实现毫米波和视觉融合的关键。毫米波雷达与视觉传感器在空间的融合就是将不同传感器坐标系的测量值转换到同一个坐标系中。由于 ADAS 前向视觉系统以视觉为主，因此只需将毫米波雷达坐标系下的测量点通过坐标系转换到摄像机对应的像素坐标系下，即可实现两者空间同步。首先解决两传感器之间的标定问题：将毫米波雷达检测的目标转换到图像上。建立图 5-12 所示的坐标系：

在转换过程中，需要经过如下几个过程。

(1) 将毫米波雷达坐标系转换到以相机为中心的世界坐标系(相机坐标系)。

毫米波雷达可以得到目标的以毫米波雷达为中心的 X 轴、Y 轴坐标信息，但没有目标的 Z 轴信息，因此将毫米波雷达的坐标系转换至世界坐标系，仅需要通过平移和旋转得到，如图 5-13 所示。

其对应坐标关系可以通过矩阵形式来表示：

$$\begin{bmatrix} X_c \\ Y_c \\ 1 \end{bmatrix} = \begin{bmatrix} \cos\theta & -\sin\theta & X_r \\ \sin\theta & \cos\theta & Y_r \\ 0 & 0 & 1 \end{bmatrix} * \begin{bmatrix} X_o \\ Y_o \\ 1 \end{bmatrix} \tag{5-7}$$

式中，X_c，Y_c 为相机坐标系下目标物体的坐标；X_r，Y_r 为相机坐标系下毫米波雷达的坐标；X_o，Y_o 为毫米波雷达坐标系下目标物体的坐标；θ 为毫米波雷达坐标系与世界坐标系的相对角度。

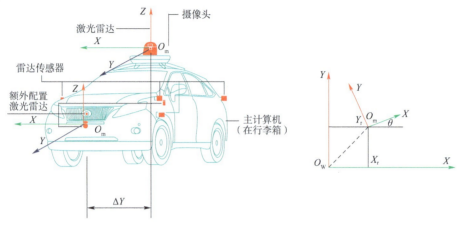

图 5-12　传感器与车辆的相对坐标关系　　　图 5-13　坐标系的平移和旋转

矩阵由两部分组成：由两坐标系相对角度所带来的旋转矩阵以及由平移产生的平移矩阵。其中平移矩阵的平移量可以理解为毫米波设备在世界坐标系的坐标，即毫米波到相机的距离。因此平移矩阵可以通过测量得到，而旋转矩阵的求解较麻烦，当然，如果毫米波设备安装位置合适，可以使得旋转矩阵为 0，即毫米波雷达和相机在 z 轴方向上没有相对角度（均朝向正前方）。

由于通过毫米波雷达得到的世界坐标值是二维的，只有 x，y 值，缺少 z 值。要得到 z 坐标的值（高度），可以利用先验知识予以给定。假设毫米波得到的点是物体的中心点，利用物体的宽度和高度信息，便可以得到其 z 坐标信息。在进行车辆和行人检测时，假设目标的宽度为 W、高度 H，令 $z = H/2$，由此，可以得到目标点的三维世界坐标 (X_c, Y_c, Z_c)。

(2) 将相机坐标系转换为图像坐标系（参见 1.2.2 节）。

(3) 将图像坐标系转换为像素坐标系（参见 1.2.2 节）。

(4) 时间上的同步。

主要通过对比序列图像估计的姿态信息、激光雷达点云估计的姿态信息以及车体姿态信息，获得图像和对应时间点的相对姿态信息以及激光和对应时间点的姿态信息。这就涉及图像姿态曲线或激光点云姿态曲线与车体姿态曲线相似度的求解。以图像姿态为例，假设给定两条时间序列为：$x = \{x_0, x_1, \cdots, x_n\}$ 和 $y = \{y_0, y_1, \cdots, y_n\}$。其相似性度量就是找到一个合适的度量函数 $\mathrm{Sim}(x, y)$ 来衡量这两条时间序列之间的相似性。一般采用 Minkowski 距离法和动态时间弯曲距离法作为度量函数。Minkowski 距离是一种适应于比较简单的相似性度量的距离度量方法，两条等长时间序列之间的 Minkowski 距离：

$$d(X, Y) = \left(\sum_{i=1}^{n} |x_i - y_i|^p \right)^{\frac{1}{p}} \tag{5-8}$$

式中，p 为常数。

以相机估计的 pitch 和车体的 pitch 为例，当利用 Minkowski 距离方法计算相机估计的 pitch 序列与车体 pitch 之间的匹配度时，某一个时间点的 Minkowski 距离为最小，那么就可以认为此时的 pitch 与图像序列计算出的 pitch 是对应的。

(5) 空间上的同步。

目前,激光雷达与相机配准方法主要有如下几类:①先提取点、线等特征集,然后通过激光点云与图像特征之间的匹配,求解两者之间的配准参数;②先计算激光点云与相机图像之间的互信息损失函数,然后利用优化算法求解相对位姿参数,这类方法比较适合平直道路上传感器相对位姿移动较小的情况;③采用多个相机或者相机历史帧信息进行对相机进行 SFM 算法,这种方法也比较适合目前的自动驾驶配置。

最后,按照融合层次的不同,毫米波雷达与相机的融合也可以分为数据层融合、特征层融合以及决策层融合。

数据层融合,其核心思想为通过一种传感器数据生成候选目标物体,将其在另一种传感器数据上进行验证。目标物体基于雷达点云来生成,可以理解为对雷达点云做一个简单的聚类,将聚类结果通过坐标转换映射到图像坐标中,并且根据目标物体的距离来生成边界框,然后通过传统基于 CNN 的方法对目标物体进行分类。另外有人提出同时由相机和雷达生成目标物体,两种数据生成的结果通过几何映射进行对应,再融合和分类。缺点是雷达分辨率较低,点云数量极少,且噪声较大,很难与图像匹配。

特征层融合的主要特点是雷达辅助图像,一般是将雷达点云数据映射到图像坐标系下,形成类似于相机图像的点云图像,围绕点云图像生成感兴趣区域(ROI),在相机图像中对该区域进行搜索和识别,将识别结果与雷达点目标匹配。其优点是可以迅速排除大量没有车辆的区域,在很大程度上提高识别的速度,并且可以迅速排除探测到的非车辆目标,增强结果的可靠性。但是该方法也存在缺点:①在理想情况下,雷达测得的点在车辆中间,由于雷达提供的横向距离不准确以及摄像头的标定误差,会使得雷达投影点相对车辆偏移严重,因而在这种情况下不得不扩大感兴趣区域,使得该区域内将不止存在一辆车,导致目标匹配上的混乱;②传统毫米波雷达生成的点云数据非常稀疏,转换成的点云图像包含的信息也很少,因而不利于神经网络的特征学习,因此,在传统雷达数据处理时,一般要在时序上进行融合;③对于性能比较差的毫米波,返回的目标点中包含了大量的噪声点,将这些点投影到图像上将会存在大量的矩形框,反而造成了程序的耗时。这种方法的优点是:①可以迅速地排除大量不存在车辆的区域,极大地提高识别速度;②可以迅速排除雷达探测到的非车辆目标,调高了结果的可靠性。尽管如此,对于复杂交通场景,目标可能会被重复探测,造成目标匹配上的混乱。

决策层的融合就是分别处理雷达数据和图像数据,将两种数据得到的结果进行组合。该方法考虑的是如何将两种不同可信度的结果进行组合,多采用的是基于滤波的策略,而没有充分考虑特征层面的互补性,因此这种方法对系统性能的提升较为有限。

5.3 激光雷达与相机的数据融合技术

相机—激光雷达融合感知的目的是提高性能与可靠性并降低成本,如图 5-14 所示。但这并非易事,首先,相机通过将真实世界投影到相机平面来记录信息,而点云则将几何信息以原始坐标的形式存储。此外,就数据结构和类型而言,点云是不规则、无序和连续的,而图像是规则、有序和离散的。这导致了图像和点云处理算法方面的巨大差异。

无人驾驶汽车中的感知模块负责获取和理解其周围的场景,输出直接影响着下游模块(如规划,决策和定位)。因此,感知的性能和可靠性是整个无人驾驶系统的关键。通过摄像头—激光雷达融合感知来加强其性能和可靠性,改善无人驾驶车辆在复杂的场景下的感知(如城市道路,极端天气情况等)。

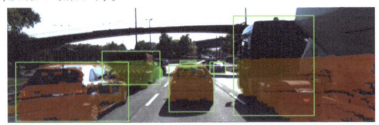

图 5-14　激光雷达与相机融合

5.3.1　图像和点云融合的趋势

(1) 2D 到 3D:随着 3D 特征提取方法的发展,在 3D 空间中定位、跟踪和分割对象已成为研究的热点。

(2) 单任务到多任务:一些近期的研究结合了多个互补任务,如对象检测,语义分割和深度完成,以实现更好的整体性能并降低计算成本。

(3) 信号级到多级融合:早期的研究经常利用信号级融合,将 3D 几何图形转换到图像平面以利用现成的图像处理模型,而最近的模型则尝试在多级融合图像和点云(如早期融合,晚期融合)。

5.3.2　3D 目标识别方法

3D 目标检测旨在 3D 空间中定位,分类并估计具备方向性的(bbox)目标边界框。当前有两种主要的目标检测流程:多阶段和单阶段。基于多阶段的模型大体由候选框阶段和 3D 边界框回归阶段组成。在候选框阶段,检测并提出所有可能包含感兴趣对象的区域。在(bbox)目标边界框回归阶段,根据候选的区域的特征对区域进行进一步甄别。但是,该模型的性能受到每个阶段的限制。在另一方面,single-shot 模型只包含一个阶段,其通常以并行的方式处理 2D 和 3D 信息。3D 对象检测模型的发展时间轴和其对应的数据融合层级如图 5-15 所示。

(1) 基于 2D 候选区域(2D Proposal)的多阶段模型。

这部分模型首先基于 2D 图像语义生成 2D 候选区域,这使其能利用现成的图像处理模型。更具体来说,这些方法利用 2D 图像目标检测器生成 2D 候选区域,并将其投影回 3D 点云空间中,形成 3D 搜索空间,并在这些 3D 搜索空间内进一步完成 3D bbox 的回归检测。其中有两种将 2D 候选区域转换到 3D 点云空间的投影方法:①将图像平面中的边界框投影到 3D 点云,从而形成一个锥形的 3D 搜索空间;②将点云投影到图像平面,将点云逐点与对应的 2D 语义信息联系起来。但在点云中,远处的物体或被遮挡的物体通常只由少量的稀疏点组成,这增加了第二阶段中 3D bbox 回归的难度。

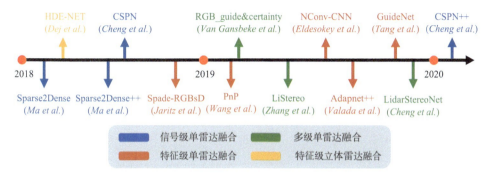

图 5-15 3D 对象检测模型的发展时间轴和其对应的数据融合层级

(2) 基于 3D 候选区域(3D Proposal)的多阶段模型。

基于 3D 候选区域的模型直接从 2D 或 3D 数据中生成 3D 候选区域。其通过消除 2D 到 3D 转换,极大地缩小了 3D 搜索空间。用于 3D 候选区域生成的常见方法包括(multi-view)多视角方法和点云体素化方法。基于多视角的方法利用点云的鸟瞰图来生成 3D 候选区域。鸟瞰图避免了透视遮挡,并保留了对象的方向信息和 x,y 坐标的原始信息。这些方向和 x,y 坐标信息对 3D 对象检测至关重要,且鸟瞰图和其他视角之间的坐标转换较为直接。而基于点云体素化的模型将连续的不规则数据结构转换为离散的规则数据结构。这让应用标准 3D 离散卷积,并使利用现有网络模型来处理点云变得可能。其缺点是失去了部分空间分辨率、细粒度的 3D 结构信息以及引入了边界痕迹。

(3) 单阶段模型。

单阶段模型将候选区域生成和 bbox 回归阶段融合为一个步骤,这些模型通常在计算效率上更高。这使它们更适合于移动计算平台上的实时应用。

5.4 基于深度神经网络与多源异构数据融合的环境感知技术

智能汽车处于复杂多变的外界环境中,单一传感器的信息难以满足人们对车辆安全性、实时性、可靠性等方面的要求。当前,智能网联汽车搭载的传感器种类多样化,其数据量呈现快速增长的趋势,这就需要利用数据融合技术,从多源异构数据中得出估计和决策,以增加数据的置信度、提高可靠性、降低不确定性。数据融合本质上是对来自多方数据的协同处理,以达到减少冗余、综合互补和捕捉协同信息的目的,该技术已成为数据处理、目标识别、态势评估以及智能决策等领域的研究热点。

多源异构数据融合技术是一个具有复杂性的综合处理过程,在多年来的发展中,传统的识别与分类算法为数据融合技术的进步和更加完备打下了理论基础;再加上近年出现的新技术,对继续推动数据融合向前发展也起了重大的作用。数据融合领域部分主要的方法包括最小二乘法、加权平均数法、卡尔曼滤波法、模糊理论、贝叶斯推理法、遗传算法、深度神经网络法等。随着计算机运算能力的快速发展,深度神经网络法是近几年研究的重点方法,基于深度神经网络的多源异构数据融合研究主要涉及三个方面,分别是激光雷达与毫米波雷达的数据融合、激光雷达与摄像头的数据融合、毫米波雷达与摄像头的数据融合。

5.4.1 激光雷达与毫米波雷达的数据融合

基于深度神经网络的激光雷达与毫米波雷达数据融合,能够充分利用激光雷达点云的深度信息和毫米波雷达输出确定目标的优势。本节介绍的算法采用量纲归一化的方法对点云做预处理,并利用处理后的点云生成特征图,融合毫米波雷达数据生成感兴趣区域,从而实现对障碍物的检测过程,其模型网络结构图如图 5-16 所示。

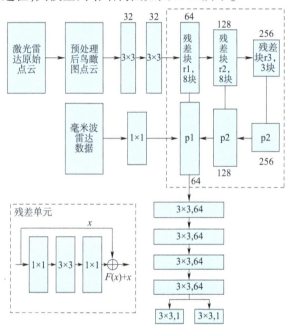

图 5-16 模型网络结构图

模型采用建立鸟瞰图的方式对周围环境进行创建,将三维点云降为二维数据,但仍然保留部分高度信息和反射强度信息,类似于 RGB 图的三通道,得到 1 个更加紧凑的表达形式。首先针对检测区域内长宽高($L \times W \times H$) 的点进行离散化处理,将反射强度量化为 $[0,1]$ 间的真实值,定义占用率特征分辨 $\frac{L}{d_L} \times \frac{W}{d_w} \times \frac{H}{d_H}$,$d_L$、$d_W$、$d_H$ 分别为鸟瞰图单位网格的尺寸。强度特征分辨率为 $\frac{L}{d_L} \times \frac{W}{d_w} \times 1$,最后鸟瞰图分辨率为 $\frac{L}{d_L} \times \frac{W}{d_w} \times \left(\frac{H}{d_H}+1\right)$。以激光雷达中心位置为中心点,中心点取在点云鸟瞰图,左右距离取值为 $[40,40]$m,前后距离取值为 $[0,80]$m,高度取值为 $[-2,2]$m。在获取鸟瞰图后,通过特征金字塔模块提取目标特征,并加入毫米波雷达数据生成的预瞄框,进一步获得目标的感兴趣区域,之后再由多任务分类回归网络获得目标的精确位置,完成检测任务,模型网络结构如图 5-15 所示。其中:r1、r2、r3 分别为经不同残差块处理后的特征图;p1、p2、p3 分别为经特征金字塔模块处理后的 3 个特征图;残差单元内的 x 为输入。

5.4.2 激光雷达与摄像头的数据融合

自动驾驶汽车的感知系统负责检测和跟踪周围的物体。这通常是通过利用多个传感器的模式来提高鲁棒性和准确性,这使得传感器融合成为感知系统的一个关键部分。近年来的传感器融合方法大多集中在利用激光雷达和相机进行三维目标检测方面。激光雷达提供了近距离的精确 3D 测量,但在远距离,产生的点云变得稀疏,降低了系统准确探测远处物体的能力。相机提供丰富的外观功能,但其不是一个很好的信息来源深度估计。这些互补的特性使激光雷达与相机传感器的融合成为近年来人们感兴趣的话题。这种组合已被证明在包括自动驾驶在内的许多应用程序中实现了高精度的 3D 目标检测。

其中,R—AGNO—RPN 即为近几年所提出的一种用于激光雷达与摄像头信息融合的深度学习网络模型。由于部分神经网络的对象检测方法在使用具有不同点云分辨率的 lidar 传感器数据进行测试时,性能会下降,故有学者针对此问题,提出了一种建立在 3D 点云和 RGB 图像融合基础上的区域网络,用于 3D 对象检测,而不考虑点云分辨率情况。该方法主要侧重于对象定位,而不是在减少的数据上估计边界框,即对低点云分辨率的 lidar 传感器同样适用,R—AGNO—RPN 网络模型架构,如图 5-17 所示。

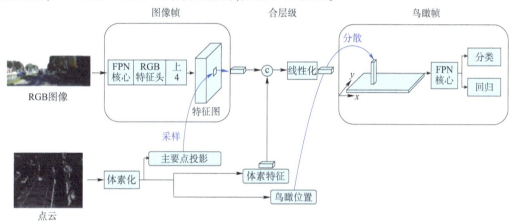

图 5-17　R—AGNO—RPN 网络模型架构

该网络从输入的 RGB 图像生成特征图。采用特征金字塔网络(FPN)架构,从多个尺度的特征图中提取信息。首先,图像由核心网络处理,该网络返回三个不同比例的特征图。这些特征图被提供给头部网络(即 RGB 特征头部),其任务是将这些特征映射合并为一个,生成特征图,再进行上采样。使用每个体素的主要点的投影,对特征图进行采样,并为每个体素分配提取的特征向量。

每个体素都有一个来自图像特征编码器的特征向量和一个来自 3D 点云的特征向量。两者都由线性层连接和转换。知道它们在鸟瞰图网格上的位置,就可以用生成的特征向量进行填充。在 BEV(Bird's Eye View)特征网格上应用了第二个 FPN 核心网络。然后将生成的特征图提供给两个不同的头部网络,一个用于分类,另一个用于回归。该网络使用 FPN 的动机是:来自不同类别的对象可能不会在两个帧(图像帧中的近/远对象,鸟瞰图帧中的小/大对象)上以相同的比例表示。特征金字塔网络在生成多尺度特征图时管理具有各种表观尺寸的对象。

5.4.3　摄像头与毫米波雷达的数据融合

激光雷达与相机的融合有着自身的局限性,相机和激光雷达都对恶劣天气条件(如雪、雾、雨)很敏感,这可能会显著降低它们的视野和传感能力。此外,在不使用时间信息的情况下,激光雷达和相机无法探测物体的速度。在许多情况下,估计物体的速度是避碰的关键要求。而与激光雷达和相机相比,毫米波雷达在恶劣天气条件下功能强大,能够探测到非常远(汽车雷达最远可达200m)的目标。雷达利用多普勒效应精确估计所有被探测物体的速度,而不需要任何时间信息。此外,与激光雷达相比,雷达点云在用作目标检测结果之前需要较少处理,同时,与激光雷达相比,其成本更低,这些特点使雷达成为自动驾驶应用中的热门传感器。

由于激光雷达和雷达点云之间的固有差异,将现有的基于激光雷达的算法应用或适应雷达点云是极其困难的。雷达点云比其对应的激光雷达部分稀疏,这使得它无法用于提取目标的几何信息。聚集多个雷达扫描会增加点的密度,但也会给系统带来延迟。此外,虽然雷达点云通常表示为三维坐标系中的点,但所报告点的垂直测量通常不准确,甚至不存在,因为大多数汽车雷达只报告距离和方位角度的目标。因此,针对这种情况,学者提出了一种基于摄像头与毫米波雷达数据融合的CenterFusion网络模型架构,如图5-18所示。

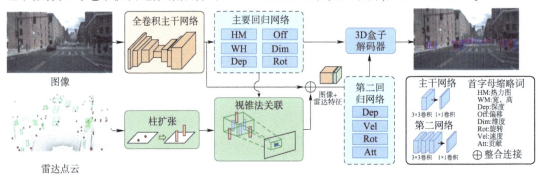

图5-18 CenterFusion网络模型架构

CenterFusion网络模型主要是用于3D物体检测的毫米波雷达与摄像头传感器数据融合方法。该网络使用CenterNet检测网络对图像进行初步检测。首先使用完全卷积的编码器—解码器骨干网络提取图像特征;然后使用提取的图像特征来预测图像上的对象中心点以及对象2D尺寸(宽度和高度)、中心偏移、3D尺寸、深度和旋转。这些值均由回归头预测。每个主要回归头由具有256个通道的3×3卷积层和1×1卷积层组成,以生成所需要的输出。这为场景中的每个检测对象提供了准确的2D边界框以及初步的3D边界框。

网络融合机制的关键是雷达检测与物体的准确关联。中心点对象检测网络为图像中的每个对象类别生成热图。热图中的峰值代表对象可能的中心点,这些位置的图像特征用于估计其他对象属性。为了在此设置中利用雷达信息,需要将基于雷达的特征映射到图像上相应对象的中心,这需要雷达检测与场景中对象间的准确关联。

CenterFusion的算法流程如下。

(1)首先使用CenterNet算法,利用摄像头数据预测目标的中心点,并回归得到目标的3D坐标、深度、旋转等信息;

(2)然后将雷达检测到的目标数据和(1)中检测到的目标中心点进行关联,其中应用了视锥的方法;

(3)将关联后的目标特征和雷达数据检测到的深度、速度信息组成的特征图并联,在进行 3D 目标深度、旋转、速度和属性的回归。

5.5 基于高精度地图和多传感器融合的汽车定位技术

5.5.1 高精地图的定义

高精度地图(图 5-19)实际上是和目前已经普及的普通导航电子地图作比较后来称谓的。一方面,高精度电子地图的绝对坐标精度更高,绝对坐标精度指地图上某个目标和真实的外部世界事物之间的精度;另一方面,高精度地图所含有的道路交通信息元素更丰富和细致。普通导航电子地图的绝对坐标精度在 10m 左右,由于其是辅助驾驶员做导航使用,同时 GPS 设备的定位精度也在 10m 左右,所以这样的精度对整体来说影响不大。图 5-20 所示为合肥中关村高精地图可视化效果。

图 5-19 合肥中关村卫星地图

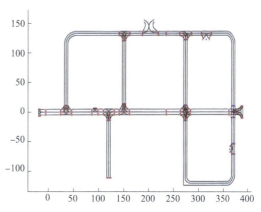

图 5-20 合肥中关村高精地图可视化效果

将其应用在自动驾驶领域时,自动驾驶汽车需要精确地知道自身所处的位置,往往车辆离马路牙子和旁边的车道几十厘米左右,所以高精度地图的绝对精度一般都会在亚米级,而且横向的相对精度(车道和车道,车道和车道线的相对位置精度)往往更高。高精度地图不仅有高精度的坐标,同时还有准确的道路形状,并且每个车道的坡度、曲率、航向、高程,侧倾的数据也都被包含在内。同时,出于对自动驾驶的考虑,每条车道的限速、推荐速度也一并提供,人行横道、道路沿线的看板、隔离带、限速标志、红绿灯、路边的电话亭等被包含其中,交通参与物的绝对地理坐标、物理尺寸以及他们的特质特性等也都会出现在高精度数据中。

除此以外,普通的导航电子地图和高精度地图的一大区别在于,普通的导航电子地图是面向驾驶员的供驾驶员使用的地图数据,而高精度地图是面向机器的供自动驾驶汽车使用的地图数据。普通的导航系统基于普通的导航电子地图提供基础道路导航功能,包括由 A 地到 B 地的路径规划,车辆和道路的定位匹配,用于查询目的地的 POI 检索,再结合地图显示和道路引导的功能等。

高精度地图需要具备辅助完成实现高精度的定位位置功能、道路级和车道级的规划能力以及车道级的引导能力,它的大部分应用场景主要是起主动安全目的的场景。

基于地图的定位技术包括通过车辆的自我运动预测下一步位置,并通过地图匹配确定位置。其过程主要经过粗定位和精确定位两个过程。车辆的粗定位通常可以通过GPS、GPS + IMU或GPS/RTK来获得,但是即便是采用差分GPS,仍然存在着自动驾驶不能接受的问题。

(1)信号丢失:GPS接收机在高楼周围,很容易失去某一方向上所有的卫星信号,仅依靠另外三面的卫星信号求得的定位结果,在精度上很难满足无人驾驶的需求。

(2)多路径问题:在高楼周围,原本收不到的卫星信号可能经过大楼楼体的镜面反射而被接收到,这种信号被称为多路径信号。从图5-21中可以看出,根据多路径信号计算得到的距离会明显大于实际距离。而智能网联汽车是很难判断当前接收到的信号是单路径还是多路径的。

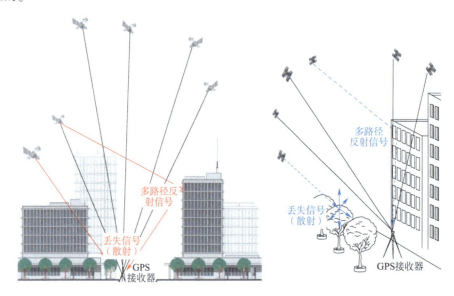

图 5-21 GPS 多路径问题

鉴于以上各种原因,可以看出,单靠GPS这一种传感器,智能网联汽车在复杂场景中,很难实现精确定位。

图5-22所示为高精地图的匹配定位,基于高精地图的精确定位技术,将高清地图与感知信息进行匹配,来确定车辆的精确位置。通过匹配车辆传感器的数据和高精地图数据来计算车辆位置。由于它没有位置漂移且成本较低,而一直是IVs中的一个热门话题。近年来,随着高精度地图技术和传感器技术的发展,地图匹配定位的精度可以达到厘米级。

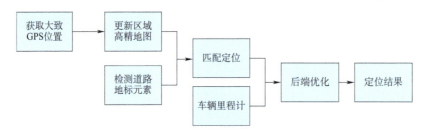

图 5-22 基于高精地图的匹配定位

有些方法直接利用地图中的几何或点强度信息等非语义线索进行地图匹配。例如,使用从车载 LiDAR 传感器收集的点云强度来进行匹配。利用摄像头生成的特征点来估计车辆姿态,实现了使用一个神经网络来完成匹配任务,从而对移动物体进行更稳健的定位。

2013 年,Markus Schreiber 等人提出利用语义级别线索进行基于地图的定位。使用车道线并确保车道标记不同,手动在 LiDAR 强度图上标记。然后可以使用立体相机在线检测和匹配车道。为了改善定位结果,添加交通标志以增加可以从图像中检测到的特征。在最近的发展中,Johannes L. Schonberger 等人使用图像分割来创建密集语义图,并匹配几何和语义线索以获得定位结果。Wei-Chiu Ma 等人利用轻量级矢量高清地图中的车道、灯和交通标志来定位车辆。

2021 年,Tuopu Wen 等人通过在紧耦合优化框架中融合视觉里程计和矢量高清地图,提出一种新算法来解决地图匹配定位结果不稳定的问题。算法利用滑动窗口方式对视觉特征点和矢量高清地图地标进行观察,并以紧密耦合的方法优化它们的残差。通过这种方式,增加系统对嘈杂的高清地图地标观测的鲁棒性。此外,即使在地标稀疏的情况下,该方法也能够准确估计车辆姿态。

5.5.2 图像语义识别与高精度地图的结合

高精地图通常是带有语义信息的地图(图 5-23),如车道线、路牙、标牌、杆、红绿灯等,高精地图对其 3D 位置进行了详细描述。同时,较为先进的智能汽车感知方案也能够从环境信息中提取要素,并进行语义分割。利用这个特点,可以结合图像语义识别和高精地图进行无人驾驶汽车的定位。

图 5-23 带有语义信息的高精地图

n 点透视(Perspective-n-Point,PnP)是求解 3D 到 2D 点对运动的方法。它描述了当知道 n 个 3D 空间点及其投影位置时,估计相机位姿的方式。然而,如果两张图像中一张特征点的 3D 位置已知,那么最少只需 3 个点对(以及至少一个额外点验证结果)就可以估计相机运动。对于高精地图,特征点的 3D 位置可以由相机图像匹配高精地图得到的特征点直接确定。可以直接使用 PnP 估计相机运动。在单目视觉里程计中,必须先进行初始化,才能使用 PnP。3D—2D 方法不需要使用对极约束,又可以在很少的匹配点中获得较好的运动估计,是一种最重要的姿态估计方法。

PnP 问题有很多种求解方法,例如,用 3 对点估计位姿的 P3P、直接线性变换(DLT)、EPnP(Efficient PnP)、UPnP 等。此外,还能用非线性优化的方式,构建最小二乘问题并迭代求解。

P3P 是一种求解 PnP 的方法,它仅需要三对匹配点,对数据的要求量较少。P3P 需要利用给定 3 个点的几何关系。它的输入数据为 3 对 3D—2D 匹配点。记 3D 点为 A、B、C，2D 点为 a、b、c，其中小写字母代表点为对应大写字母代表点在相机成像平面上的投影，如图 5-24 所示。此外，P3P 还需要使用一对验证点，以从可能的解中选出正确的那一个（类似于对极几何情形）。记验证点对为 D—d，相机光心为 O。A、B、C 为在世界坐标系中的坐标，而不是在相机坐标系中的坐标。一旦 3D 点在相机坐标系下的坐标能够算出，我们就得到了 3D—3D 的对应点，把 PnP 问题转换为了 ICP 问题。

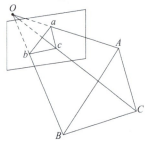

图 5-24　P3P 示意图

以下为计算位姿的推导过程。

首先，显然存在如下几何关系：

$\Delta Oab \sim \Delta OAB, \Delta Obc \sim \Delta OBC, \Delta Oac \sim \Delta OAC.$

考虑 ΔOab 和 ΔOAB 的关系，有：

$OA^2 + OB^2 - 2OA \cdot OB \cdot \cos\langle a, b\rangle = AB^2.$

同样有：

$OA^2 + OB^2 - 2OA \cdot OB \cdot \cos\langle a, b\rangle = AB^2$

$OB^2 + OC^2 - 2OB \cdot OC \cdot \cos\langle b, c\rangle = BC^2$

$OA^2 + OC^2 - 2OA \cdot OC \cdot \cos\langle a, c\rangle = AC^2.$

对以上三式同除以 OC^2，并记 $x = \dfrac{OA}{OC}, y = \dfrac{OB}{OC}$，得：

$x^2 + y^2 - 2xy\cos\langle a, b\rangle = \dfrac{AB^2}{OC^2}$

$y^2 + 1^2 - 2y\cos\langle b, c\rangle = \dfrac{BC^2}{OC^2}$

$x^2 + 1^2 - 2x\cos\langle a, c\rangle = \dfrac{AC^2}{OC^2}.$

记 $v = \dfrac{AB^2}{OC^2}, uv = \dfrac{BC^2}{OC^2}, wv = \dfrac{AC^2}{OC^2}$，有：

$x^2 + y^2 - 2xy\cos\langle a, b\rangle - v = 0$

$y^2 + 1^2 - 2y\cos\langle b, c\rangle - uv = 0$

$x^2 + 1^2 - 2x\cos\langle a, c\rangle - wv = 0.$

消去 v：

$(1-u)y^2 - ux^2 - \cos\langle b, c\rangle y + 2uxy\cos\langle a, b\rangle + 1 = 0$

$(1-w)x^2 - wy^2 - \cos\langle a, c\rangle x + 2wxy\cos\langle a, b\rangle + 1 = 0.$

注意这些方程中的已知量和未知量。由于知道 2D 点的图像位置，3 个余弦角 $\cos\langle a, b\rangle$，$\cos\langle b, c\rangle$，$\cos\langle a, c\rangle$ 是已知的。同时，$u = BC^2/AB^2$，$w = AC^2/AB^2$ 可以通过 A, B, C 在世界坐标系下的坐标算出，变换到相机坐标系下后，这个比值并不改变。该式中的 x, y 是未知的，随着相机移动会发生变化。因此，该方程组是关于 x, y 的一个二元二次方程（多项式方程），求解该方程最多可能得到 4 个解，但我们可以用验证点来计算最可能的解，得到 A, B, C 在相机坐标系下的 3D 坐标，从而推算出相机在高精地图中的坐标。

第6章 基于车联网通信的智能网联汽车环境感知技术

6.1 车联网通信技术概述

6.1.1 车联网发展背景

目前,我们已经生活在了一个互联网无处不在的时代。而互联网发展到今天,已经进入智能互联网时代,也叫物联网时代。它以智能传感器为终端,而物联网也被称作是互联网的下半场。说得更加通透一点,物联网就是万物联网,互联互通,从日常用品到汽车等将全部联上网,并产生大量数据。而说起物联网,我们比较熟悉的就是智能家居,通过手机 APP 可以控制家里的空调、冰箱、彩电、窗帘等。而随着 5G 网络的普及,整个物联网产业即将被引爆,真正实现万物互联。而车联网则是物联网版块当中最成熟、最具前景、最有价值的版块。

车联网就是通过车内网、车载移动互联网和车际网,由汽车收集处理并共享大量信息,实现车与人之间、车与车之间、车与路之间、车与外部世界之间的连接,车与我国交通信息安全大数据中心相连,实现智能动态信息服务、车辆智能化控制和智能交通管理。

车联网在国外起步较早。20 世纪 60 年代,日本就开始研究车间通信。2000 年左右,欧洲和美国也相继启动多个车联网项目,旨在推动车间网联系统的发展。2007 年,欧洲 6 家汽车制造商(包括 BMW 等)成立了 Car2Car 通信联盟,积极推动建立开放的欧洲通信系统标准,实现不同厂家汽车之间的相互沟通。而在 2010 年,美国交通部发布了《智能交通战略研究计划》,内容包括美国车辆网络技术发展的详细规划和部署。而与国外车联网产业发展相比,我国的车联网技术直至 2009 年才刚刚起步,最初只能实现基本的导航、救援等功能。随着通信技术的发展,2013 年我国汽车网络技术已经能够实现简单的实时通信,如实时导航和实时监控。

在 2014—2015 年,3G 和 LTE 技术开始应用于车载通信系统以进行远程控制。2016 年 9 月,华为、奥迪、宝马和戴姆勒等公司合作推出 5G 汽车联盟(5GAA),并与汽车经销商和科研机构共同开展了一系列汽车网络应用场景。而此后至 2019 年,国家颁布了多项方案,将发展车联网提到了国家创新战略层面。在这期间,人工智能和大数据分析等技术的发展使得车载互联网更加实用,如企业管理和智能物流。

此外 ADAS 等技术可以实现与环境信息交互,使得 UBI(Usage Based Insurance,基于车主驾驶行为以及使用车辆相关数据的可量化的保险)业务的发展有了强劲的助推力。未来,依托于人工智能、语音识别和大数据等技术的发展,车联网将与移动互联网结合,为用户提供更具个性化的定制服务。

6.1.2 车联网与 C-V2X 发展现状

智能交通的车路协同和汽车产业变革的自动驾驶等都离不开车联网。车联网是指按照约定的通信协议和数据交互标准,在"人—车—路—云"之间进行信息交换的通信网络。车联网产业是汽车、电子、信息通信、道路交通运输等行业深度融合的新型产业,是全球创新的热点和未来发展的制高点。

车联网无线通信技术(V2X)是实现车辆与周围的车、人、交通基础设施和云(平台)等全方位连接和通信的新一代信息通信技术。V2X 通信包括车与车之间(V2V)、车与路之间(V2I)、车与人之间(V2P)、车与网络之间(V2N)等的通信,其中,V2V、V2I 和 V2P 具有低时延、高可靠等特殊严苛的通信要求,而 V2N 没有严格的时延和可靠性要求。汽车与交通行业应用车联网技术的目的是提高驾驶安全、提高交通效率、降低总耗能,最终与 ADAS 协同实现自动驾驶。

车联网标准体系可分为无线通信和应用两大部分。目前,国际上主流的车联网无线通信技术由电气和电子工程师协会(Institute of Electrical and Electronics Engineers,IEEE)主导标准化的 Elec-IEEE 802.11p 和由 3GPP 主导标准化的 C-V2X 两条技术路线,而应用层标准则由各国家和地区根据区域性的应用定义进行制定。

V2X 通信面临车辆移动引起的网络拓扑高度动态性与时空复杂性无线传播环境复杂快时变、高密度下的低时延和高可靠通信难题等新科学问题。2010 年,美国主导完成了车联网无线通信标准 IEEE802.11p,其在 IEEE 802.11a 的基础上进行改进,支持运动环境下的车—车和车—路间的直联通信,但存在隐藏终端问题、连续化覆盖差、车辆密集时通信时延大和可靠性低等缺点。蜂窝通信具有大容量、广覆盖、移动性好等优势,能支持车辆远程信息服务和娱乐信息服务;但 4G 通信平均端到端时延超过 100ms,难以满足道路安全和行驶安全的低时延、高可靠通信要求。可见,基于 Wi-Fi 升级的车联网通信或蜂窝通信制式各具优缺点,但均无法满足车联网的通信需求。

大唐团队于 2012 年开始研究基于 TD-LTE 4G 的车联网技术,在 2013 年 5 月 17 日(国际电信日)国内外公开场合首次提出 LTE-V(即 LTE-V2X)车联网核心技术与标准化推进设想,该技术是首个融合蜂窝移动通信和直通通信两种模式的车联网通信技术,确立了 C-V2X 的基本系统框架和关键技术原理。从 2015 年开始,大唐团队联合 LG 电子和华为等企业在 3GPP 推进 LTE-V2X 车联网国际标准制定。C-V2X 作为基于蜂窝的 V2X 通信技术,基于 3GPP 全球统一标准,包括基于 4G LTE 的 LTE-V2X 及基于 5G 新空口(New Radio,NR)的 NR-V2X 技术。

V2X 通过构建"人—车—路—云"协同的车联网产业生态体系,将交通参与要素有机地联系在一起,一方面可支撑车辆获得比单车感知更多的有效信息,促进自动驾驶技术的发展;另一方面通过构建智慧交通系统,提升交通效率、提高驾驶安全、降低事故发生率、改善交通管理、减少污染等,促进汽车和交通服务的新模式、新业态发展。

无论是 IEEE 主导的 IEEE 802.11p 技术,还是 3GPP 主导的 C-V2X 技术,目前都已经完成阶段性技术研究和标准化制定,车联网产业化的技术条件已具备,全球车联网产业化阶段已经到来。

目前我国已将车联网产业上升到国家战略高度,产业政策持续利好。车联网技术标准体系已经从国家标准层面完成顶层设计。我国车联网产业化进程逐步加快,围绕 LTE-V2X 形成了通信芯片、通信模组、车载终端、路侧设备、整车制造运营服务、测试认证、高精度定位及地图服务等较完整的产业链生态。为推动 C-V2X 产业尽快落地,工业和信息化部、交通运输部、公安部等积极与地方政府合作,形成车联网测试先导区和示范区多地部署的积极格局,为后续大规模产业化及商业化奠定了基础。

6.1.3　车联网与 C-V2X 发展趋势

车联网基本应用需求主要分为 3 类:(1)有关生命财产安全的道路安全类应用是车联网的基本业务核心;(2)提升交通效率、降低能源消耗和减少环境污染是交通效率类应用的重要作用,也是研究重点;(3)为交通出行提供便捷及时的信息服务和娱乐服务,提供丰富多彩的驾乘体验,是车联网应用的重要组成部分。因此衍生了以下几个发展方向:(1)道路安全类,安装 V2X 通信设备的交通参与者,如车辆、路侧设备、行人、自行车、摩托车等,可以通过感知周围 V2X 通信节点的实时状态信息,经过危险信息预警,辅助驾驶员决策判断是否可能发生危险情况,从而降低交通事故发生率,提高交通安全性;(2)交通效率类,车联网可增强交通感知能力,通过构建智慧交通体系,实现交通系统的智能化和网联化,如动态调配路网资源、及时提供准确的静态和动态交通信息、经过拥堵提醒、完成协作变道和协作避免碰撞等协作驾驶行为、规划合理的出行路线,提高交通流量等;(3)信息娱乐类,车载信息娱乐类应用可为车内用户提供信息和娱乐等服务,是全面提升政府监控、企业运营和人们出行水平的手段。随着汽车和通信技术普及,汽车的车载终端可作为支付节点,对消费的服务和商品等进行账务支付,实现车载支付,成为金融支付节点。并且随着 5G 技术的发展,3GPP 也完成了基于新空口(NR)的 5G 标准,作为全新的无线传输技术,NR 不需要考虑与 LTE 后向兼容的问题,从而提供了更灵活的空口设计,支持更宽广的业务需求。

C-V2X 应用可以分近期和中远期两大阶段。近期目标是通过车—车协同、车—路协同实现辅助驾驶安全,提高交通效率。中长期将结合人工智能、大数据等新技术,融合雷达、视频感知等技术,通过车联网实现从单车智能到网联智能的发展,中期实现限定区域和指定道路的自动驾驶,最终实现乘用车的全天候、全场景的自动驾驶。

6.2　基于车路协同的智能网联汽车交通环境感知技术

6.2.1　车路协同体统架构

车联网和车路协同都强调汽车通过通信接收路边环境信息,提高驾驶安全性和道路通行效率。车路协同的技术内涵有 3 点:(1)强调人—车—路系统协同;(2)强调区域大规模联网联控;(3)强调利用多模式网络与信息交互。

从车路协同的角度来看,要求所有交通要素的状态信息实施数字化采集,并通过通信技术进行快速交换共享。交通参与者可根据交互信息进行协同,交通管控中心对采集的海量数据进行分析提取,实现全局管控。

智能车路协同在3个维度上有新的变化:(1)感知模式的变化,从依靠人(驾驶员)的观察转变为车辆自主的环境感知,但由于复杂的交通环境车辆更需要协同感知。如果车不知晓道路的一些结构化信息,不获悉整个路网的交通流状态信息,就没有办法作出最优控制决策,只能顾及眼前;(2)决策模式变化,由单个车辆个体基于规则的决策,转变为群体协同决策;(3)管控方式的变化,管控方式主要向系统控制和协同管控方向发展。

综上所述,车路协同下的车联网的系统架构如图6-1所示。

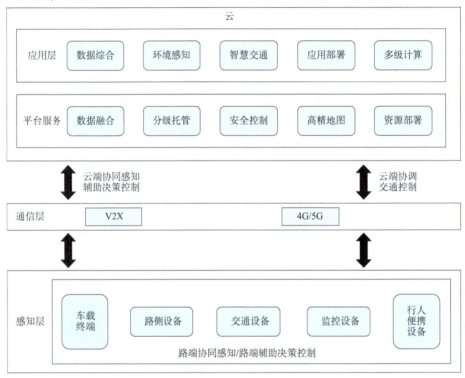

图6-1 车路协同下的车联网的系统架构图

其中,感知层包括车载终端、行人设备、记忆路侧感知设备3类感知设备,3类设备间通过车联网实现互联和信息交互,并进行路与端之间的协同感知和辅助决策处理。感知层及对应的端设备与云间可以通过车联网进行信息交互。

感知层负责车辆自身与道路信息的全面感知和采集,是车联网的神经末梢,通过传感器和定位技术,实时感知自身车况和当前位置、周围车辆和道路环境等信息,以及获取车辆自身属性和车辆外环境的静动态数据。其数据来源包括:①车辆自身的感知信息,如位置、速度、加速度、横摆角速度等,通过读取车上的、全球导航卫星系统(Global Navigation Satellite System,GNSS)和其他传感器得到;②对周围车辆行驶状态的感知信息,如周围车辆的位置、方位、速度、航向角,以及特殊车辆(公交车、救护车等)路权优先请求,需要通过车车通信(V2V)获取;③对道路环境的感知信息,如交通信号状态、道路拥堵状态、车道驾驶方向,需要通过车路通信(V2I)获取;④交通全局信息通过车与云后台及第三方应用(V2N)交互来获取更多的数据。

云与端之间的协同包括云与路侧设备间的协调与交通调控,以及云与车载终端间的协同感知和云端辅助决策控制。云可分为区域云和中心云构成的多级控制,主要有平台服务层和应用服务层。平台服务层主要为应用服务层提供平台支撑能力,可提供数据融合汇聚存储、业务分级开放托管、安全控制与管理、高精度地图与定位和资源部署与管理等功能。应用服务层提供大数据的分析评价、交通环境感知及优化、智慧交通管理系统、多级的应用动态部署和计算能力调度功能。多平台可根据 V2X 业务对时延、数据计算量、部署等方面的需求,分层提供不同的服务。

6.2.2 车路协同环境感知技术方案

基于车路协同的环境感知建立在如交通传感器、雷达、摄像头、高精度定位等现有感知手段基础上,并利用车联网低延迟、高带宽的特性与网络切片和边缘计算等技术进行优化升级,使车路协同系统可以满足全息交通管理应用的各种场景,并为无人驾驶提供有效的路侧数据支持。车路协同技术赋予智能网联汽车全领域、全天候、高精度和高时效的环境感知能力。

6.2.2.1 车路协同感知实现方案

(1)以经典型城区场景为例。

图 6-2 所示场景为城市交叉路口路段,车辆左转弯时,因视角或障碍物遮挡等原因,其对左侧路端行人或车辆感知能力有限,而路边设施对路口感知能力更佳,此时路侧摄像头或雷达等设备具有良好的感知效果,并通过路侧服务器(Road Side Server,RSS),将感知信息发给 V2X 的云端服务器,并由服务器经路侧单元(Road Side Unit,RSU)转发至车辆车载终端 OBU,使车辆可与路侧设备共享感知信息,提高行驶安全性,降低交通事故的发生率。

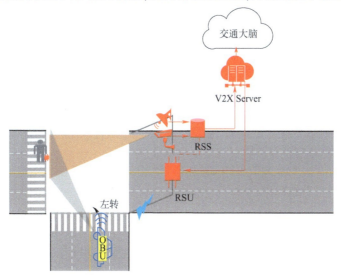

图 6-2 经典型城区场景车路协同感知实现方案

(2)以大唐车路协同产品为例。

大唐车路协同产品架构如图 6-3 所示,其 OBU(图 6-4)融合 V2X、鲨鱼鳍天线、5G、以太网、CAN、Wi-Fi、BLE、Tuner 的下一代通信域控制方案,可实现 FOTA(Firmware Over-The-Air)、远程控制、远程诊断、蓝牙钥匙、以太网通信技术等功能,并提供 V2X 使用场景的定制化服务与高精度定位和航位推算服务,集成 ETC 功能。

图 6-3　大唐车路协同产品架构

RSU 的接口支持高速以太网口,交直流或 PoE 供电方式,即插即用,支持数据到后台服务器的无线回传,便于数据采集和后期操作维护。具有 IP65 采用一体化设计,体积小巧,便于安装使用的特点,满足智能网联汽车测试场搭建、智能交通、高速公路路侧设施集成等需求。大唐车路协同 RSU 如图 6-5 所示。

通信模组 DMD31(图 6-6)含有 3GPP、R14、PC5 和 Mode4 等接口,具有整合通信处理器和应用处理器、接口丰富、集成度高、可满足客户多样化产品设计需要的特点。可基于配套应用开发工具包快速开发应用软件。

图 6-4　大唐车路协同 OBU　　图 6-5　大唐车路协同 RSU　　图 6-6　通信模组 DMD31

其车路协同云控子系统(图 6-7)可对 V2X 设备采集的信息进行交通大数据汇总,支撑丰富的大数据应用,同时实现对 V2X 设备的集中管控,进而实现对整个道路的实时动态管控。

图 6-7　车路协同云控子系统

6.2.2.2 基于 5G 车路协同和 B5G 的高精度定位

车辆行驶决策对自身及环境定位要求极高。分米级甚至厘米级的高精度定位是车联网展开车辆自动驾驶和道路安全业务决策的重要保障,也为低速环境下的公交车靠边停车、港口物流车辆卸装集装箱、车辆编队、自动泊车、远程驾驶等车联网应用提供了精准的实时位置信息。

目前普遍采用的高精度定位技术包括卫星差分补偿定位、无线电(如蜂窝网、局域网等)、激光雷达/毫米波雷达/微波雷达探测、惯性测量定位、传感器定位、高精度地图定位等。这些技术存在响应速度慢、定位精度低、应用场景受限、覆盖范围有限等缺陷,并且存在各种定位技术及模块信息反馈独立、定位信息时间不同步、空间坐标系不一致等问题。其中,3GPP 在 R16 版本引入的 5G 网络无线接入定位技术,能够满足室内小于 3m,室外小于 10m 的定位性能,但不能满足 C—V2X 型应用的分米级精度和毫秒量级时延的定位要求。车联网的高精度定位,需以基于 B5G 网络的高精度定位及高精度卫星定位为基础,并将惯性传感器和激光雷达等多层次定位技术实现可信融合,研发保障不同应用场景、不同业务定位需求的一体化定位方案。

(1) B5G 无线网络架构的创新。

B5G 无线网络架构的创新将使满足定位精度条件下的定位时延更低。如分布式 MIMO、定位服务器下沉到基站等技术将使基站间的联合处理更迅速,从而降低定位时延。

(2) 基于 B5G 信号的增强。

随着 B5G 系统的载频提升最大信号带宽将从 5G 系统的 400MHz 增加到 B5G 系统的 1000MHz 以上,多径时延分辨率可与 UWB(Ultra Wideband)定位技术相当;基站侧天线阵元数将达到 1000~10000 个,角度分辨率可达 1 甚至更小;相关技术演进将为 B5G 信号的分米级定位精度提供可能性,从而支持 C—V2X 的分米级定位精度。

(3) 高精度测量算法和多层次融合的位置解算算法。

引入人工智能和机器学习等算法,提高非视距(NLOS)和多径信道下的测量算法精度,并且针对 5G 的高精度定位、高精度卫星定位与惯性传感器和激光雷达等定位测量结果进行多层次的可信融合的位置解算算法,可提高 C—V2X 的定位精度和可靠性。

(4) 基于 5G 信号的载波相位定位技术。

基于 5G 信号载波相位定位技术的基本原理是测量 5G 信号载波的相位变化,获取传播距离信息,从而完成终端定位。由于载波相位测量误差一般小于载波波长的 10%(例如,载波频率为 2GHz 时,载波相位测量误差为 1.5cm),基于 5G 信号的载波相位定位精度可达厘米级。由于 5G 基站的参考符号功率高、不受电离层/对流层时延等天气干扰的影响,5G 网络对参考符号的信号发送有控制权,基于 5G 网络来实现载波相位定位比基于卫星的载波相位具有更高的定位精度、更低的定位时延和更低的复杂度。

6.2.2.3 雷达与通信融合在车路协同中的应用

在传统研究中,雷达和通信独立发展。雷达用于目标探测,通信用于设备间的信息传输,二者基于各自的功能和频段独立设计,互不影响技术发展。然而,对于通信系统,无线设备和数据通信量的成倍增长造成了频谱资源紧缺;对于雷达系统,电磁波环境的高复杂性将导致单个雷达感知性能受限。因此,单一的雷达和通信发展难以满足未来车联网的需求。

考虑到雷达和通信系统硬件设备和系统组成成分相似,天线结构类似,工作带宽相近,以及雷达可以辅助实现通信中的快速邻居发现、信道估计和波束对齐等原因,雷达与通信融合成为实现精准全面感知、快速高效通信组网能力的关键技术,其融合体现在物理资源的一体化使用和一体化网络两个层面。

车联网具有数据传输和目标探测的双重需求,由于车载雷达和 C-V2X 通信均使用毫米波频段,雷达与通信的融合与联合设计将成为车联网的重要挑战和关键技术之一,具体而言,雷达与通信融合技术是指通信与雷达在共享硬件设备和频谱资源的前提下同时实现通信与探测感知的功能。与传统分离式雷达系统和通信系统相比,雷达与通信的融合能够显著降低系统功耗、节省硬件空间、降低成本,并有效提高频谱效率。在车联网中,通过雷达探测功能能够有效获取车辆的周边环境信息,利用通信手段将不同车辆的雷达探测结果进行共享和联合处理,进而获取更完备的环境信息,有效提高探测的准确度,实现更全面的感知效果。利用感知信息构建超视距地图,可以为各个车辆提供有效的避障处理措施,辅助建立更稳定的通信链路。从感知信息中还可以进一步提取有效的先验信息,从而降低信道估计、波束训练等通信开销。

然而雷达与通信的融合与联合设计仍然面临诸多挑战,具体包括如下方面。

(1)在理论层面,针对感知与通信的信息理论框架仍然处于初步阶段,尤其是针对雷达与通信一体化系统。需要从信息论的角度对信息容量进行分析,指导优化一体化波形的设计,使之能够有效地完成雷达探测和信息传递任务。

(2)在物理层面,C-V2X 通信和雷达技术对调制、带宽、信道、功率等指标的要求存在着巨大的差异,需要设计低成本、强动态、自适应的电路,以支持不同模式下合适的传输。基于系统性能和成本的考虑,器件的数目、安装的位置等面临着较大的挑战。

(3)在感知层面,雷达设备通常采用较高的波段,尤其是毫米波段。在高采样、强衰减、高移动的挑战下,如何实现时间的精准同步、微小信号的快速提取,对于获取距离、速度、角度等感知信息具有重要的影响。

(4)在通信层面,由于车联网拓扑结构变化快、信道环境变化明显,多车雷达探测结果的共享与联合处理面临大带宽低时延通信传输、收发双方坐标系转换的问题。在毫米波频段下,收发双方通常会配备大规模天线以进行波束赋形,因此波束角度准确性问题变得尤为突出。

(5)在融合层面,车联网系统下感知信息存在着种类多、容量大、异构性强、失效性快的特点。如何有效结合经典信息融合算法和当前的深度学习技术获取有效先验信息,对于辅助通信系统具有重要作用。由于安全性是车联网需要优先确保的问题,如何在避免冗余甚至错误的前提下提取有效的先验信息也需要进一步考虑。

当前,有关雷达与通信融合技术的研究主要集中在基站服务车辆模式下,利用获取的车辆位置等信息辅助配置通信链路,进而达到减小波束训练、波束追踪开销的效果。考虑到车辆配备的传感器逐渐增多,功能日趋完善,单个车辆已具备支持通信和感知的能力。通过车—车通信实现感知数据交互将会是未来应用雷达与通信融合的重要组成部分。与基站服务车辆模式相比,车—车交互的模式灵性更大、实时性更好,但同时也面临着网络拓扑结构更复杂、通信开销更大等挑战。与此同时,为了满足车联网海量数据传输的需求,通信频段正朝着毫米波段演进。虽然通信频段的高频演进可以实现与雷达频段的统一,使得通信与雷达的融合更加有机与一体化。为了支持低成本高可靠的车联网毫米波通信,需要新型的混合大规模天线技术、快速的时变信道估计算法等方面的支持,以实现吉比特每秒级的数据传输。在车联网下信息交互的模式进一步拓展到车与车,通信频段进一步演进到与雷达相似的高频毫米波段背景下,未来雷达与通信融合技术的研究点包括以下几方面。

(1)通信辅助雷达检测。

在车联网网络中,为了扩大车辆的感知范围,多车辆雷达探测信息可以通过通信链路进行实时共享与融合,进而构建超视距地图,扩大雷达的探测范围,提高雷达的探测精度。

(2)雷达辅助通信网络。

随着车辆环境感知雷达的广泛布置,通信网络的快速构建在高移动性车辆网络应用中日趋重要。利用雷达可同时快速探测周围车辆的位置、距离、角度等信息,减小时间消耗。

(3)多种资源联合分配。

融合感知通信系统的雷达和通信模块共享资源,涉及时间、频谱、波束、功率、存储、计算的资源分配调度问题,以更好地服务于目标探测与追踪,以及通信链路的构建。

(4)快速信道估计和波束对齐。

高移动性车辆网络中信道变化较快,信道估计和传输成本较大,这会极大地降低频谱效率。然而雷达可以提供到达角和时延等有用信息,用于快速信道估计。此外为了提供高传输速率,现阶段基于训练的波束扫描会带来极大的波束训练开销。雷达可以快速地搜索最佳波束对,发现最佳天线对准点,实现波束对齐,减小成本。

(5)联合跨层优化设计。

为了保证不同车辆节点间电路控制信号的需要,需要考虑适当地多址接入协议、双工技术和有序的资源调度协议。与功率分配策略联合优化,达到通信速率与雷达探测精度的有效折中。

(6)模型辅助感知学习。

为了实现毫米波链路的低时延、高效率的快速配置,深度学习有助于获取态势感知。这包括学习频谱状态随时间的演变、获取信道相应、识别未充分利用的频谱。此外,深度学习还可以应用于目标分类、自动波形识别以及确定最佳天线和射频链等任务。

6.3 基于 V2V 通信的智能网联汽车障碍物感知技术

随着 V2V 通信的提出,每个具备车间通信功能的车辆都是一个移动的传感器,通过 V2V 通信与周围车辆实时信息交互,准确地检测到本车和周围的交通状态信息,基于车—车通信的障碍物感知技术在许多驾驶场景的应用,对提高行车安全具有重要的意义。本节主要对 V2V 的应用场景进行分类,基于 V2V 车联网技术,利用车载无线通信与车辆自身获取的信息,将 V2V 技术应用于交叉路口的防碰撞场景中。通过无线通信与进入交叉路口的车辆进行信息交换,根据检测到的本车运动状态及与其他车辆的相对距离和相对速度等信息,实时判断本车是否存在与其他车辆发生碰撞的潜在趋势,提前向驾驶员发布预警信息,引发驾驶员的关注及其合理的规避操纵,以避免碰撞事故的发生。

6.3.1 主要场景分类

V2V 技术主要在安全类别的场景中进行应用,表 6-1 整理了目前基于 V2V 的 6 个核心应用场景。

V2V 主要场景分类　　　　　　　　　　　　　　　　　　　　　　　表 6-1

通信方式	应用场景	通信方式	应用场景
V2V	前向碰撞预警	V2V	盲区预警
V2V	交叉路口碰撞预警	V2V	变道辅助
V2V	左转辅助	V2V	紧急制动预警

6.3.2 具体场景解析

(1) 协同式前向碰撞预警 V-FCW(V2X-Forward Collision Warning)。

主车在车道上行驶,与在正前方同一车道的远车存在追尾碰撞危险时,FCW 将对主车驾驶员进行预警。

(2) 协同式交叉路口碰撞预警 V-ICW(V2X-Intersection Collision Warning)。

主车驶向交叉路口,与侧向行驶的远车存在碰撞危险时,ICW 车载应用将对主车驾驶员进行预警。

(3) 协同式左转辅助 V-LTA(V2X-Left Turn Assistant)。

主车在交叉路口左转,与对向驶来的远车存在碰撞危险时,LTA 将对主车驾驶员进行预警。

(4) 协同式盲区预警 V-BSW(V2X-Blind Sport Warning)。

当主车的相邻车道上有同向行驶的远车出现在盲区时,BSM(Basic Safety Message)应用对主车驾驶员进行提醒。

(5) 协同式变道预警 V-LCW(V2X-Lane Change Warning)。

当主车准备实施变道操作时(激活转向灯等),若此时相邻车道上有同向行驶的远车处于或即将进入盲区,该应用会对驾驶员进行预警。

(6) 协同式紧急制动预警 V-EBW(V2X-Emergency Vehicle Warning)。

主车行驶在道路上,与前方行驶的远车存在一定的距离,前方远车进行紧急制动动作时,通信终端会将这一信息通过短程无线通信进行广播。主车检测到远车的紧急制动状态,若判断该事件与主车相关,则对主车驾驶员进行预警。

6.3.3 车辆交叉路口碰撞预警算法需求分析

6.3.3.1 场景描述

此场景主要对交叉路口车辆预警功能进行设计开发,通过接收交叉口周边的车辆数据,对数据进行处理并通过显示终端提前对驾驶员进行预警,提升驾驶的安全性。交叉路口碰撞预警(Intersection Collision Warning,ICW)主要由车辆、路边单元等组成,通信模式主要为V2V,利用车车通信与周边车辆进行信息交换,根据接收到的路口周边车辆相对位置与速度等信息，可以实时判断是否存在碰撞危险，并采用声音、图像等人机交互技术提前向驾驶员发布预警信息，提示其发生碰撞的危险性，引起驾驶员的注意，使其及时采取合理的规避操作，避免碰撞事故的发生。

6.3.3.2 详细需求定义

交叉路口碰撞预警详细需求见表6-2。

交叉路口碰撞预警详细需求　　　　　　　　　　　表6-2

功能名称	交叉路口碰撞预警		
详细描述	当主车(HV)驶向信号灯控制交叉路口的同时，由于有遮挡物或者盲区导致驾驶员无法看到侧方来车时，预警系统中的过滤器会首先过滤掉车辆打开转向灯且两车不存在碰撞危险的情况，随后车辆碰撞检测单元开始计算车辆是否有潜在的碰撞危险		
前置条件	定位精度≤1m； 通信距离≥150m		
输入	车载设备	车辆BSM(Basic Safety Message)	LTE-V2X
	车辆	速度、GPS	CAN
输出	显示终端	路口碰撞预警	—
事件流程	(1)路口其他车辆发送BSM消息； (2)HV接收BSM消息； (3)过滤器过滤掉车辆转向灯打开且不与HV有碰撞危险的车辆； (4)HV预测是否与其他车辆存在侧向碰撞危险，若存在危险，则向本车的显示终端发送预警信息		
功能要求	适用于城市及郊区各种交叉路口		

6.3.4 交叉路口碰撞预警工作流程

碰撞预警流程图如图6-8所示。

车辆驶向交叉路口时，通过车载设备获取到交叉路口的其他车辆的信息，当距离车辆到达交叉路口的时间小于一定值时，可以认为车辆即将进入交叉路口，车辆碰撞预警算法即可开始工作。

安装在车辆上的车载单元利用GPS、传感器以及车辆CAN通信网络获得车辆的位置、速度、加速度等车辆状态信息，并将这些信息以BSM形式向外发送，同时也可以获取其他车的车辆状态信息。

碰撞检测系统首先可以通过添加一个过滤器的方式，以车辆的外部转向灯能正确反映其行驶意图且转向灯信号能够准确地被发送与接收为前提，过滤掉两车轨迹不相交即不存在碰撞危险的车辆如图6-9所示，这样可以节省一部分无碰撞危险的场景计算，提高了车辆碰撞系统的效率。

碰撞检测系统根据所设计的算法，利用得到的本车与他车的位置、速度、加速度等信息，判定本车是否与他车存在碰撞危险，如果不存在则可以当前状态安全驶离交叉路口；若存在碰撞危险，则将系统预警结果输出给显示终端，提示驾驶员进行操作，驾驶员收到预警后，进行制动处理，从而提前避免碰撞事故的发生。

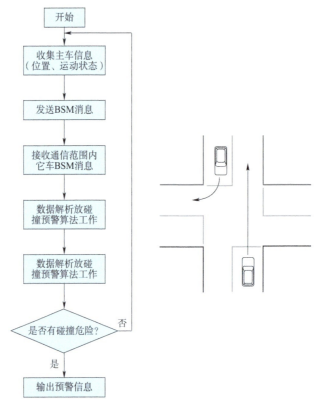

图6-8 碰撞预警流程图　　图6-9 无碰撞危险示意图

6.3.5 碰撞预测模型

车辆状态预测通常有两种方法：(1)获取车辆的历史行驶轨迹,可以通过多项式拟合的方式得到轨迹参数方程,从而推测未来行驶轨迹,这种预测方式主要反映车辆长期的运动趋势；(2)获取车辆当前时刻的运动状态,通过运动学方程建立车辆在未来某一时刻的状态表征参数预测模型,这种预测方式主要反映车辆短时间内的运动趋势。

通过卡尔曼滤波,可以建立一个符合车辆安全应用,有较高实时性并且便于进行数学处理的预测模型,卡尔曼滤波通过前一次的状态估计以及当前的观测值,计算出当前时刻的状态值,所以选择在卡尔曼滤波的基础上,结合车辆运动学模型对行驶状态进行预测。

在传统的匀加速运动模型中,车辆当前时刻的运动状态 Z_t 用列向量可以表示为 $Z_t = [X_t, V_t]^T$,其中 X_t 表示车辆位置,V_t 表示车辆速度。

如果已知前一时刻的车辆状态 Z_{t-1},那么当前时刻的运动状态 Z_t 的车辆位置和运动速度可以用以下的表示方法：

$$\begin{cases} X_t = X_{t-1} + V_{t-1} \cdot t + \mu_t \cdot \dfrac{t^2}{2} \\ V_t = V_{t-1} + \mu_t \cdot t \end{cases} \tag{6-1}$$

式中,t 为前一时刻至当前时刻的时间间隔；μ_t 为当前时刻的车辆加速度。

状态中,位置和速度的输出变量在短时间的预测内可以看成是输出变量的线性组合,故短时的轨迹预测适合使用线性卡尔曼滤波器。写成矩阵形式为：

$$\begin{bmatrix} X_t \\ V_t \end{bmatrix} = \begin{bmatrix} 1 & t \\ 0 & 1 \end{bmatrix} \begin{bmatrix} X_{t-1} \\ V_{t-1} \end{bmatrix} + \boldsymbol{\mu}_t \cdot \begin{bmatrix} \dfrac{t^2}{2} \\ t \end{bmatrix} \tag{6-2}$$

考虑车辆的横向和纵向运动，在本车坐标系中对车辆状态表征参数进行分解，改进后的模型公式为：

$$\begin{cases} \boldsymbol{Z}_t = \boldsymbol{A}_t \boldsymbol{Z}_{t-1} + \boldsymbol{B}_t \cdot \boldsymbol{\mu}_t + \boldsymbol{w}_t \\ \boldsymbol{S}_t = \boldsymbol{H}_t \boldsymbol{Z}_t + \boldsymbol{v}_t \end{cases} \tag{6-3}$$

式中，$\boldsymbol{Z}_t = [X_t, Y_t, V_x, V_y, a_x, a_y]^T$ 表示车辆的运动状态变量；(X_t, Y_t) 表示车辆的位置坐标；(V_x, V_y) 表示车辆横向和纵向方向的矢量速度；(a_x, a_y) 表示车辆横向和纵向方向的加速度；$\boldsymbol{A}_t$ 为状态转移矩阵；$\boldsymbol{B}_t$ 为控制矩阵；$\boldsymbol{H}_t$ 为观测矩阵；$\boldsymbol{w}_t$ 为过程噪声；$\boldsymbol{S}_t$ 为观测值；$\boldsymbol{v}_t$ 为观测噪声。

$$\boldsymbol{A}_t = \begin{bmatrix} 1 & 0 & t & 0 & \dfrac{t^2}{2} & 0 \\ 0 & 1 & 0 & t & 0 & \dfrac{t^2}{2} \\ 0 & 0 & 1 & 0 & t & 0 \\ 0 & 0 & 0 & 1 & 0 & t \\ 0 & 0 & 0 & 0 & 1 & 0 \\ 0 & 0 & 0 & 0 & 0 & 1 \end{bmatrix}, \boldsymbol{B}_t = \begin{bmatrix} \dfrac{t^2}{2} & 0 \\ 0 & \dfrac{t^2}{2} \\ t & 0 \\ 0 & t \\ 0 & 0 \\ 0 & 1 \end{bmatrix}, \boldsymbol{H}_t = \begin{bmatrix} 1 & 0 & 0 & 0 & 0 & 0 \\ 0 & 1 & 0 & 0 & 0 & 0 \\ 0 & 0 & 1 & 0 & 0 & 0 \\ 0 & 0 & 0 & 1 & 0 & 0 \\ 0 & 0 & 0 & 0 & 1 & 0 \\ 0 & 0 & 0 & 0 & 0 & 1 \end{bmatrix} \tag{6-4}$$

在对车辆的运动状态进行预测后，需要确定两车在未来时刻可能发生碰撞的时间点，为了考虑算法的广泛适用性，将车辆碰撞点转化为以车辆中心为圆心的两个圆的切点相交问题，此圆的半径 R 为车身长度的一半。如图 6-10 所示，当两圆有相交的切点时，判断为碰撞事故发生。

将碰撞时车间相对距离 ΔL 分解后得到车辆间纵向与横向相对距离 ΔL_Y，ΔL_X 在碰撞发生时，两车相对位置关系为：

$$\Delta L_X^2 + \Delta L_Y^2 = (2R)^2 \tag{6-5}$$

在此坐标系中，本车坐标为 $(0,0)$，它车坐标为 (x,y)，在碰撞即将发生前对车辆的相对运动进行分析：在纵向 Y 轴方向，ΔL_{Yt} 表示由当前时刻经过一定时间 t 后车辆间在 Y 轴方向的相对距离，ΔL_{Y0} 表示初始时刻两车的纵向相对距离，L_{SY} 表示本车在 Y 轴方向的运动距离，L_{RY} 表示相邻车辆在 Y 轴方向的运动距离。在 X 轴方向，由于在本车坐标系中，本车仅在 Y 轴方向有速度和加速度，X 轴方向于它车为相对静止，因此在 X,Y 轴方向相对距离的计算公式如下：

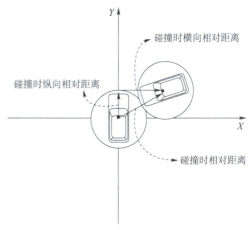

图 6-10 碰撞时两车相对位置

$$\begin{cases} |\Delta L_{Yt}| = |L_{SY} - L_{RY} - \Delta L_{Y0}| \\ |\Delta L_{Xt}| = |L_{RX} - \Delta L_{X0}| \end{cases} \tag{6-6}$$

其中 ΔL_{Xt} 表示由当前时刻经一定时间后车辆间在 X 轴方向的相对距离，ΔL_{X0} 表示两车初始 X 轴方向的相对距离，L_{RX} 示邻车在 X 轴向的运动距离。

6.3.6 预警时间阈值

为了及时避免危险事件的发生以及防止因预警时间阈值设置过小导致频繁告警，以及考虑到具体车辆行驶过程中，两车的车速过快或过慢时，预警时间阈值都应有变化。所以通过考虑车辆速度和加速度等状态参数对预警时间阈值的影响，改进阈值的计算方式，建立自适应防撞时间阈值模型 TTW(Time To Warning)，可以有效解决上述问题。

TTW 定义为两车在本车坐标系平面内的任意位置，以当前时刻的状态继续行驶，从系统发出预警信息开始，到驾驶员采取避撞措施，在一定时间内恰好可以避免碰撞事故的发生，此时间长度的值即为预警时间阈值。

在车辆制动时一般有以下 4 个阶段：

(1) 反应阶段。驾驶员从大脑接收信息到发指令的阶段，紧急时 $0.2\sim0.3$s，脚移向制动踏板的阶段，紧急时 $0.1\sim0.2$s。

(2) 踏板空行程阶段。紧急时 $0.05\sim0.1$s。前面这几个阶段，制动没有起作用，只有风阻及车辆自身的阻力能降低一点速度。

(3) 制动力增长阶段。紧急时 $0.05\sim0.1$s。

(4) 持续制动阶段。该阶段时间的长短主要取决于制动强度与制动前车速。

在前两个阶段时，车辆加速度不变，在 t_1, t_2 的时间段内，本车行驶的距离为：

$$S_1 = v_s(t_1 + t_2) + \frac{1}{2}a_s(t_1 + t_2)^2 \tag{6-7}$$

式中，v_s 为开始时刻车辆速度；a_s 为开始时刻车辆加速度。

在第三阶段，制动减速度增加，这个阶段的加速度变化可以近似视为线性变化。a_{st} 表示达到最终减速度，在此阶段本车的行驶距离可表示为：

$$S_2 = \int (v_s + a_s(t_1 + t_2) + \int a dt) dt = [v_s + a_s(t_1 + t_2)]t_3 + \frac{1}{6}(a_{st} - a_s)t_3^2 \tag{6-8}$$

在第四阶段中，本车的加速度恒为 a_{st}，此阶段初始时本车车速为第三阶段的末速度：

$$v = v_s + a_s(t_1 + t_2) + \frac{1}{2}(a_{st} - a_s)t_3 \tag{6-9}$$

此阶段行驶距离为：

$$S_3 = \int v dt = [v_s + a_s(t_1 + t_2)t_3 + \frac{1}{2}(a_{st} - a_s)t_3]t_4 + \frac{1}{2}a_s t_4^2 \tag{6-10}$$

所以从检测到危险到制动这段过程中车辆行驶距离为：

$$S = S_1 + S_2 + S_3 \tag{6-11}$$

最终可以求得 TTW 的值：

$$TTW = t_1 + t_2 + t_3 \tag{6-12}$$

可以通过预测碰撞时间和预警时间阈值对比，利用车辆状态预测方程预测车辆下一时刻的状态参数，预测的步长为 t，当两车相对距离达到碰撞点时，记下到该时刻的步数 N，则得到碰撞事件 $ITTC = Nt$。将 $ITTC$ 与预警时间阈值进行对比，当 $ITTC$ 小于 TTW 时，发出预警信息。

6.3.7 基于数字孪生的智能网联汽车自动驾驶测试技术

由于无法进行充分的道路测试，企业难以承受道路测试所需的时间和费用，所以行业普遍共识是需要基于虚拟仿真测试和真实道路测试相结合的数字孪生测试系统对自动驾驶系统进行测试和评价。数字孪生测试可实现传感器仿真与车辆动力学仿真、先进的图形处理、交通流仿真、数字仿真、道路建模等技术模拟道路试验环境，并添加算法，构建出相对真实的驾驶场景，通过通信技术与真实场地的被测车辆实现互动，完成自动驾驶汽车路测工作。数字孪生测试能提供虚拟环境和真实的车辆动力学，帮助自动驾驶开发人员规避风险，节约时间，节省人力物力，提高开发效率。

测试流程：真实车辆处于真实测试场地中，在虚拟空间中构建交叉路口场景，交叉路口场景如图 6-11 所示，将场景中的环境感知信息下发给真实被测对象，真实车辆的决策执行动作回传给数字被测对象，数字被测对象在测试场内完成动作，在数字测试场中采集数据并完成测试评价。

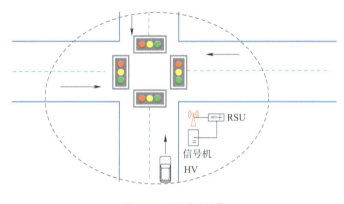

图 6-11　交叉路口场景

利用数字孪生技术对自动驾驶的算法进行验证，既保留了实车测试的真实性，也可以有效避免实车测试的危险性。

选用 CGI-610 组合导航系统（图 6-12）作为实车的位置获取装置，利用串口通信实时获得位置信息，通过网络通信上传到服务器，服务器对信息实现转发。

在仿真环境中，激光雷达仿真支持以下配置参数：

（1）安装位置和角度，包括 X、Y、Z、$Roll$、$Pitch$、Yaw；

（2）工作频率，默认为 10Hz；

（3）最大探测距离，默认为 120m；

（4）线数和水平分辨率，当修改线数或水平分辨率后，扫描总点数会相应增加；

（5）垂直视场角默认为 $-25°\sim15°$；

图 6-12　CGI-610 组合导航

(6)水平视场角默认为360°。

通过.json 的配置文件可以在仿真环境中定义以上配置参数激光雷达传感器的仿真结果主要包括带反射强度的三维点云数据,通过远程通信传输给现实环境中实车的自动驾驶系统。虚拟传感器信息如图 6-13 所示。

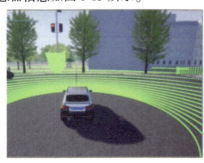

图 6-13 虚拟传感器信息

在此基础上,通过对预警时间进行计算后再下发至实车,可实现交叉路口防碰撞预警算法的验证。

第 7 章
其他环境感知相关技术

7.1 环境感知数据集

7.1.1 数据集的背景及意义

在过去的十年里,自动驾驶汽车的研究和开发在汽车工业中得到了蓬勃发展。现有的许多算法涵盖了自动驾驶的各个方面,如车道跟踪、目标检测、语义理解、定位、SLAM、运动控制和 V2X 通信。此外,这些算法经常被修改、扩展,并被以快速推出的新算法取代。在实车上测试这样的算法通常是一项昂贵的(有时甚至是危险的)任务。近年来,随着基于机器学习的自动驾驶算法的广泛应用,大量的驾驶数据被用于训练和测试,使得在公共道路上收集数据成为一项有价值的活动。

数据采集通常由配备有一组传感器和其他采集设备[如相机、激光雷达、毫米波雷达、GPS 和 IMU(惯性测量单元)]的人工驾驶车辆进行。传感器和设备配置可能因计划如何使用收集的数据而有所不同。例如,相机可以是单目、立体或全向、灰度、彩色和 HDR(高动态范围)。视角、图像分辨率和帧速率是在数据采集前配置相机的关键参数。在数据采集过程中,不同传感器的原始数据以时间同步和时间戳的方式记录在磁盘上。在公共道路上收集的数据对自动驾驶特别重要,因为数据反映了真实的交通场景。激光雷达和基于视觉的汽车传感器可以产生大量高频数据,数据大小可以达到数十甚至数百千兆字节的量级。

在公共道路上收集数据非常耗时和乏味。幸运的是,有很多现有的驾驶数据集包含其他研究人员和工程师收集的数据,其中许多数据集都是公开的,而且有很好的文档记录。通过直接使用合适的现有数据集,可以方便地训练和测试新的自动驾驶算法。这些数据集在数据大小、传感器设置和数据格式等方面彼此不同。这就提出了一个关键的相关问题:哪些数据集适合哪些自动驾驶算法?当一个新的自动驾驶算法准备使用现有的数据集进行测试时,人们不仅需要知道可供使用的数据集列表,还需要知道哪个数据集适合该算法。

一般数据集具有以下要求:
(1)数据集必须包含由在公共道路上行驶的车辆收集的车载传感器数据;
(2)数据集必须包含相机、激光雷达或毫米波雷达数据;
(3)数据集必须允许完全/部分开放访问。

7.1.2 自动驾驶数据集的构建

以 KITTI 数据集为例,将自动驾驶数据集构建概括为 4 个步骤。

7.1.2.1 数据采集

如图 7-1 所示,在一辆标准旅行车上配备了两个彩色和两个灰度分辨率立体相机系统、1 台 Velodyne HDL-64E 3D 激光扫描仪、带有 RTK 校正信号的 GPS/IMU 定位装置和运行实时数据库的高性能计算机。彩色相机用于分割和目标检测,灰度相机弥补彩色相机的低对比度和灵敏度,激光扫描仪为移动平台提供精确 3D 信息,GPS/IMU 定位装置用来补偿三维激光测量中的运动。

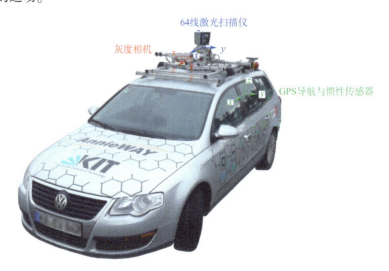

图 7-1 Kitti 的数据采集车

主要传感器型号见表 7-1。

表 7-1 传感器型号

名称	型号	数量	简介
GPS 导航与惯性传感器(GPS/IMU)	OXTSRT3003	1	获取车辆位置与运动信息
激光扫描仪	VelodyneHDL-64E	1	获取三维信息
灰度相机	1.4Megapixels;PointGreyFlea2(FL2-14S3M-C)	2	获取二维信息
彩色相机	1.4Megapixels;PointGreyFlea2(FL2-14S3C-C)	2	
变焦距透镜	4-8mm;EdmundOpticsNT59-917	4	获取光流信息

7.1.2.2 数据标注

在数据标注前,首先对 4 台摄像机进行内部和外部校准,并对输入图像进行校正,找到与激光扫描仪、定位单元和参考相机坐标系相关的三维刚体运动参数。

为了标注立体和光流,使用 ICP 注册一组连续帧,将累积的点云投影到图像上,并自动移除图像外的点。然后手动删除所有不明确的图像区域,如窗口和栅栏。在摄像机校准的情况下,相应的视差图很容易被计算出来。通过将 3D 点投影到下一帧中来获得光流。

视觉测距/SLAM 由 GPS/IMU 定位装置的输出直接给出,校正后投影到左摄像机的坐标系中。

对于 3D 对象,标注员以 3D 边界框的形式,将轨迹分配给汽车、货车、行人和自行车等对象。通过手动标记 Velodyne 系统生成的 3D 点云中的对象,并将其投影回图像中,来获得这些信息。这将产生具有精确 3D 姿势的轨迹,用于评估 3D 方向估计和 3D 跟踪算法的性能。

7.1.2.3 基准确定

对于立体和光流基准,选择环境为静态的序列子集,使用 144 维向量描述每幅图像,对数据执行 k-means 聚类,并选择最靠近每个聚类中心的元素作为基准。对于视觉测距和 SLAM 评估,选择具有高质量定位的变速长序列,以 10fps 的速度捕获 41000 帧,总行驶距离为 39.2km,并且车辆行驶轨迹为闭合环路。3D 目标检测和方向估计基准是根据场景中非遮挡对象的数量以及对象方向分布的熵来选择的。

7.1.2.4 评价指标拟定

立体图像和光流的评估,依据差距和终点误差计算得到平均错误像素数目。对于视觉测距和 SLAM 任务,根据轨迹终点的误差进行评估。

目标检测需要同时实现目标定位和目标识别两项任务。其中,通过比较预测边框和标注值边框的重叠程度及阈值大小判定目标定位的正确性;通过置信度分数和阈值的比较,确定目标识别的正确性。以上两步综合判定目标检测是否正确,最终将多类别目标的检测问题转换为"某类物体检测正确、检测错误"的二分类问题,从而可以构造混淆矩阵,使用目标分类的一系列指标评估模型精度。

7.1.3 主流数据集

7.1.3.1 KITTI

KITTI 数据集(图 7-2)由德国卡尔斯鲁厄理工学院和丰田美国技术研究院联合创办,是自动驾驶场景下的计算机视觉算法评测数据集。该数据集用于评测立体图像,光流,视觉测距,3D 物体检测和 3D 跟踪等计算机视觉技术在车载环境下的性能。KITTI 包含市区、乡村和高速公路等场景采集的真实图像数据,每张图像中最多达 15 辆车和 30 个行人,还有各种程度的遮挡与截断。整个数据集由 389 对立体图像和光流图、39.2km 视觉测距序列以及超过 200k3D 标注物体的图像组成,以 10Hz 的频率采样及同步。总体上看,原始数据集被分类为"Road""City""Residential""Campus"和"Person"。对于 3D 物体检测,label 细分为 car、van、truck、pedestrian、pedestrian(sitting)、cyclist、tram 以及 misc。

7.1.3.2 CityScapes

CityScapes 是由奔驰自动驾驶实验室、马克思·普朗克研究所、达姆施塔特工业大学联合发布的公开数据集(图 7-3),专注于对城市街景的语义理解。该数据集包含 50 个不同的城市,在不同的季节和天气条件下的街景中记录的各种立体视频序列,CityScapes 数据集共有 fine 和 coarse 两套评测标准,前者提供 5000 张精细标注的图像,后者提供 5000 张精细标注的图像和 20000 张粗糙标注的图像。

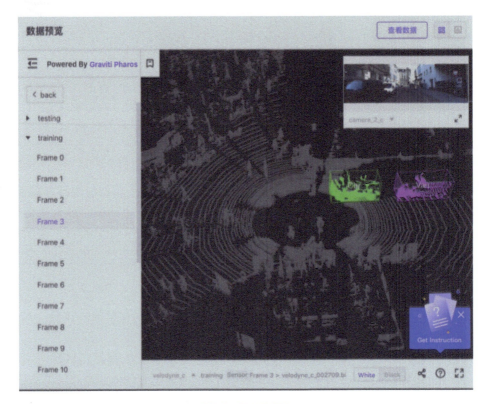

图 7-2 Kitti 数据集

图 7-3 CityScapes 数据集

7.1.3.3 BDD100K

2018 年 5 月,伯克利大学 AI 实验室(BAIR)发布了公开驾驶数据集 BDD100K(图 7-4),同时设计了一个图片标注系统。BDD100K 数据集包含 10 万段高清视频,各视频约 40s\720p\30fps。每个视频的第 10s 对关键帧进行采样,得到 10 万张图片(图片尺寸:1280×720),并进行标注。10 万张图片中,包含了不同天气、场景、时间的高清或模糊图片,具有规模大、多样化的特点。

7.1.3.4 ApolloScape

ApolloScape 是百度 Apollo 自动驾驶开放平台的专题项目之一,是目前行业内环境最复杂、标注最精准、数据量最大的三维自动驾驶数据集(图 7-5)。ApolloScape 开放了比 City-scapes、Kitti 等同类数据集大 10 倍以上的数据量,包括感知、仿真场景、路网数据等数十万帧像素语义分割标注的高分辨率图像数据,以及与其对应的逐像素语义标注、稠密点云、立体图像、立体全景图像,并进一步涵盖更复杂的环境、天气和交通状况等。

图 7-4 BDD100K 数据集

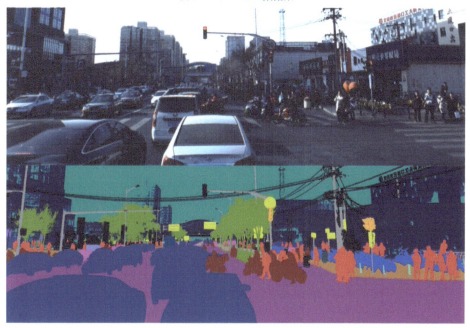

图 7-5 ApolloScape 数据集

ApolloScape 分为以下 3 部分：(1) 仿真数据集，包括自动驾驶虚拟场景和实际道路真实场景；(2) 演示数据集，包括车载系统演示数据、标定演示数据、端到端演示数据、自定位模块演示数据；(3) 标注数据集，包括 6 部分数据集（激光点云障碍物检测分类、红绿灯检测、RoadHackers、基于图像的障碍物检测分类、障碍物轨迹预测、场景解析）。

7.2 环境感知系统计算平台

7.2.1 车载计算平台的定义

7.2.1.1 车载智能计算平台的功用

随着智能网联汽车的高速发展，机器开始替代人类完成驾驶任务，车辆自身需要完成一系列任务,导致系统功能愈加复杂。无人汽车上的多个摄像头以60Hz频率同时工作时,将产生1.8GB/s的巨额数据量。另有调查显示谷歌的无人驾驶试验汽车每秒将产生750MB的传感器数据。因此,智能网联汽车感知所需的计算量是巨大的,但智能网联汽车感知系统作为一个实时关键系统,必须要实时处理这些数据。智能网联汽车感知系统具有实时、计算量大、计算任务种类多、接口丰富(传感器接口、网络接口)与云平台互联等特点,需要一个合理的计算平台来满足实现智能网联汽车复杂功能、大量互联信息的高效传输、管理以及系统安全。为了实现智能网联汽车感知功能,车载智能计算平台是必要的解决方案。在汽车智能化和网联化过程中,车载智能计算平台主要完成汽车行驶和信息交互过程中海量、多源、异构数据的高速计算处理,运用人工智能、信息通信、互联网、大数据、云计算等新技术,实时感知,实现汽车的自动驾驶、联网服务等功能。

7.2.1.2 车载智能计算平台的组成

为了实现高等级自动驾驶,汽车智能计算平台是必要解决方案。在汽车智能化和网联化过程中,汽车智能计算平台主要完成汽车行驶和信息交互过程中海量、多源、异构数据的高速计算处理,运用人工智能、信息通信、互联网、大数据、云计算等新技术,实时感知、决策、规划,并参与全部或部分控制,实现汽车的自动驾驶、联网服务等功能。车载智能计算平台的架构包括"车、云、网、库",分别指车载智能计算平台、云端智能计算平台、通信网络和资源库,如图7-6所示。车载智能计算平台是由传统电子控制单元(Electronic Control Unit, ECU)逐步向智能高速处理器转变的新一代车载中央计算单元,包括芯片、模组、接口等硬件以及驱动程序、操作系统、基础应用程序等软件,能够保障智能网联汽车感知、决策、规划、控制的高速可靠运行。云端智能计算平台主要是指为车载智能计算平台提供深度学习模型训练、仿真测试、数据存储等支撑能力,以及提供实时高精度地图数据服务和全局路径规划的云端计算系统。通信网络主要是指车端与云端、计算平台与外部环境的网络通信系统,以及身份认证与标识解析体系等。资源库主要是指开发环境、驱动程序、调试工具、编译工具等支持系统和应用工程化开发和维护的一系列组件。

图7-6 汽车智能计算平台架构

7.2.1.3 车载智能计算平台的功能定位

车载智能计算平台主要完成的功能是以环境感知数据、导航定位信息、车辆实时数据、云端智能计算平台数据和其他V2X交互数据等作为输入,基于环境感知定位、智能规划决策和车辆运动控制等核心控制算法,输出驱动、传动、转向和制动等执行控制指令,实现车辆的自动控制,并向云端智能计算平台及V2X设备输出数据,还能够通过人机交互界面,实现车辆驾驶信息的人机交互。车载智能计算平台功能定位如图 7-7 所示。

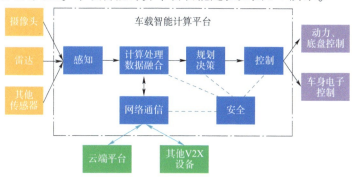

图 7-7 车载智能计算平台功能

7.2.1.4 车载计算平台的性能要求

车载智能计算平台不仅需要强大的硬件运算资源,同时需要实现功能安全、预期功能安全和信息安全管理,包括错误监测、信息安全策略、安全纠正策略以及安全警示和降级的策略等。其能够基于摄像头、毫米波雷达、激光雷达、导航定位系统、高精度地图和 V2X 通信等多信息融合,实现环境感知定位、智能决策规划和车辆运动控制等,满足智能网联汽车智能驾驶系统高性能和高安全性的控制需求。车载智能计算平台需要满足的具体需求如下:

(1)满足计算性能与实时性要求;
(2)满足功能安全要求、预期功能安全要求和信息安全要求;
(3)支持多种车内通信协议如 CAN-FD/Ethernet 等;
(4)支持无线固件(FirmwareOver-The-Air,FOTA)升级,实现功能迭代;
(5)满足车规级标准(温度、电磁兼容、可靠性等);
(6)满足低功耗要求;
(7)满足成本要求。

7.2.2 车载智能计算平台的架构

车载智能计算基础平台参考架构主要包含自动驾驶操作系统(软件部分)和异构分布硬件架构(硬件部分)两部分,如图 7-8 所示。

7.2.2.1 自动驾驶操作系统

自动驾驶操作系统是车载智能计算基础平台的核心部分。自动驾驶操作系统使用并包含了车控操作系统,其基于异构分布硬件/芯片组合,是车控操作系统的异构分布扩展。车控操作系统是指传统车控 ECU 中主控芯片 MCU 装载运行的嵌入式操作系统,自动驾驶操作系统既具有车控操作系统的功能和特点,还能够提供高性能、高可靠的传感器、分布式通信、自动驾驶通用框架等模块,以支持自动驾驶感知、规划、决策、控制等功能的共性实现。

自动驾驶操作系统包含系统软件和功能软件两部分。系统软件创建复杂嵌入式系统运行环境;功能软件根据自动驾驶核心共性需求,明确定义自动驾驶各共性子模块。

7.2.2.2 异构分布硬件架构

车载智能计算基础平台硬件架构指导异构芯片板级集成设计。该架构具有芯片选型灵活、可配置拓展、算力可堆砌等优点。硬件主要包括 AI 单元、计算单元和控制单元。

图 7-8　车载智能计算平台架构

AI 单元采用并行计算架构 AI 芯片,并使用多核 CPU 配置 AI 芯片和必要处理。AI 芯片可选用 GPU、FPGA、ASIC(专用集成电路)AI 芯片等。当前完成硬件加速功能的芯片通常依赖内核系统(多用 Linux)进行加速引擎及其他芯片资源的分配、调度。通过加速引擎来实现对多传感器数据的高效处理与融合,获取用于规划及决策的关键信息。AI 单元作为参考架构中算力需求最大的一部分,需要突破成本、功耗和性能的瓶颈,以达到产业化要求。

计算单元由多个多核 CPU 组成。计算单元采用车规级多核 CPU 芯片,单核主频高,计算能力强,满足相应功能安全要求,装载 Hypervisor、Linux 等内核系统管理软硬件资源、完成任务调度,用于执行自动驾驶相关大部分核心算法,同时整合多源数据完成路径规划、决策控制等功能。

控制单元基于传统车控 MCU。控制单元加载 ClassicAUTOSAR 平台基础软件,MCU 通过通信接口与 ECU 相连,实现车辆动力学横纵向控制并满足功能安全 ASIL-D 等级要求。当前 ClassicAUTOSAR 平台基础软件产品化较成熟,可通过预留通信接口与自动驾驶操作系统集成。

7.2.3　现有车载智能计算平台产品

7.2.3.1　特斯拉 FSD

众所周知,特斯拉是全球智能驾驶领域的标杆,其 Autopilot 系统无论是在功能开放程度,还是实际使用体验上,都要优于其他传统车企的产品。Autopilot 的出色表现来自于其使用的 AI 深度学习算法,特斯拉自研的高性能车载计算平台 FSD 支撑这整套复杂算法。FSD 全称为 Fullself-driving,中文直译为完全自动驾驶。特斯拉的 FSD 系统已经成为了特斯拉产品的核心竞争力。

FSD 系统采用了只依赖光学图像的视觉系统 Tesla Vision,无需任何来自雷达传感器的数据。特斯拉汽车环绕车身共配有 8 个摄像头,其中包含一个三目前置摄像头,组合视野范围达 360°,对周围环境的监测距离最远可达 250m。摄像头摄取的环境数据在经过视觉算法处理后,系统将通过深度学习模型进行自我培训,从而达到全范围的路况认知,增进系统控制精度的目的。

2020年10月21日特斯拉向早期测试人员发布FSD Beta，同年，美国时间7月10日，特斯拉在美国向用户推送了FSD Beta V9.0，其界面如图7-9所示。V9.0是Autopilot有史以来最大的一次更新，采用了特斯拉的纯视觉方案，系统将不再采用雷达数据。

图7-9 FSD Beta V9 UI界面

7.2.3.2 英伟达Drive AGX

英伟达Drive AGX包括了面向L2/L3的自动驾驶平台DriveAGXXavier以及面向L4/L5的自动驾驶平台DriveAGXPegasus、DriveAGXOrin系列。现阶段大部分做自动驾驶的技术企业以及OEM都选择了采用英伟达Drive AGX计算平台。如采用DriveAGXXavier平台的沃尔沃、小鹏汽车、智加科技，以及采用DriveAGXPegasus平台（图7-10）的文远知行等企业。他们从英伟达采购开发板，然后再与一级供应商进行个性化开发，最终将其集成到车辆的计算单元上。

英伟达多年深耕于开发和训练可在英伟达DriveAGX平台上运行的深度神经网络，它们能够将原始传感器数据转换成对世界的深度理解。这些深度神经网络能够实现交通信号灯和交通标识检测、目标检测（车辆、行人、自行车）、路径感知以及车载眼球追踪和手势识别等任务。为了让这些深度神经网络发挥更大的作用，助力自动驾驶系统的开发，英伟达宣布向交通运输行业开源英伟达

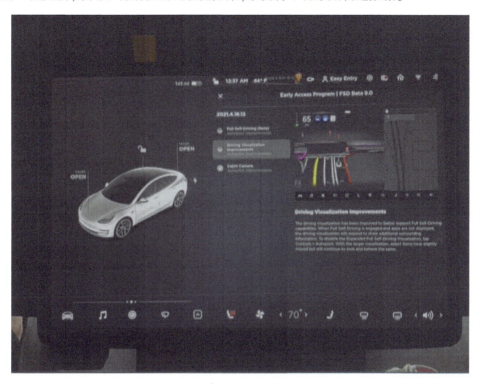

图7-10 基于Drive AGX Pegasus计算平台的小马智行Robotaxi车型

DriveAGX 自动驾驶深度神经网络,其中包括预训练 AI 模型和训练代码。

除了开源深度神经网络之外,英伟达还发布了一套工具,使开发者可以使用自己的数据集和目标特征集自定义并增强英伟达的深度神经网络。这套工具使用主动学习、联邦学习和迁移学习来训练深度神经网络:

(1)借助 AI 主动学习而不是人工管理实现自动数据选择,进而提高模型精度,降低数据采集成本;

(2)联邦学习让企业能够与其他企业一起使用分布在不同国家的多个数据集,同时保护数据隐私和企业的知识产权;

(3)迁移学习让 NvidiaDrive 客户能够加快开发其感知软件,然后基于自己的应用和目标能力进一步开发这些网络。

7.2.3.3 Mobileye EyeQ

走实用路线的 Mobileye EyeQ 系列在 ADAS 市场上占据着不可撼动的位置,其产品发展如图 7-11 所示。市场上的产品主要是应用于 L2 驾驶辅助系统的 EyeQ3 芯片以及具备 L3 级别自动驾驶能力的 EyeQ4 芯片。如小鹏 G3、蔚来 ES6/ES8、广汽新能源 Aion LX 就采用了 EyeQ4 芯片作为其驾驶辅助系统的核心。

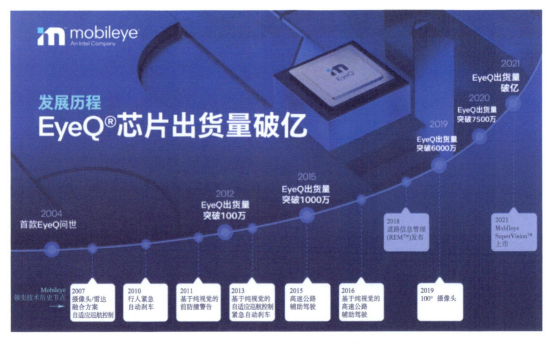

图 7-11 Mobileye EyeQ 系列产品发展

Mobileye 拥有成熟和高性价比的 L1~L2+ADAS 视觉方案,芯片+算法软硬一体捆绑销售的方式在主机厂软件开发能力较差的初期阶段受广泛欢迎。但随着 ADAS 场景复杂度提升,这种方式灵活度较差,客户难以做出差异性产品,也没有办法按照自己的自动驾驶规划目标来设计方案。尤其对于需要快速转型、对自动驾驶升级迭代速度要求较高的 OEM 厂商、造车新势力,需要芯片和算法分离以进行二次开发,这也是理想、蔚来等多家新晋厂商放弃 EyeQ 平台的原因。

为了改变这一劣势，Mobileye 在 2018 年发布了开放版本的 EyeQ5，宣称可以支持 5 级（完全）自动驾驶，并于 2021 年在领克汽车上首发，借此期望从 Tier 2 ADAS 供应商逐渐转型为高级别自动驾驶出行服务商，构筑一个基于视觉技术的自动驾驶霸业。

7.2.3.4 高通 Snapdragon Ride

2020 年 1 月 9 日，高通公司正式宣布，推出一款软硬件结合的平台，应用涵盖自动辅助驾驶到自动驾驶，高通公司将该新平台描述为"汽车行业最先进，可扩展和开放的自动驾驶解决方案。"该平台的总体目的是使汽车制造商能够更好地解决自动驾驶日益复杂的问题。这些复杂性很大，范围从 L1 到 L5 的需求变化，跨异构模块的互联网络，到仪表板的连接，到远程信息处理以及现在的连接的云系统。

该平台包括各种功能，包括用于相机传感器的图像信号处理器，专用 DSP（数字信号处理器），可用于可视化和高端用户体验的 GPU 技术，以及专用的安全保护系统。此外，该平台还非常新颖，其中包括自动驾驶加速器 ML ASIC，以最低的能耗提供最高的性能。

该平台还集成了全面的自动驾驶堆栈，该堆栈包括帮助解决复杂自动驾驶问题的软件和应用程序，例如类似于人的高速公路驾驶。高通公司说，软件堆栈是模块化的和可扩展的，可以与客户特定的堆栈组件共同托管在平台上。高通公司开发了该堆栈，以使 OEM 和一级供应商选择最适合其特定需求的堆栈元素。当高通使用"开放"一词时，这意味着它的含义，并且与其他更像"黑匣子"的解决方案形成对比，在其他解决方案中，供应商以最小的 OEM 增值拥有整个堆栈。

根据计划，Snapdragon Ride（图 7-12）将于 2020 年上半年交付主机厂和 Tier 1 供应商进行前期开发，搭载该平台的汽车预计将于 2023 年投产。

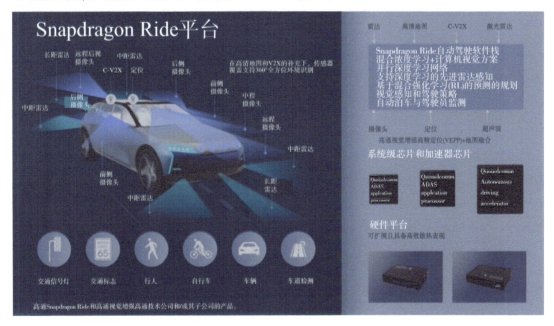

图 7-12 高通 Snapdragon Ride 平台

7.2.3.5 华为 MDC

2019 年 5 月，华为正式成立智能汽车解决方案 BU，希望通过 ICT 技术（信息通信技术)进军汽车电子领域,定位世界级 Tier1 供应商(一级供应商),为合作伙伴提供车联网相关解决方案。华为 MDC(Mobile Data Center)是华为面向智能驾驶推出的对标特斯拉 FSD、英伟达 Drive AGX 的高级别自动驾驶计算平台,主打全自研芯片,高算力、高可靠的车规级别自动驾驶域控制器。包括 MDC300 和 MDC600 两个平台,分别对应 L3 和 L4 级自动驾驶,搭载鸿蒙内核操作系统,加之智能驾驶 AI 算法,最终形态将是车规级可量产的域控制器。

作为一个开放的平台,华为 MDC 具备组件服务化、接口标准化、开发工具化的特性,软件方面除了华为自有的鸿蒙平台之外,还兼容 Adaptive AUTOSAR 和 ROS,并且搭配配套的工具链,基于此平台,用户可快速开发、调试、运行自动驾驶算法与功能,适配不同级别的智能驾驶应用。

基于华为在芯片领域的积累、硬件设计的优势、鸿蒙系统的支撑以及供应链方面的经验,获得了众多自动驾驶公司和主机厂的青睐,目前已和多家公司达成合作。2021 年 4 月 17 日,基于华为 MDC 平台,搭载了整套华为 HI 智能汽车解决方案的极狐阿尔法 S(图 7-13)在上海车展发布。

7.2.3.6 地平线 Matrix

地平线是国内最早的一家专注于 AI 芯片开发的创业公司,其定位于智能驾驶领域 Tier 2,主要产品为征程系列自动驾驶芯片、基于征程芯片的 Matrix 计算平台。2018 年,地平线在北京国际车展发布新一代自动驾驶处理器征程 2.0 架构,并推出基于 2.0 处理器架构的 L3 级以上自动驾驶计算平台 Matrix 1.0。在 CES 2020,地平线又推出新一代自动驾驶计算平台 Matrix 2.0。

地平线 Matrix 自动驾驶计算平台目前已形成基于自主研发的芯片、算法和工具链的"综合环境感知"和"多模人车交互"车内车外智能化解决方案矩阵,包含 Matrix 视觉感知、Matrix 激光雷达感知、NavNet 众包高精地图采集与定位等方案,以及 DMS、AR HUD、Face ID 等基于视觉感知与语音技术的多种智能人机交互方案。一方面,它不仅能够处理多类 AI 任务,对多类目标进行实时检测和精准识别;另一方面,它支持主流深度学习框架,还能够满足自动驾驶的视觉感知、视觉建图定位、视觉 ADAS 等多种自动驾驶场景的需求。

目前,地平线 Matrix 自动驾驶计算平台已经与众多自动驾驶探索者达成合作,携手赋能产业落地。2021 年 5 月 25 日,地平线征程 3 芯片正式上车并在理想 2021 款 ONE 车型(图 7-14)中得到应用。2021 款理想 ONE 使用了两颗地平线最新款征程 3 自动驾驶专用芯片,在原有的 L2 级辅助驾驶基础上,实现了 NOA 导航辅助驾驶的功能。

图 7-13　极狐阿尔法 S

图 7-14　2021 款理想 ONE

7.3 环境感知系统仿真技术

7.3.1 仿真的意义

7.3.1.1 关键性

智能网联汽车需要采集海量的道路感知数据,才能对算法进行有效训练。为了尽量多地采集数据,汽车制造商往往通过几十台,甚至数百台路测车辆来解决实际场景数据收集问题。尽管自动驾驶虚拟测试里程的长短可以作为一项简单易懂的测评指标,但是脱离了具体交通场景,里程本身不足以成为一项有效的衡量指标。典型场景与危险场景往往不会随着测试里程增多而持续增加,很快会显示出长尾效应,在路试后期,很难短时间收集到更有价值的场景。另一个事实是各国的交通环境有着巨大的差异,各地区的道路环境与交通习惯也存在较大多样性。只有测试环境中具有足够丰富而多样的场景挑战,才能使训练与测试的里程具备真正的价值,算法才可以更好地适应本地独有的交通环境和驾驶规则。目前,追求自动驾驶系统的国际化与不同地区的通用性面临非常多的实际挑战,广泛的公开道路测试依然很难覆盖复杂多样的交通场景。自动驾驶仿真系统可以提供更加丰富多样的静态环境,连续动态的随机交通流,结合边缘案例与危险案例的参数泛化技术,可以在有限的虚拟测试里程内有效增加高训练价值场景出现的频度与密度。

7.3.1.2 安全性

自动驾驶仿真技术可以帮助认证机构去完善对汽车智能化软件产品的认证流程与监督方法,尤其是在测试技术上,弥补目前实车路试的不足。通过完善仿真的海量自动化测试流程,不但可以增加测试工况范围和复杂程度,更可以对其零部件、子系统与整车集成进行不同层级的全链条测试。通过仿真覆盖实车不能实现的边缘场景,在虚拟测试环境下及早发现实车测试不易甄别的软件故障,仿真测试将逐步成为实车测试的前提条件。加快自动驾驶仿真测试能力建设,可以帮助汽车在自动驾驶封闭测试区和示范区进行更高效和全面的测试,提高测试的安全性,节省测试的时间与成本。仿真系统有能力承载自动驾驶车辆运行全生命周期中的实时数据。当智能网联汽车获得认证许可后,自动驾驶系统仿真平台存储车辆实时行驶数据,收集并分析车辆遇到的危险工况并作为复现决策的依据,一方面用于检验产品的故障原因,另一方面提供产品的优化数据,从而保证汽车产品质量的安全可靠与持续升级。最终形成更科学有效的功能测试方法和产品性能评价指标,形成完整的信息物理系统。

7.3.1.3 必然性

计算机仿真技术早已被大规模应用在车辆机械电子系统的设计研发中。可以预计,适用于自动驾驶系统的仿真技术也将会同机械电子系统仿真一样被大规模地应用于汽车产品的研发流程中。汽车是专业化分工极强的产业,主机厂并没有对仿真测试工具持续研发与维护升级的兴趣,仿真软件供应商已经很好地证明了第三方专业化仿真软件完全可以满足主机厂研发的定制化需求。以往的仿真软件不能很好地支持自动驾驶感知决策算法软件的迭代与测试,对复杂场景的构建也缺乏相应自动化技术。国际车厂与新技术企业通过内部研发和对外投资的方式,搭建了企业内部的仿真平台。国内企业对自动驾驶研发略晚于国际,较国际企业投入在研发的资金强度也普遍较低。针对自动驾驶仿真技术的使用,我国企业目前既没有成熟的国际经验可以参考,又没有完整的技术解决方案可以直接采用,还处于技术探索与积累期。未来企业内建的自动驾驶开发平台,以及满足自动驾驶算法开发与整车系统集成的商业化仿真软件必将成为研发链条上的底层基础工具之一。智能网联汽车已经进化为信息物理系统的一部分,仿真软件也将形成智能网联汽车与智能交通的中央数据平台。仿真软件通过大数据与云计算平台,记录车辆运行的真实数据和软件算法的决策过程,复现车辆行驶的具体行为。最终作为智能交通的大数据载体,记录与管理单车、车队、道路与交通设施。仿真技术不仅仅帮助人工智能算法安全应用于智能网联汽车,未来也是车队运营、道路设施与智慧交通的管理平台。

7.3.2 环境感知仿真的层次

7.3.2.1 传感器目标仿真

如果分为两个不同层级的芯片来进行传感器感知和决策,那么可以将传感器检测的理想目标直接仿真到决策层算法输入端,这种目标级输入信号一般是 CAN 总线输入信号或者其他通信协议格式输入信号。比如,差分 GPS 和 IMU 可以通过串口通信来仿真。

7.3.2.2 原始信号仿真

把传感器探测的单元拆掉,直接仿真控制电控嵌入式系统中专门的数字处理芯片的输入单元。

摄像头原始信号仿真采取的是视频注入方式,同样由工控机生成虚拟交通场景,根据摄像头控制器的数据接口(如 HDMI),将场景信息以图像数据流的方式实时注入控制器内,把图像数据流转换为传感数据,输出至传感数据处理单元供图像处理器进行数据处理,并将处理结果传输给传感融合控制单元,通过用户开发的控制算法识别图像,对车辆进行算法控制。

7.3.2.3 物理信号仿真

直接仿真传感器收到的信号(如直接仿真摄像头检测到的光学信号,或者雷达超声波和电磁波信号)的方法叫作物理信号仿真。

现阶段,摄像头的硬件在环解决方案比较清晰,物理信号仿真基本通过暗箱实现,在暗箱中,由工控机生成暗箱中显示器虚拟交通场景画面,摄像头拍摄虚拟场景画面,实时采集传感数据,输出至传感数据处理单元供图像处理器进行数据处理,并将处理结果传输给传感器融合控制单元,最后通过决策规划和控制执行算法,达到闭环控制。

7.3.3 传感器仿真模型

自动驾驶系统通过对传感器数据进行分析处理来感知周围环境,并以此为依据进行决策,因此传感器对自动驾驶系统尤为重要。而自动驾驶系统在开发过程中,传统的测试方法无法达到高效验证,如果使用仿真测试,并搭建真实场景以及生成高保真的虚拟传感器模型,既可以短时间内实现现实中难以达到的测试里程,又可以保障测试验证的安全性。

一般来说,仿真模型必须满足三个条件:(1)仿真模型与系统原型之间具有一定程度上的相似关系,以保证两者之间的可类比性,比如摄像头仿真,要在摄像头工作原理和参数关系的基础上进行物理模型仿真,这是仿真模型能够存在的基础;(2)仿真模型在一定程度上应该能够代替系统原型,极具有代表性,比如在无人驾驶仿真平台内,摄像头仿真模型应该能代替真实摄像头,在虚拟场景内做环境感知,生成数据,这是能够利用仿真模型来进行实验研究,也是仿真过程能够得以进行的前提条件;(3)通过对仿真模型的研究,能够得到关于系统原型的一些准确信息,即仿真模型具有外推性。比如利用摄像头仿真模型的参数调节,找到真实摄像头可能存在的盲区,这是仿真技术要实现的目标。

传感器仿真,在某些情况下,仿真场景需要真实地反映出环境的物理材质,比如摩擦力系数、空气阻力,而对感知算法的研发,要求仿真环境达到照片级的渲染效果,同时尽可能地物理逼真。以摄像头物理仿真为例,为了改善虚拟物体的真实性,可以利用基于物理的渲染过程中的基础色、粗糙度、金属度、镜面反射来对物体进行物理渲染。基础色用来定义材质的整体颜色,其采用的是 RGB 三通道值,并且把每个通道值自动调节到 0~1 间。粗糙度用来控制材质的粗糙度,粗糙材料比光滑材料在更多方向上散射反射光,这是反射模糊或锐利产生的原因,粗糙度值为 0(光滑)时为镜面反射,粗糙度值为 1(粗糙)为漫反射(或无光泽)表面。金属度用来控制材质表面看起来是否像金属,非金属的金属值为 0,金属的金属值为 1,对于纯表面,例如纯金属,石材或塑料,此值将为 0 或 1。镜面反射用来调整材质反射光的能力,输入值在 0~1 间。经过物理渲染过程中的这四个属性物理渲染后,使虚拟出来的物体更加接近真实世界的物体,更加符合人眼视觉的感知。渲染的真实度,可以通过机器学习的方法或者纯采样算法来评估。

7.3.3.1 激光雷达仿真

激光雷达仿真的思路是参照真实激光雷达的扫描方式,模拟每一条真实雷达射线的发射,与场景中所有物体求交。以某 64 线、水平分辨率为 0.4°、最大探测距离为 120m 的雷达为例,该雷达每一帧会发射出 57600 条射线(64×360/0.4)与场景中所有物体求交,如果求得的交点位于最大探测距离内,则为有效点,对于 10Hz 的雷达来说,每秒需要发射 576000 条射线。针对微电子机械系统激光雷达(MEMS),其技术方案原理上与上述方法一致。主要差异是,水平方向扫描不再是 360°,而是可以指定扫描的水平角度范围。在模拟射线与场景求交时,一般需要为场景资源添加足够精细的,甚至与原始模型完全一致的物理模型,以保证求交结果的准确性。鉴于每秒需要扫描的雷达射线次数过多(50w+),且求交算法计算复杂度高,一般仿真时会利用 CPU 并行或 GPU 并行计算的方式来提高扫描效率,以达到实时仿真的效果。激光雷达反射强度与不同物理材质对激光雷达使用的近红外光线反射率有关。反射强度受到障碍物距离、激光反射角度以及障碍物本身的物理材质影响。仿真时需要给场景资源设置合适的物理材质,包括各种道路、人行道、车道线、交通牌、交通灯、汽车、行人等,每一种物理材质的激光反射率都不相同。可以使用仪器提前测得每一种物理材质的激光反射率,并记录下来。参照某些真实激光雷达的做法,将最终反射强度归一化到 0~255。

激光雷达的仿真结果点云一般位于激光雷达本地坐标系下。转换到世界坐标系的方式为,先根据激光雷达安装位置和角度转换到主车坐标系,然后再根据主车仿真 GPS 信息转换到世界坐标系。激光雷达的仿真结果,包括带反射强度的点云和障碍物真值信息(位置、朝向、包围盒大小、速度和类型等),一般会通过局域网传输给自动驾驶系统。

7.3.3.2 摄像头仿真

摄像头仿真的一般方法是基于环境物体的几何空间信息,构建对象的三维模型,直白一点就是生成逼真的图像。根据物体的真实材质与纹理,并通过计算机图形学对三维模型添加颜色与光学属性等,来模拟实现图像合成。通常情况下,颜色、光学属性等元素会基于游戏渲染引擎来得到,百度阿波罗采用 Unity3D,腾讯 TADSim 引入了虚幻引擎 UE4。摄像头仿真通过坐标系转换的方法,将三维空间中的点通过透视关系变换为图像上的点。之后,还需要对相机镜头的结构与光学特性,内部数据采集过程进行仿真,例如焦距、畸变、亮度调节、Gamma 调节、白平衡调节、色彩空间、景深、高动态范围(HDR)色调的调整等。摄像头仿真每一帧的原始数据一般可以使用 RGB 或 YUV 来表示。如需把仿真结果通过网络实时传给自动驾驶系统,一般可使用 H264 压缩成视频流,减少传输带宽。摄像头仿真需要障碍物的真值信息,包括位置、朝向、包围盒、速度和类型等。除了对象检测,摄像头的仿真结果也会被用来训练其他计算机视觉算法,包括目标跟踪和语义分割等。

摄像头仿真的思路为,基于环境物体的几何空间信息构建对象的三维模型,并根据物体的真实材质与纹理,通过计算机图形学对三维模型添加颜色与光学属性等。一般会使用 UnrealEngine 或者 Unity 等基于物理的渲染引擎来实现。摄像头仿真则通过坐标系转换的方法,将三维空间中的点通过透视关系变换为图像上的点。之后,还需要对相机镜头的结构与光学特性,内部数据采集过程进行仿真,例如焦距,畸变,亮度调节,Gamma 调节,白平衡调节,色彩空间,景深,高动态范围(HDR)色调的调整等。

摄像头仿真一般需要支持更改摄像头外部参数、内部参数以及畸变参数,包括摄像头的安装位置,角度,工作频率,分辨率,视场角,焦距和畸变参数等。这些参数会内部转换为投影矩阵,保证世界坐标系—相机坐标系—图像坐标系—像素坐标系整个过程的正确转换,并输出与真实相机效果一致的图像。摄像头仿真需要模拟各种复杂的真实天气情况,天气调节一般需要支持时间、光照、太阳高度角、云、雨、雪、雾等各种自定义设置,从而可以支持各种天气和光线条件下的摄像头仿真。

摄像头仿真每一帧的原始数据一般可以使用 RGB 或 YUV 来表示。如需把仿真结果通过网络实时传给自动驾驶系统,一般可使用 H264 压缩成视频流,减少传输带宽。摄像头仿真需要障碍物的真值信息,包括位置、朝向、包围盒、速度和类型等。除了对象检测,摄像头的仿真结果也会被用来训练其他计算机视觉算法,包括目标跟踪和语义分隔等。

7.3.3.3 毫米波雷达仿真

毫米波雷达仿真一般会根据配置的视场角和分辨率信息,向不同方向发射一系列虚拟连续调频毫米波,并接收目标的反射信号。不同车辆的雷达回波强度可使用微表面模型能量辐射计算方式,由车辆模型以及车辆朝向、材质等计算。同一个障碍物会被多个调频连续波探测到。对于毫米波雷达目标级仿真,则可以根据障碍物的径向距离、距离分辨率和角度分辨率等信息对同一个障碍物的点进行聚类并返回最终仿真结果。

毫米波雷达的物理级仿真则需要高精密硬件模拟器的支持。硬件模拟器需要先通过接收探头检测雷达的发射探测波,然后经过物理处理,再加上仿真模型把障碍物信息叠加到所需要监测接收的回波。由于雷达发射、接收都非常快,因此这个系统相对来说是比较复杂的。目前做得比较好的是 dSpace 和美国国家仪器 NI。

毫米波雷达信号级仿真使用软件模拟真实雷达回波信号,跳过毫米波雷达的信号收发模块,把信号直接注入 FPGA/DSP 信号处理模块或 PC 信号处理程序。一般仿真步骤为,调制发射信号天线主旁瓣方向图,选定目标雷达散射截面模型,计算目标多普勒频移和时移生成目标回波,使用瑞利分布来模拟杂波,并添加高斯白噪声,多个目标时,计算多个波形之间的相互干涉,生成最终雷达信号。Matlab 中的雷达工具箱可以用来作为毫米波雷达信号级仿真的快速原型工具。

毫米波雷达仿真一般需要支持更改毫米波雷达安装位置,角度,探测距离,探测角度,角度和距离分辨率、噪声参数等。对于某些兼有长距和中距探测功能的毫米波雷达,仿真时则需要同时支持两者的参数设置。毫米波雷达默认安装于车辆前端,返回的仿真结果一般位于毫米波雷达坐标系。返回的目标级障碍物检测结果为相对距离和相对速度。另外水平方位角、垂直方位角以及径向距离则一般为球面坐标系中的值。

7.3.3.4 其他传感器仿真

GPS 仿真一般需要支持更改 GPS 位置以及 GPS 噪声模型参数。可以返回主车的经纬度,速度,航向等。IMU 仿真则需要支持对主车的加速度和角速度进行仿真。

IMU 仿真同时需要模拟 GPS 信号丢失时主车的位置,速度和航向的累积误差。这对于一些隧道场景的仿真尤为重要。

超声波雷达仿真。超声波雷达被广泛运用于自动泊车中,仿真场景一般需要支持更改超声波雷达安装位置、角度,并且实时返回障碍物的距离。

V2X 传感器。拥有上帝视角的仿真场景天然适合 V2X 的目标级仿真。仿真环境一般会按照实际 V2X 设备部署信息建立一个虚拟的传感器网,动态交通流的车载 OBU 信息也会在这个网络中。主车每一帧都会实时获取到当前感兴趣的 V2X 设备数据。针对 LTE-V/DSRC 通信延时或丢包的仿真,一般通过实时系统来实现。

7.3.4 环境感知仿真平台

7.3.4.1 PreScan

PreScan(图 7-15)是德国 Seimens 西门子公司旗下汽车自动驾驶仿真软件产品,PreScan 是以物理模型为基础,开发 ADAS 和智能汽车系统的自动驾驶仿真平台。支持摄像头、雷达、激光雷达、GPS,以及 V2V/V2I 车车通信等多种应用功能的开发应用。PreScan 基于 MATLAB 仿真平台,主要用于(ADAS)汽车高级驾驶辅助系统和无人自动驾驶系统的仿真模拟软件,其包括多种基于雷达、摄像头、激光雷达、GPS、V2V 和 V2I 车辆/车路通信技术的智能驾驶应用。支持模型在环(MIL),实时软件在环(SiL),硬件在环(HiL)等多种使用模式。

7.3.4.2 CarMaker

CarMaker 是德国 IPG 公司推出的自动驾驶仿真软件,打造了包括车辆、驾驶员、道路、交通环境的闭环仿真系统。IPGRoad 可以模拟多车道、十字路口等多种形式的道路,并可通过配置 GUI 生成锥形、圆柱形等形式的路障。可对道路的几何形状以及路面状况(不平度、粗糙度)进行任意定义。IPGTraffic 是交通环境模拟工具,提供丰富的交通对象(车辆、行人、路标、交通灯、道路施工建筑等)模型,可实现对真实交通环境的仿真。测试车辆可识别交通对象,并由此进行动作触发(如限速标志可触发车辆进行相应的减速动作)。IPGDriver 是先进的、可自学习的驾驶员模型。可控制在各种行驶工况下的车辆,实现诸如上坡起步、入库泊车以及甩尾反向转动转向盘等操作。并能适应车辆的动力特性(驱动形式、变速器类型等)、道路摩擦系数、风速、交通环境状况,调整驾驶策略。CarMaker 作为平台软件,可以与很多第三方软件进行集成,如 ADAMS、AVLCruise、rFpro 等,可利用各软件的优势进行联合仿真。同时 CarMaker 配套的硬件,提供了大量的板卡接口,可以方便地与 ECU 或者传感器进行 HIL 测试。图 7-16 所示为 CarMaker 的 IPGMovie 效果。

图 7-15　Prescan 仿真软件

图 7-16　Carmaker 的 IPGMovie 效果

7.3.4.3　Airsim

AirSim 是由微软研究院发布并开源的一款基于虚幻 4 物理引擎的无人机以及车辆自动驾驶模拟仿真研究项目。AirSim 通过虚幻引擎插件的方式实现了自动驾驶算法系统和仿真交通场景的交互,充分利用了虚幻 4 引擎,打造仿真环境的高还原度和渲染能力,可以模拟光线的阴影、反射等现实世界中的光影效果,并且基于 AirSim 和虚幻 4 的仿真环境,可以轻松地产生大量带有标注信息的感知数据,同时 AirSim 提供了丰富且简洁的 C + +/Python 接口,可以让自动驾驶算法方便快捷地接入自动驾驶仿真交通中,从而进行大量训练,如图 7-17 所示。AirSim 的主要目标是作为自动驾驶算法的研究和开发验证平台,对计算机视觉算法、深度学习算法以及强化学习算法进行训练测试和验证。最新版本的 AirSim 还增加了对 Unity 引擎的支持。

仿真平台凭借 3D 物理引擎,可以构建出极为真实的三维环境以及真实的光线照射、碰撞反馈等符合真实物理规律的场景,通过调节不同参数和平台开放接口,可以任意调节环境参数、编辑每个交通目标的运动规则,从而构建起一个可以完全模拟现实道路行驶的场景。然而平台并没有为开发者提供额外的算法支持,如需要开发自动驾驶的子系统,则感知认知等一系列的算法都需要从头开发,造成系统间的功能重叠、算法重复开发,增加了开发成本,也延缓了开发进程。

7.3.4.4　CARLA

CARLA(图 7-18)是由西班牙巴塞罗那自治大学计算机视觉中心指导开发的开源模拟器,用于自动驾驶系统的开发、训练和验证。同 AirSim 一样,Carla 也依托虚幻引擎进行开发,使用服务器和多客户端的架构。在场景方面,CARLA 提供了为自动驾驶创建场景的开源数字资源(包括城市布局、建筑及车辆)以及几个由这些资源搭建的、供自动驾驶测试训练的场景。同时,CARLA 也可以使用 VectorZero 的道路搭建软件 RoadRunner 制作场景和配套的高精地图,也提供了简单的地图编辑器。CARLA 也可以支持传感器和环境的灵活配置,它支持多摄像头,激光雷达,GPS 等传感器,也可以调节环境的光照和天气。CARLA 不仅提供了简单的车辆和行人的自动行为模拟,也提供了一整套的 Python 接口,可以对场景中的车辆,信号灯等进行控制,用来和自动驾驶系统进行联合仿真,完成决策系统和端到端的强化学习训练。

图 7-17　Airsim 仿真平台

图 7-18　CARLA 仿真平台

7.3.4.5　MATLAB

2017 年,MathWorks 公司也顺势推出了 MATLAB 自动驾驶工具箱,并且每年都对其进行更新。自动驾驶工具箱主要为 ADAS(辅助驾驶系统)和自动驾驶系统提供了设计、模拟和测试的算法和工具。用户可以设计、测试视觉、激光和雷达感知系统,传感器融合、路径规划以及车辆控制器。其提供了可视化工具:用于传感器覆盖、检测和跟踪的鸟瞰图,以用于视频、激光雷达和地图的显示。工具箱允许导入和使用高清实时地图数据和 OpenDRIVE® 道路网络。

使用 Ground Truth Labeler App,用户可以自动标记 ground truth(真值),以训练和评估感知算法;对于硬件在环(HIL)测试和感知、传感器融合、路径规划和控制逻辑的桌面仿真,也可以生成和模拟驾驶场景。在照片级真实感三维环境中模拟相机、雷达和激光雷达传感器的输出,并在 2.5-D 模拟环境中模拟传感器对物体和车道边界的检测。

自动驾驶工具箱为常见 ADAS 和自动驾驶功能(包括 FCW、AEB、ACC、LKA 和泊车代客泊车)提供参考应用示例。该工具箱支持 C/C++ 代码,可以生成用于快速原型和 HIL 测试,并且支持传感器融合、跟踪、路径规划和车辆控制器的应用级算法。MATLAB 基于自动驾驶工具箱开发的车道保持系统如图 7-19 所示。

7.3.4.6　PanoSim

PanoSim(图 7-20)是新一代智能汽车仿真软件,具有完整的驾驶员模型、高精度车辆模型、传感器模型、天气模型,可方便地进行场景构建和算法 MDL 搭建,用于智能驾驶算法的快速开发和验证。核心研发团队基于多年对汽车行驶环境的物理建模和对汽车行驶环境车载传感器的模拟理论和方法研究,形成了对汽车复杂行驶环境和环境传感模拟的关键技术,包括基于模型和图像混合建模的方法,以支持对车载像机、视觉成像和图像处理等的模拟和仿真;复杂天气对雷达电磁波传播和图像成像的影响(风、雨、雪、雾、冰雹等);对车载雷达及其检测的模拟技术;对雷达电磁波发射、传播、反射和接受机理的模拟以及对雷达散射面积 RCS 的估算模型等。此外,PanoSim 产品的关键技术还包括对汽车行驶道路和道路网络拓扑结构、数字地图、GPS 导航、交通标志和信号、汽车行驶场景等的模拟;支持车车通信的车载无线通信信道建模和支持车联网的无线路由及无线通信网络建模等关键技术。

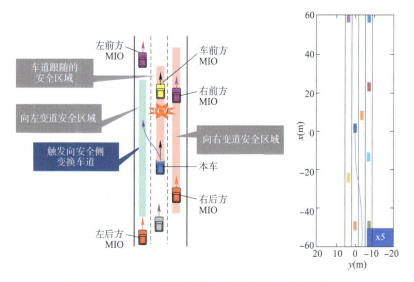

图 7-19　MATLAB 基于自动驾驶工具箱开发的车道保持系统

图 7-20　仿真平台 PanoSim

7.3.4.7　51Sim-One

51Sim-One（图 7-21）是 51VR 自主研发的一款集多传感器仿真、交通流与智能体仿真、感知与决策仿真、自动驾驶行为训练等一体化的自动驾驶仿真与测试平台。该仿真平台基于物理特性的机理建模，具有高精度和实时仿真的特点，用于自动驾驶产品的研发、测试和验证，可为用户快速积累自动驾驶经验，保证产品性能安全性与可靠性，提高产品研发速度并降低开发成本。在场景构建方面，可以通过 WorldEditor 快速地从无到有创建基于 OpenDrive 的路网，或者通过点云数据和地图影像等真实数据还原路网信息。支持导入已有 OpenDrive 格式的文件进行二次编辑，最终由 51Sim-One 自动生成所需要的静态场景。支持在场景中自由地配置全局交通流、独立的交通智能体、对手车辆、行人等元素来构建动态场景,结合光照、天气等环境的模拟来呈现丰富多变虚拟世界。在传感器仿真方面,51Sim-One支持通用类型或者定制需求传感器的多路仿真,满足对感知系统算法的测试与训练,同时也支持各种硬件在环的测试需求。对于摄像头仿真,51Sim-One 提供语义分割图、深度图、2D/3D 包围盒等带注释的图像数据集,单目,广角,鱼眼等摄像头的仿真。对于雷达仿真,可以提供激光雷达点云原始数据、带标注点云数据、识别物的包围盒等数据,同时也提供目标级毫米波雷达检测物数据。

图 7-21　51Sim-One 支持 V2X 仿真

7.3.4.8　百度 Apollo 仿真平台

百度 Apollo 仿真平台作为百度 Apollo 平台的一个重要组成部分,一方面用来支撑内部 Apollo 系统的开发和迭代,另一方面为 Apollo 生态的开发者提供基于云端的决策系统仿真服务。Apollo 仿真平台是一个搭建在百度云和 Azure 的云服务,可以使用用户指定的 Apollo 版本,在云端进行仿真测试。Apollo 仿真场景可分为 Worldsim 和 Logsim。Worldsim 是由人为预设的道路和障碍物构成的场景,可以作为简单高效地测试自动驾驶车辆的单元测试,而 Logsim 是由路测数据提取的场景,真实反映了实际交通环境中复杂多变的障碍物和交通状况。Apollo 仿真平台也提供了较为完善的场景通过判别系统,可以从交通规则、动力学行为和舒适度等方面对自动驾驶算法做出评价。Apollo 也与 Unity 建立了合作关系,开发了基于 Unity 的真实感虚拟环境仿真,可以提供 3D 的虚拟环境,道路和天气的变化。Apollo 仿真平台回放案例如图 7-22 所示。

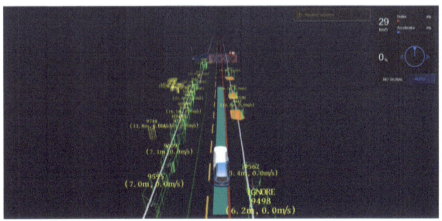

图 7-22　Apollo 仿真平台的回放案例

参 考 文 献

[1] 全国汽车标准化技术委员会.汽车驾驶自动化分级:GB/T 40429—2021[S].北京:中国标准出版社,2021.

[2] 《中国公路学报》编辑部.中国汽车工程学术研究综述·2017[J].中国公路学报,2017,30(6):1-197.

[3] BENGLER K,DETMAYER K,FARBER B,et al. Three decades of driver assistance systems: review and future perspectives[J]. IEEE Intelligent Transportation Systems Magazine,2014,6(4):6-22.

[4] 刘岩.车载激光雷达的建模及应用研究[D].长春:吉林大学,2020.

[5] 胡云峰,曲婷,刘俊,等.智能汽车人机协同控制的研究现状与展望[J].自动化学报,2019(7):20.

[6] 何丹妮.基于深度学习的多车辆检测及跟踪算法研究[D].大连:大连理工大学,2019.

[7] ARTIS J P,KENKEMIAN S. The radar in the automotivedomain[J]. Annaliese Telecommunications/Annals of Telecommunications,2005,60(3-4):326-356.

[8] 张雨辰.3D 激光雷达系统设计与应用[D].北京:北方工业大学,2018.

[9] 李鑫.面向汽车智能驾驶的毫米波雷达建模与仿真研究[D].长春:吉林大学,2020.

[10] 潘卫国,陈英昊,刘博,等.基于 Faster-RCNN 的交通信号灯检测与识别[J].传感器与微系统,2019,38(09):147-149+160. DOI:10.13873/J.1000-9787(2019)09-0147-03.

[11] 马超.基于立体视觉的障碍物检测研究[D].长沙:中南大学,2014.

[12] 蓝龙.基于目标检测的视觉多目标跟踪技术研究[D].长沙:国防科技大学,2017.

[13] 魏振亚,汪明磊.自动泊车的超声波车位探测系统研究[J].农业装备与车辆工程,2013,51(4):26-29,46.

[14] 仇旭,朱浩,邓元望.基于超声波雷达的改进车位检测算法研究[J].中国机械工程,2020,31(14):1747-1753.

[15] HO G J. Semi-automatic Parking Slot Marking Recognition for Intelligent Parking Assist Systems[J]. The Journal of Engineering,2014. 1:106-113.

[16] 江浩斌,沈峥楠,马世典,等.基于信息融合的自动泊车系统车位智能识别[J].机械工程学报,2017,53(22):125-133.

[17] 姜武华,辛鑫,陈无畏,等.基于信息融合的自动泊车系统多工况车位识别和决策规划[J].机械工程学报,2021,57(6):131-141.

[18] JANG C,SUNWOO M. Semantic segmentation-based parking space detection with standalone around view monitoring system[J]. Machine Vision and Applications,2019,30(2):309-319.

[19] 王旭东.基于环视的自动泊车方法研究与系统设计[D].上海:上海交通大学,2013.

[20] 胡旭东.自动驾驶汽车测试场景生成方法研究及其应用[D].合肥:合肥工业大学,2021.

[21] DUAN J,GAO F,HE Y. Test Scenario Generation and Optimization Technology for Intelligent Driving Systems[J]. IEEE Intelligent Transportation Systems Magazine,1(1):1-14,2020.

[22] 刘志峰,王建强,李克强. 具有鲁棒特性的车载雷达有效目标确定方法[J]. 清华大学学报(自然科学版),2008,(5):875-878.

[23] 黄昌霸. 车载毫米波雷达目标检测技术研究[D].成都:电子科技大学,2020.

[24] 徐国艳,牛欢,郭宸阳,等. 基于三维激光点云的目标识别与跟踪研究[J]. 汽车工程,2020,42(01):38-46.

[25] RUCHAY A N,DOROFEEV K A,KALSCHIKOV V V. Accuracy analysis of 3D object reconstruction using point cloud filtering algorithms[J]. Proceedings of the 5th Information Technology and Nanotechnology,2019.

[26] XIONG B,JIANG W,LI D,et al. Voxel Grid-Based Fast Registration of Terrestrial Point Cloud[J]. Remote Sensing,2021,13(10):1905.

[27] 蔡怀宇,陈延真,卓励然,等. 基于优化DBSCAN算法的激光雷达障碍物检测[J]. 光电工程,2019,46(07):83-90.

[28] ASSEM I,DUPONT G. Friezes and a construction of the Euclidean clustervariables[J]. Journal of Pure and Applied algebra,2011,215(10):2322-2340.

[29] 陈向阳,杨洋,向云飞. 欧氏聚类算法支持下的点云数据分割[J]. 测绘通报,2017(11):27-31+36.

[30] BENTLEY J L. Multidimensional binary search trees used for associative searching[J]. Communications of the ACM,1975,18(9):509-517.

[31] 范晶晶,王力,褚文博,等. 基于KDTree树和欧式聚类的越野环境下行人识别的研究[J]. 汽车工程,2019,41(12):1410-1415.

[32] 李恩泽. 基于异构数据的三维目标检测算法研究[D].成都:电子科技大学,2020.

[33] 危双丰,庞帆,刘振彬,等. 基于激光雷达的同时定位与地图构建方法综述[J]. 计算机应用研究,2020,37(2):327-332.

[34] 王海,刘明亮,蔡英凤,等. 基于激光雷达与毫米波雷达融合的车辆目标检测算法[J]. 江苏大学学报(自然科学版),2021,42(04):389-394.

[35] R THÉODOSE,DENIS D,CHATEAU T,et al. R-AGNO-RPN:A LIDAR-Camera Region Deep Network for Resolution-Agnostic Detection[J]. 2020.

[36] 王亚丽. 基于毫米波雷达与机器视觉融合的前方车辆检测研究[D].长春:吉林大学,2013.

[37] 胡延平,刘菲,魏振亚,等. 毫米波雷达与视觉传感器信息融合的车辆跟踪[J]. 中国机械工程,2021,32(18):8.

[38] 祖似杰,张攀,罗跃军. 基于车道驾驶态势的拓扑构建与路径规划[J]. 地理空间信息,2018,16(5):4.

[39] 冀杰,唐志荣,吴明阳,等. 面向车道变换的路径规划及模型预测轨迹跟踪[J]. 中国公路学报,2018,31(4):8.

［40］MA W C,TARTAVULL I ,IA BÂRSAN,et al. Exploiting Sparse Semantic HD Maps for Self-Driving Vehicle Localization［C］. 2019 IEEE/RSJ International Conference on Intelligent Robots and Systems(IROS). IEEE,2019:5304-5311.

［41］韩东. 基于高精地图的视觉定位技术的研究［D］. 深圳:中国科学院大学(中国科学院深圳先进技术研究院),2021.

［42］程保喜. GNSS 与惯性导航组合系统在复杂环境下的定位研究［J］. 中北大学学报(自然科学版),2021,42(01):89-96.

［43］CHEN S Z,HU J L,SHI Y,et al. Vehicle-to-everything (V2X) services supported by LTE-based systems and 5G［J］. IEEE Communications Standards Magazine,2017,1(2):70-76.

［44］CHEN S Z,HU J L,SHI Y,et al. A vision of C-V2X:technologies,field testing and challenges with Chinesedevelopment［J］. IEEE Internet of Things Journal,2020,7(5):3872-3881.

［45］尤肖虎,尹浩,邬贺铨. 6G 与广域互联网［J］. 物联网学报,2020,4(1):3-11.

［46］CHIRIYATH A R,PAUL B,BLISS D W. Radar-communications convergence:coexistence,cooperation,and co-design［J］. IEEE Transactions on Cognitive Communications and Networking,2017,3(1):1-12.

［47］DOKHANCHI S H,MYSORE B S,MISHRA K V,et al. A mmwave automotive joint radar-communications system［J］. IEEE Transactions on Aerospace and Electronic Systems,2019,55(3):1241-1260.

［48］胡束芒. 基于车联网的多辆混合动力汽车连续信号灯路口通行优化［D］. 北京:清华大学,2016.